KB262450

영작문 패턴으로 따라잡기

WRITING IN ENGLISH

윤영작 지음

WRITING IN ENGLISH

1945 MYM
문예림

윤영작

학력
- Columbia College 신문학과 졸업
- University of Illinois 사회사업대학원 경영학과 졸업

경력
- 현 YBM Education 어학원 강사
- 전 한국일보 미주 시카고 지사 기자

저서
- 기본영어 포인트 459 (도서출판 이래)
- 영어회화를 빠르게 익히는 비결 (도서출판 이래)
- Listening Practice (도서출판 이래)

초판인쇄 2010년 2월 5일
초판발행 2010년 2월 10일

지은이 윤영작 지음
발행인 서덕일

펴낸곳 문예림
주소 서울 광진구 군자동 1-13호 문예하우스 101호
전화 02-499-1281
팩스 02-499-1283
홈페이지 www.bookmoon.co.kr
이메일 book1281@hanmail.net

출판등록 1962년 7월 12일
등록번호 제2-110호

ISBN : 978-89-7482-524-9 (13740)

잘못된 책은 구입하신 서점에서 교환하여 드립니다.

영작문 패턴으로 따라 잡기

WRITING IN ENGLISH

윤영작 지음

WRITING
IN ENGLISH

1945
문예림

머리말

영작문 패턴으로 따라잡기

자기가 갖고있는 생각을 어떻게 영어로 옮길 수 있겠는가. 이를 위해서는 먼자 이미 영어라는 언어가 갖고있는 일정한 표현의 기준틀을 익혀야 한다고 생각합니다. 이러한 일정한 표현의 기준틀이 바로 표현의 근간이되는 "문장의 패턴"들 입니다. 이에 우리가 공부하기에 알맞게 이 패턴들을 체계적으로 정리해 보기로 했습니다. 이렇게 해서 나온 것이 바로 "영작문 패턴으로 따라잡기" 입니다. 본 책은 표현의 패턴을 크게 세 가지로 나누었습니다. 표현의 중심내용을 표현하는 〈단문의 표현 패턴〉, 중심내용을 중심으로 나머지 말들을 연결하는 〈연결어 표현의 패턴〉, 표현의 의도를 좀더 세련되게 하는 〈style 표현의 패턴〉이 바로 그것입니다. 이 패턴들을 익힌다면 어떤 내용이라 하더라도 자신이 있게 영어로 표현할 수 있는 초석이 다져지리 라고 저자는 믿고 있습니다.

패턴을 배우는 두 가지 핵심

이러한 패턴들을 익히는데는 구 가지의 기준이 있습니다. 첫째가 각 패턴들을 〈왜 쓰는가〉, 둘째는 〈어떻게 쓰는가〉 하는 것입니다. 예를 들어, "The winter has come." 이 "1형식"이라는 것은 많은 학생들이 알고 있습니다. 그러나, 이문장이 1형식이라는 것은 별로 중요하지 않습니다. 중요한 것은 본 문장 같은 문형을 "왜 쓰느냐" 또 본 문장 같은 문형을 쓰는 방법에는 여러개가 있기 때문에 이런 문장들을 "어떻게 쓰느냐"는 매우 중요한 것입니다. 이를 이해 할 때학습자들은 이를 응용해서 쓸 수 있을 것이라고 저자는 생각하고 있습니다. 이에 본 책은 이 두 가지를 기준으로 해서 패턴들을 설명하고 있습니다.

영작연습의 내용

영작을 연습하는 영작연습의 내용들은 많은 경우에 각종 영어시험에 다루고 있는 중요한 문형들을 중심으로 해서 연습을 하도록 노력했습니다. 왜냐하면, 영작물을 연습하더라도 많은 학생들은 언젠가는 어떤 형태이더라도 영어시험을 봐야하는 경우가 생기더라고 생각되기 때문입니다. 연습하는 것은 마찬가지이므로 연작연습의 내용을 이를 기준해서 해도 좋을 듯 합니다.

영어학습

영어라는 언어가 가지는 특성 가운데 하나는 영어는 배우기에 매우 어려운 언어라는 것입니다. 때문에 미국에서 초등학생들에 가르치는 방법과는 판이하게 다릅니다. 다시 말해서, 영어는 성취하기가 어려운 언어이기 때문에 초등학생들에게 영어 표현을 이해하고 쓸 수 있도록 하는 영어교육을 많이 시키고 있습니다. 본 책은 이러한 영어의 특성을 파악하고 학습의 효과를 높이기 위해 체계적으로 공부를 할 수 있도록 했습니다. 앞으로 좋은 성과를 얻기 바랍니다.

윤 영 작

인사동에서

Contents

1부 : INTRODUCTION

2부 : PATTERNS

▣ 단문

▪ STYLE PATTERN

Part **1**

INTRODUCTION

본 난에서는 "품사의 기능" "문장 만들기"
및 "표현의 방식"에 대해서 설명합니다.

[1] The Functions of Words (품사의 기능)

■ 개요

−문장을 구성하는 요소는 8품사이다.

−이에 핵심어 (명사, 대명사, 형용사), 수식어 (형용사, 부사), 대용어, 연결어 (전치사, 준동사, 접속
사)가 있다.

Ⅰ 핵심 어

□설명

−"명사" "대명사" "동사" "형용사"는 문장의 중심적인 요소로써 **핵심어** 역할을 한다.

□예문

> ⓐ The **winter** lasted too long.
>
> ⓑ **We** waited an hour.
>
> ⓒ The hour for our departure finally **arrived**.
>
> ⓓ She looked **old**.

□예문해설

ⓐ 명사 (winter) → 말 그 자체를 나타내는 말

ⓑ 대명사 (We) → 명사를 대신해서 쓰는 말

ⓒ 동사 (arrived) → 주어가 하는 동작과 상태를 나타내는 말

ⓓ 형용사 (old) → 명사에 대해 성질, 모양, 크기 등의 상태를 나타내는 말

② 수식어

□설명

- "형용사" "부사"는 <u>수식어</u>로 쓰인다.
- 형용사는 명사를 수식하면서 "상태"를 나타내는 말이다.
- 부사는 모든 품사·구·절·문장전체를 수식하면서 "정도, 빈도, 방법, 시간, 장소, 이유, 부정"
  등을 나타내는 말이다.

□예문

ⓐ **red** hair

ⓑ **those** cars

ⓒ **dull** report

ⓓ The boy walked **far**.

ⓔ The boy walked **there**.

ⓕ The boy walked **then**.

ⓖ The boy walked **slowly**.

□예문해설

ⓐ 형용사 (red) → 명사 (hair)에 대해 상태를 나타낸다

ⓑ 형용사 (those) → 명사 (cars)에 대해 상태를 나타낸다

ⓒ 형용사 (dull) → 명사 (report)에 대해 상태를 나타낸다

ⓓ 부사 (far) → 정도를 나타낸다

ⓔ 부사 (there) → 장소를 나타낸다

ⓕ 부사 (then) → 시간을 나타낸다

ⓖ 부사 (slowly) → 방법을 나타낸다

③ 전치사 · 준동사 · 접속사

□ 설명

－ "전치사 · 준동사 · 접속사"는 〈핵심어〉로써 단문의 요소로 쓰여지기도 하고, 〈수식어〉로써 단
　문을 장문화 시키는 연결어로 쓰여지기도 한다.

〈핵심어〉

－ "전치사 · 준동사 · 접속사"는 〈핵심어〉로써 단문의 요소로 쓰여진다.

－ 이는 "전치사 · 준동사 · 접속사"가 문장내에서 "주어, 보어, 목적어" 등으로 쓰여지는 경우를
　말한다.

□ 예문

> ⓐ She is **on the phone**.
>
> ⓑ I like **to play the piano**.
>
> ⓒ **Watering the grass** produced good results.
>
> ⓓ They came **running**.
>
> ⓔ **What he said** is true.

□ 예문해설

ⓐ on the phone → 전치사구 (주격보어 → 단문의 요소＝핵심어)

ⓑ to play the piano → 부정사 (목적어 → 단문의 요소＝핵심어)

ⓒ Watering the grass → 동명사 (주어 → 단문의 요소＝핵심어)

ⓓ running → 분사 (주격보어 → 단문의 요소＝핵심어)

ⓔ What he said → 접속사(주어 → 단문의 요소＝핵심어)

<연결어>

- "전치사·준동사·접속사"는 <수식어>로써 단문을 장문화 시키는 <u>연결어</u>로 쓰여진다.
- 이는 "전치사·준동사·접속사"가 Main Message의 내용을 수식하면서, Main Message와 나머지 말을 연결하는 경우를 말한다.
- 이때, 전치사는 시간·장소·방향 등의 "관계"를 이어주고, 준동사는 "동작"을 이어주고, 접속사는 "주어＋동사" 문장을 연결한다.

□ 예문

ⓐ They sailed late **in** the fall.

ⓑ The plane was ready **to take off** for China.

ⓒ Our spirits were dampened **by Amy's being** unable to come.

ⓓ The truck, **approaching** the curve, slowed down.

ⓔ We looked for a drugstore, **but** there weren't any open.

ⓕ The coat **that** I wanted was too expensive.

ⓖ Harry worked on the car **while** I painted the garage.

□ 예문해설

ⓐ They sailed late ＋**in** ＋the fall → 전치사 (연결어)

ⓑ The plane was ready ＋**to go** ＋for China → 부정시 (연결어)

ⓒ Our spirits were dampened ＋**by Amy's being** ＋unable to come → 동명사 (연결어)

ⓓ The truck ＋**approaching** ＋the curve → 분사 (연결어)

ⓔ We looked for a drugstore ＋**but** ＋there weren't any open → 등위접속사 (연결어)

ⓕ The coat ＋**that** ＋I wanted → 관계접속사 (연결어)

ⓖ Harry worked on the car ＋**while** ＋I painted the garage → 종속접속사 (연결어)

[2] The Making of a Sentence (문장 만들기)

■ 개요

- 영어문장에는 "단문" "연결어 문장" "Style 문장" 3종류의 문장이 있다.
- 이때, 핵심내용인 Main Message는 단문(＝5형식) 패턴을 써서 영작하고, 나머지 말이 있으면 이는 "연결어"(전치사 · 준동사 · 접속사)로 연결한다.
- 문장의 효과적인 의미의 전달을 꾀하기 위해 문장을 "Style"화 할 수도 있다.
- 한편, 각 말을 수식하는 수식어가 있으면 수식어(형용사 · 부사)를 붙인다.

□ 예문

■ 오늘날 우리 세대에 있어서 <u>가장 괄목할 만한 일의 하나는</u> 날로 고속화되어 가는 <u>교통 수단이</u>라고 하겠다.

ⓐ One of the most noteworthy things might be said to be a means of transportation.

ⓑ One of the most noteworthy things **in** <u>our generation</u> might be said to be a means of transportation **which** is <u>growing</u> speedier **day after day.**

ⓒ **It** might be said **that** one of the most noteworthy things in our   generation is a means of transportation which is growing speedier day after day.

□ 예문해설

ⓐ One of the most noteworthy things might be said to be a means of transportation → 단문 (핵심내용인 main message)

ⓑ **in** our generation → 전치사 "in"은 연결어

　which is growing speedier → 접속사 "which"는 연결어

　day after day → 수식어

ⓒ **It** may be said **that** one of the things worthy of close attention in our generation is the daily growing speed of the means of transportation → Style 문장

[3] Expression (표현의 방식)

■ 개요

- 표현에는 "literal" 표현 방법과 "figurative" 표현 방법이 있다.
- 글자 그대로의 의미를 나타내는 경우를 "literal" 표현이라 하고, 비유적으로 의미를 나태는 경우를 "figurative" 표현이라 한다.
- "literal" 표현인지, "figurative" 표현인지는 문장의 내용을 보고 구분할 수 있다.

① Literal 표현

□ 예문

> ⓐ He **kicked at** the dog.
>
> 그가 개를 찼다
>
> ⓑ She **came down with** a box from the attic.
>
> 그녀는 다락방에서 한 상자를 들고 내려왔다

□ 예문해설

ⓐ kicked at → "~를 발로 차다"(literal 표현)

ⓑ came down with → "~를 들고 내려오다"(literal 표현)

② Figurative 표현

□ 예문

> ⓐ He **kicked at** the project.
>
> 그는 그 계획에 반대했다
>
> ⓑ She **came down with** a cold.
>
> 그녀는 감기 기운이 있다

□ 예문해설

ⓐ kicked at → "…에 반대하다" (figurative 표현)

ⓑ came down with → "…병에 걸리다" (figurative 표현)

PATTERNS

본 장에서는 "단문" "장문" "Style"에 관한
문장에 대해서 설명합니다.

단문 Pattern

(=Main Message Pattern)

개요

- 〈중심내용〉(=main message)이 없는 문장은 없다.
- 〈Main Message Pattern〉(=5형식)은 중심내용을 쓰는 패턴이다.
- 〈Main Message Pattern 에서의 중요한 것은 다음과 같다:
  - 각 페턴을 쓰는 이유를 피악한디.
  - 각 패턴에 쓰이는 동사를 파악한다.
  - 주격보어, 목적어, 직접목적어, 목적보어의 모양을 파악한다.

1형식

주어가 하는 동작을 강조할 때 쓰는 Pattern

- 주어가 하는 동작이 강조되는 표현은 "1형식"을 쓴다.
- 1형식에 쓰이는 동사의 특징은 목적어를 취하지 않는 다는데 있다.
- 1형식동사의 또 하나의 특징은 능동의 형태가 "수동의 의미"로도 쓰인 다는데 있다. 따라서, 1형식동사는 수동태로 해서 쓰지 않는다.
- 일반적으로 1형식 동사를 "완전자동사"라고 부른다.
- 한편, 1형식 문장은 "극적인 감동"을 유도하고자 할 때 쓰인다. 왜냐하면, 주어가 하는 동작이 강조되면 극적인 감동을 자아내기 때문이다.
- 이런 특징을 갖는 1형식에는 7가지 패턴이 있다.

ⓐ <u>All efforts failed.</u>

모든 노력이 실패로 돌아갔다

ⓑ <u>Fire burns.</u>

불이 타고 있다

 패턴설명

● "주어와 동사"만 있는 패턴이다.

 패턴해설

ⓐ All efforts failed → 주어+동사
ⓑ Fire burns → 주어+동사

작문연습 (1-1)

1. 봄이 왔다.
➡

2. 바람이 불었다.
➡

3. 우리는 서둘러야 한다.
➡

4. 해가 떴다.
➡

5. 학기가 시작되었다.
➡

6. 그들이 왔다.
➡

7. 태양이 빛나고 있었다.
➡

8. 눈이 내리고 있었다.
➡

9. 우리 모두는 숨쉬고 마시고 먹는다.
➡

10. 지금 우리가 출발을 하든 늦추든 대수로운 문제가 아니다.
➡

ⓐ He **came in**.

그가 들어 왔다

ⓑ Prices **are going up**.

가격이 오르고 있다

ⓒ The attendance **has fallen off**.

출석이 줄어들고 있다

 **패턴설명**

- "1형식동사" 뒤에 "전치사 부사"가 붙는 패턴이다.
- 전치사 부사란 "전치사가 부사"로 쓰인 경우를 말한다.
- 전치사 부사는 동사의 동작을 "강조"하거나 동사의 "의미를 변화"시킨다.
- 전치사 부사로는 "in, out, up, down, on, off, over, through" 등이 쓰인다.
- "동사＋전치사 부사"는 다양한 의미로 다양한 상황에 쓰인다.

 **패턴해설**

ⓐ come in → 동사＋전치사 부사

ⓑ go up → 동사＋전치사 부사

ⓒ has fallen off → 동사＋전치사 부사

작문연습 (1-2)

<1형식동사+in>

1. 그녀가 들어왔다.

➡

2. 나는 하루종일 집에 있었다.

➡

<1형식동사+out>

3. 방금 불이 나갔다.

➡

4. 그는 나오지 않았다.

➡

5. 그들이 방금 나갔다.

➡

<1형식동사+up>

6. 그가 일어섰다.

➡

7. 그녀의 생일이 다가오고 있다.

➡

8. 회의는 5시에 끝났다.

➡

9. 나의 컴퓨터가 고장이 났다.

➡

10. 파도가 잔잔해졌다.

➡

11. 그는 옆에서 보고 있었다.

➡

12. 버틸 수 있겠니?

➡

13. 내 모자가 날아갔다.

➡

14. 안개가 걷혔다.

➡

15. 페인트가 벗겨졌다.

➡

16. 상처가 아물었다.

➡

17. 우리는 뚫고 나아갈 수가 없었다.

➡

동사의 완료시제

- 〈먼저 일어난 동작·상태가 나중에까지 영향을 미치는 시제〉가 완료시제이다.
- 동작의 내용이 〈계속, 결과, 경험〉을 나타내는 내용은 완료시제가 된다.
- 한편, 본동사와 〈시간적인 차이〉를 나타내는 경우에도 완료시제가 쓰인다.

예문

ⓐ I **have been** in America.

나는 미국에 살은 적이 있다

ⓑ When I met her, she **had lived** in Seoul for ten years.

내가 그녀를 만났을 때, 그녀는 서울에서 10년이나 살고 있었다

ⓒ He **will have completed** a half of his work next week.

그는 다음주가 되면 작업의 반은 끝낼 것이다

ⓓ I came after she **had left**.

나는 그녀가 떠난 후에 왔다

해설

ⓐ have been → 경험의 내용 (현재완료)

ⓑ had lived → 계속의 내용 (과거완료)

ⓒ will have completed → 결과의 내용 (미래완료)

ⓓ had left → 시간적인 차이를 나타내는 완료시제

ⓐ **This document** <u>translates</u> **well**.

　이 문서는 잘 번역되었다

ⓑ **The door** <u>locks</u> quite **easily**.

　문이 아주 쉽게 잠긴다

ⓒ **The lion** <u>came</u> **along**.

　사자가 나타났다

ⓓ **We walked (for) five miles**.

　우리는 5마일을 걸었다

ⓔ **The audience stoop up suddenly**.

　청중이 갑자기 일어섰다

 패턴설명

- "1형식동사" 뒤에 "부사"가 붙는 패턴이다.
- 여기서 말하는 부사란 "well · easily, 보조부사, 단위부사, 일반부사"를 가리킨다.
- 보조부사란 "away, along, aside, back, hard, home, together" 등을 말한다.
- 단위부사란 "시간, 거리, 길이, 방향, 도수"등을 의미하는 명사가 부사가 된 경우를 지칭한다.

 패턴해설

ⓐ translates well → 동사+well

ⓑ locks easily → 동사+easily

ⓒ came along → 동사+보조부사

ⓓ five miles → 단위부사

ⓔ suddenly → 일반부사

작문연습 (1-3)

<형식동사＋well · easily>
1. 비행기 조종사는 심리시험에서도 점수를 잘 받아야 한다.
➡

2. 이 약은 감기에 정말 잘 듣는다.
➡

3. 이 논문은 읽기 쉽다.
➡

4. 모든 학생들이 시험을 잘 쳤다.
➡

<형식동사＋보조부사>
5. 우리는 돌아가야만 한다.
➡

6. 옆으로 좀 비켜서 주시겠습니까?
➡

7. 나는 지난 밤 직장에서 늦게 집에 왔다.
➡

8. 바람이 세차게 불었다.
➡

9. 붉은 악마들이 다시 모였다.
➡

10. 코너에서 우회전하세요.
➡

11. 댁의 장미는 어떻게 자라고 있습니까?
➡

12. 그는 이미 수천 마일을 여행했다.
➡

13. 그는 2미터를 점프했다.
➡

14. 회의는 2시간 지속했다.
➡

15. 온도가 10도 올라갔다.
➡

16. 그녀는 2층으로 올라갔다.
➡

17. 우리는 얼굴을 맞대고 얘기했다.
➡

동사의 〈진행시제〉와 〈완료진행시제〉

- 진행시제는 "주어진 시간에 일어나는 일시적인 동작에 쓰이는 시제"를 말한다.
- 완료진행시제는 "완료시제와 진행시제가 같이 있는 시제"이다.
- 한편, "have, think, like, feel" 등 상태를 나타내는 동사는 원칙적으로 진행형으로 할 수 없으나, 일시적인 강조를 나타내는 경우에는 허용이 된다.

예문

ⓐ Tom **is studying** now.

탐은 지금 공부하고 있는 중이다

ⓑ What **were** you **doing** yesterday?

어제 뭐하고 지냈어?

ⓒ Tom **will be studying** all day long tomorrow.

탐은 내일 온종일 공부를 할 것이다

ⓓ I **am thinking** of you all the time.

나는 언제나 당신을 생각하고 있다

ⓔ Johnson **has been studying** English.

쟌슨은 영어를 줄곧 공부하고 있는 중이다

ⓕ Johnson **had been studying** English.

쟌슨은 예전에 영어를 줄곧 공부 해왔었다

ⓖ Johnson **will have been studying** English by the time you visit.

당신이 방문할 때쯤이면 쟌슨은 영어를 줄곧 공부하고 있는 중일 것이다

해설

ⓐ is studying → 현재에 주어진 시간 내에 일어난 일시적인 동작

ⓑ were you doing → 과거에 주어진 시간 내에 일어난 일시적인 동작

ⓒ will be studying → 미래에 주어진 시간 내에 일어날 일시적인 동작

ⓓ am thinking → 동작의 강조

ⓔ has been studying → 현재완료진행

ⓕ had been studying → 과거완료진행

ⓖ will have been studying → 미래완료진행

ⓐ Birds sing **on** the tree.

　새들이 나무 위에서 지저귀고 있다

ⓑ She **looked** out of the window.

　그녀가 창밖을 내다보았다

ⓒ We stopped **to take** a break.

　우리는 휴식을 취하려고 멈췄다

ⓓ They **seemed** to think so to me.

　내게는 그들이 그렇게 생각하고 있는 것 같았다

ⓔ He left **without** saying a word.

　그는 말없이 떠났다

ⓕ He left **before** we came back.

　그는 우리가 돌아오기 전에 떠났다

 **패턴설명**

- 중심문장 (main message) 뒤에 오는 나머지 말은 "전치사 · 준동사 · 접속사"로 연결한다.
- 1형식문장 뒤에 오는 "전치사구 · 준동사구 · 접속사 S+V+~"는 부사구 또는 부사절이 된다.
- "1형식동사+전치사구" 또는 "1형식동사+to do~"의 경우에는 관용어 표현이 많다.
- 한편, 준동사구 중에서 분사구는 오지 않는다. 이는 2형식 문장에서 논의된다.

 **패턴해설**

ⓐ on the tree → 전치사구 (=부사구)

ⓑ look out of the window → 동사+전치사구 (=관용어 표현)

ⓒ to take a break → 부정사구 (=부사구)

ⓓ seem to think so → 동사+부정사 (=관용어 표현)

ⓔ without saying a word → 동명사구 (=부사구)

ⓕ before we came back → 접속사 S+V+~ (=부사절)

작문연습 (1-4)

1. 피터가 다니는 학교는 하기방학을 맞이하여 이미 휴교했다.
➡

2. 나는 걸어서 가겠다.
➡

3. 번개가 한 장소에서 두 번치는 것은 드문 일이다.
➡

4. 그들은 식사 후 위층으로 올라갔다.
➡

5. 비가 한 시간 동안 억수같이 쏟아지고 있었다.
➡

6. 그녀는 드디어 집에 도착했다.
➡

7. 김 군은 자기 학급에서 수석을 차지하고 있다.
➡

8. 우리는 이와 같은 좋은 날씨에 도저히 집에 틀어박혀 있을 수 없다.
➡

9. 그늘에 개 한 마리와 고양이가 나란히 누워 있었다.
➡

10. 그는 책에서 눈을 떼고 쳐다보았다.
➡

11. 어떤 사람들이 마당을 가로질러 왔다.
➡

12. 그는 대학을 중퇴했다.
➡

13. 나는 늦게 잠자리에 든다.
➡

14. 그녀는 자기 차를 몰고 직장에 간다.
➡

15. 그가 사랑에 빠졌다.
➡

16. 그녀는 더 잘 보려고 일어섰다.
➡

17. 누군가가 너를 보러 방문했다.
➡

18. 그는 어머니가 살아 있다는 소식을 듣지 못하고 죽었다.
➡

19. 여성들은 살을 빼는데 너무 극단적이다.
➡

20. 나는 그가 잘못되었다는 것을 알게 되었다.
➡

21. 그 헤엄치는 사람은 해안에 도달하는데 실패했다.
➡

22. 우리는 엄청난 액수의 돈을 잃을 입장에 있다.
➡

23. 나는 그의 이름을 들어본 것 같다.
➡

24. 나는 그가 온 뒤에 떠날 것이다.
➡

25. 그들은 해가 뜨기 전에 일어났다.
➡

26. 소녀는 숨이 찰 때까지 달렸다.
➡

27. 그는 비가 오더라도 갈 것이다.
➡

28. 그는 그 곳이 마치 자기 소유인 듯이 행동한다.
➡

ⓐ God **is**.

신은 존재한다

ⓑ Nobody **is** <u>here</u>.

여기에는 아무도 없다

ⓒ They **weren't** <u>in the bank</u>.

그들은 은행에 없었다

ⓓ No one **was** there <u>to meet us</u>.

그곳에는 우리를 마중 나온 사람이 아무도 없었다

ⓔ I **was** not there <u>when the accident happened</u>.

그 사고가 났을 때 나는 거기에 없었다

 패턴설명

- "있다 · 없다"라는 존재표현은 1형식으로 간주한다.
- 존재표현에는 "be동사"가 쓰인다.
- 이때에 "be 동사"는 1형식동사 취급됨으로 그 뒤에는 "부사 · 부사구 · 부사절"이 올 수 있다.

 패턴해설

ⓐ is → 존재를 나타내는 1형식 동사

ⓑ is here → be 동사+부사

ⓒ weren't in the bank → be 동사+전치사구 (=부사구)

ⓓ was there to meet us → be 동사+부정사구 (=부사구)

ⓔ was not there when ~ → be 동사+접속사 S+V+~ (=부사절)

작문연습 (1-5)

1. 그가 출근했다.

➡

2. 그들 모두가 외근했다.

➡

3. 그들이 저기에 있다.

➡

4. 네 친구는 여기 있다.

➡

5. 네가 찾는 책이 여기 있다.

➡

6. 다른 사람들은 저기에 있다.

➡

7. 나의 집은 역 가까이 있다.

➡

8. 그 마을의 도시계획은 23 페이지에 있다.

➡

9. 그의 여자친구는 그의 옆에 있었다.
➡

10. 나는 늘 당신과 함께 있을 것이다.
➡

11. 나는 그 때 대학에 다녔다.
➡

12. 거기에는 나를 도와줄 사람은 아무도 없었다.
➡

13. 탁구를 하면서 그녀는 레크레이션 룸에 있다.
➡

14. 이 회사에 오기 전, 나는 CBA 회사에 근무했었다.
➡

15. 모든 것이 그가 두고 간 그대로였다.
➡

16. 집이 불타고 있을 때 우리 모두는 거기에 없었다.
➡

동사의 성질

- Main Message 패턴에 들어가는 동사를 중심으로 동사의 성질을 살펴보면 동사는 3가지의 성질을 갖는다.
- 〈목적어를 취하지 않는 동사〉, 〈주어를 설명하는 말을 받는 동사〉, 〈목적어를 취하는 동사〉가 바로 그 것이다.
- 이때, "목적어를 취하지 않는 동사"는 〈1형식 패턴〉에 쓰이고, "주어를 설명하는 말을 받는 동사"는 〈2형식 패턴〉에, "목적어를 취하는 동사"는 〈3·4·5형식 패턴〉에 쓰여진다.
- 동사구 역시 "목적어를 취하지 않는 동사, 주어를 설명하는 말을 받는 동사, 목적어를 취하는 동사"로 분류된다.

예문

ⓐ Money **talks**.
ⓑ Everybody **is** here.
ⓒ I **feel** better.
ⓓ She **is** beautiful.
ⓔ You can't **please** everybody.
ⓕ He **spoke out**.
ⓖ He **seems** to be tired.
ⓗ We **look up to** him.

해설

ⓐ talks → 목적어를 취하지 않는 동사
ⓑ is → 목적어를 취하지 않는 동사
ⓒ feel → 주어를 설명하는 말을 받는 동사
ⓓ is → 주어를 설명하는 말을 받는 동사
ⓔ please → 목적어를 취하는 동사
ⓕ spoke out → 동사구로 목적어를 취하지 않는 동사
ⓖ seems to be → 동사구로 주어를 설명하는 말을 받는 동사
ⓗ look up to → 동사구로 목적어를 취하는 동사

ⓐ There is **God**.

　신은 존재한다

ⓑ There are **no windows** in the house.

　집안에는 창문이 하나도 없다

ⓒ There is **not much sugar** left in the pot.

　단지에는 설탕이 많이 남겨져 있지 않다

ⓓ There **seems** to be nobody in the classroom.

　강의실에는 아무도 없는 것 같다

ⓔ There is **no telling** what will happen next.

　다음에 무슨 일이 일어날지 말하기란 불가능하다

 패턴설명

- 패턴(5)의 변형으로 역시 존재를 나타내는 패턴이다.
- 다른 점이 있다면 본 패턴에는 "be 동사"와 "일반동사"가 모두 쓰인다.
- 한편, 부정문에 경우에는 "There+동사+no+명사" "There+동사+not+형용사+명사"의 형태로 온다.
- 여기서 말하는 일반동사란 "seem to be, appear to be, happen to be,used to be"등과 "자동사 (arise, come, rise, sit, stand, exist, live, follow, grow, occur, fall" 등을 말한다.
- "There+be+no ~ing" 형태의 동명사 관용어 표현도 있다.

 패턴해설

ⓐ There is God → There +be동사+명사

ⓑ no windows → no+명사

ⓒ not much sugar → not+형용사+명사

ⓓ seems to be → be 동사 대신 쓰인 경우

ⓔ no telling → "no +~ing" 형

작문연습 (1-6)

<There+be동사+명사>
1. 실없는 소문이 너무 많았다.
➡

2. 많은 사람이 모여 있었다.
➡

3. 싸울 가치가 있는 일이 아직 많다.
➡

<There+be동사+명사+부사>
4. 어제 밤에 화재가 났었다.
➡

5. 집안에는 전등이 다 꺼져 있었다.
➡

<There+be동사+명사+전치사>
6. 집 만한 곳은 없다.
➡

7. 1월은 31일 까지 있다.
➡

8. 그것에 대해 의심할 바가 없다.
➡

9. 당신이 외국에 갈 기회가 올 것이다.

➡

10. 우리가 영화 볼 시간은 아직 있다.

➡

11. 그가 만족할 이유는 충분하다.

➡

12. 자기 나라를 사랑하지 않는 사람은 없다.

➡

13. 너를 만나자고 기다리는 사람이 있다.

➡

14. 이곳에 도서관이 있었다.

➡

15. 한 성이 언덕 위에 있다.

➡

16. 오랜 기간 평화와 번영이 이어졌다.

➡

17. 과학이 앞으로 얼마나 발전할는지 알 도리가 없다.

➡

18. 취향을 설명하는 것은 불가능하다.

➡

동사의 수

설명

– 주어의 수 (단수 · 복수)에 따라 "동사의 수도 일치"해야 한다.
– 이때, 주어에 대한 동사의 수 일치에는 〈단수취급〉, 〈복수취급〉, 〈단수 또는 복수 취급〉, 〈전자 또는 근자일치〉의 4가지 형태가 있다.

예문

ⓐ **A gentleman and scholar** is a man of virtue.
  신사이자 학자인 그 사람은 덕을 갖춘 사람이다
ⓑ **Drinking and smoking** are bad for health.
  음주와 흡연은 건강에 해롭다
ⓒ **The accused** was sentenced to death.
  피고인은 사형선거를 받았다
ⓓ **The wounded** were unattended.
  부상자는 치료도 받지 못한 체 쓰러져 있었다
ⓔ <u>Peter</u> **as well as** you was surprised to hear the news.
  너 뿐만 아니라 피터도 그 소식을 듣고 놀랐다
ⓕ **Either** <u>he</u> **or I** am in the wrong.
  그거니 니거니 어느 한 쪽이 틀린 것이디

해설

ⓐ A gentleman and scholar → 한 사람이므로 단수취급
ⓑ Drinking and smoking → 별개의 것이므로 복수취급
ⓒ The accused → 단수 또는 복수취급 (여기서는 단수취급 됨)
ⓓ The wounded → 단수 또는 복수취급 (여기서는 복수취급 됨)
ⓔ ⓐ as well as ⓑ → 전자일치 (ⓐ)
ⓕ Either ⓐ or ⓑ → 근자일치 (ⓑ)

ⓐ **It** seems **that he is wrong**.

그가 잘못인 것 같다

ⓑ **It** does not matter **where they** come from.

그들이 어디 출신인지는 상관없다

ⓒ **It** seemed to him **as if all the students were going to school**.

그는 마치 학생들이 모두 학교로 가고 있는 것 같았다

 패턴설명

- 진주어로는 "접속사 S＋V＋~"가 쓰인다.
- 이때에 "접속사 S＋V＋~"로는 "명사절이나 부사절"이 온다.
- "it"의 동사로는 "seem, appear, matter, happen, follow"등이 쓰인다.

 패턴해설

ⓐ It seems that ~ → 가주어 · 진주어 (명사절)

ⓑ It does not matter where ~ → 가주어 · 진주어 (명사절)

ⓒ It seemed to him as if ~ → 가주어 · 진주어 (부사절)

1. 나는 그를 어디서 본 것 같다.
➡

2. 그리고 그가 한 것 같았다.
➡

3. 그 문제에 대해서는 여러 의견이 있을 것 같다.
➡

4. 우리가 얼마나 오래 사느냐가 문제가 아니라, 어떻게 사느냐가 문제다.
➡

5. 남은 것은 두 분 행복을 비랄 뿐입니다.
➡

6. 그날이 결코 끝날 것 같지 않았다.
➡

7. 우연히 그녀가 방문했을 때 우리는 집에 없었다.
➡

8. 그가 비난받아야 한다고 할 수 없다.
➡

9. 공교롭게 나는 그때 런던에 없었다.
➡

10. 날씨는 곧 좋아질 것 같다.
➡

11. 내게는 그가 그녀를 사랑하고 있는 것으로 생각된다.
➡

12. 증거로 미루어 그는 아무래도 유죄인 것 같다.
➡

주어를 설명할 때 쓰는 패턴

- 주어를 설명하는 표현은 "2형식"을 쓴다.
- 주어를 설명하는 말을 "주격보어"라고 하는데, 주격보어로는 "명사"와 "형용사"로 온다.
- 이때, 명사는 주어에 대해 "동격"을 나타내고, 형용사는 주어에 대해 "상태"를 나타낸다.
- 2형식에는 "be 동사"와 "일반동사"가 쓰이는데, 여기서 말하는 2형식 일반동사는 be동사가 일반동사로 바뀐 경우를 말한다.
- "feel, taste, smell, sound, look" 등 "감각 · 지각 동사"나 "come, go, get, seem, appear, grow, prove, run, keep, become, remain, fall" 등 "상태동사"가 2형식에서의 일반동사로 쓰인다.
- 2형식은 주어를 설명하는 문장임으로 2형식 동사를 "연결동사"라 하는데, "불완전자동사"라고 부르기도 한다.

> ⓐ She is very **stubborn**.
>
>   그녀는 매우 고집이 세다
>
> ⓑ He is **a big eater**.
>
>   그는 대식가다

패턴설명

- 2형식동사의 기본동사인 "be 동사"가 오는 패턴이다.
- 주어를 설명하는 주격보어로는 "명사"나 "형용사"가 온다.
- 본 형태의 문장은 2형식 문장에서 가장 기본적인 문장이다.

패턴해설

ⓐ stubborn → 주격보어로 "형용사"가 쓰인 경우 (상태설명)

ⓑ a big eater → 주격보어로 "명사"가 쓰인 경우 (동격관계설명)

 **작문연습 (1-8)**

1. 그것들은 매우 닮았다.
➡

2. 그녀의 키는 170이다.
➡

3. 저의 나이는 스무 살입니다.
➡

4. 그는 궁핍하게 살고 있다.
➡

5. 봄에는 낮이 길고 따뜻하다.
➡

6. 그는 정직하지만 부유하지는 못하다.
➡

7. 그기 그것을 거절한다는 것은 있을 수기 없다.
➡

8. 수영은 좋은 운동이다.
➡

9. 우리 운동회는 큰 성공이었다.
➡

10. 우리 아저씨는 담배를 몹시 피운다.
➡

11. 농업은 우리 나라에서 가장 중요한 산업의 하나다.
➡

12. 바람이 한 점도 없는 좋은 날이다.
➡

13. 그가 동의 할 것인지 어쩔지는 별 문제이다.
➡

> ⓐ He is **above me** in rank.
>
>   그는 나보다 지위가 높다
>
> ⓑ The children were almost **of the same height**.
>
>   아이들은 대략 같은 키였다
>
> ⓒ School is **over**.
>
>   학교수업이 끝났다.

 패턴설명

- 형용사 대신에 형용사 상당어인 "전치사구"가 오는 패턴이다.
- "전치사구"는 주어에 대해 "상태"를 나타내기 때문에 전치사구는 형용사 취급된다.
- 이때에 쓰이는 대표적인 전치사로는 "of → 사람·사물의 특징 (인격, 중요성, 가치성, 모양, 크기 등), in → 상태, on → 계속, beneath → … 아래, beyond (=above) → … 위에, behind → … 뒤에, out of → 정상에서 벗어난 상태, for → …를 위해, over → …를 넘어서, off → 떨어져 있는 상태" 등이 있다.
- 경우에 따라서는 전치사가 "형용사가" 부사가 되는 경우가 있다.

 패턴해설

ⓐ above me → 전치사구 (형용사 상당어)

ⓑ the same hight → of + 전치사구 (형용사 상당어)

ⓒ over → 형용사

작문연습 (1-9)

<S+be+of~>

1. 그 쟁점은 중요치 않다.

➡

2. 우리 집의 일부는 15세기 식 건물이다.

➡

3. 이들 신은 내 치수가 아니다.

➡

<S+be+in~>

4. 그녀는 날씬하다.

➡

5. 모든 것이 잘 정돈돼 있다.

➡

6. 네 기억은 맞지 않는다.

➡

<S+be+out of~>

7. 자동판매기가 고장이 났다.

➡

8. 우리 모두는 숨이 턱에 닿아 있었다.

➡

9. 우리는 휴가 중입니다.
➡

10. 나는 그때, 배로 여행 중이었다.
➡

11. 이것들은 할인 판매되고 있다.
➡

12. 이것은 서비스입니다.
➡

13. 그가 해놓은 일은 그의 능력 이하이다.
➡

14. 이 시는 내게 너무 어렵다.
➡

15. 자이언트는 다저스에 3게임 뒤쳐져있다.
➡

16. 이 편지는 당신에게 온 것입니다.
➡

17. 그것은 누구에게 줄 것인가?
➡

18. 이 문제는 도저히 내 머리로는 알 수 없다.
➡

19. 그녀는 80살이 넘어 있었다.
➡

20. 그것은 주제로 부터 벗어나 있다.
➡

21. 그는 일을 하지 않고 있다.
➡

22. 코트 단추 하나가 떨어져 있다.
➡

23. 그들은 형제 같다.
➡

24. 그런 행동은 그 사람답다.
➡

25. 이자비율이 1퍼센트 올랐다.
➡

26. 컴퓨터가 나갔다.
➡

27. 게임이 끝났다.
➡

ⓐ He is **to come** to the party tonight.

그는 오늘밤 파티에 참석할 예정이다

ⓑ My hobby is **to collect stamps**.

나의 취미는 우표를 모으는 것이다

ⓒ My hobby is **collecting stamps**.

나의 취미는 우표를 모으는 것이다

ⓓ He is **amazing**.

그는 굉장하다

ⓔ The door is **broke**.

문이 망가졌다

ⓕ I was **tired**.

나는 피곤했다

ⓖ The trip was **tiring**.

그 여행은 힘들었다

 패턴설명

- 동작으로 주어를 설명을 하는 경우에 준동사 (분사 · to do · 동명사)가 온다.
- "to do"는 〈미래의 동작〉 또는 〈동격관계〉에 쓰이고, 동명사는 〈동격관계〉에만, 분사는 〈상태적 동작〉에 쓰인다.
- 분사는 "형용사의 성질과 동사의 성질"을 동시에 갖고 있기 때문에 분사를 보고 상태적 동작을 나타내는 말이라고 한다. 즉, "~ing"는 〈상태 또는 진행의 동작〉을 나타내고, "~p.p."는 〈상태 또는 수동의 동작〉을 나타낸다.
- 한편, 〈사람의 감정 · 감각을 나타내는 분사〉의 경우에는 〈과거분사〉는 〈사람〉과 함께 쓰이고, "현재분사"는 〈무생물〉과 함께 쓰인다.

패턴해설

ⓐ to come → 부정사 (미래의 동작)

ⓑ to collect → 부정사 (동격관계)

ⓒ collecting → 동명사 (동격관계)

ⓓ amazing → 현재분사 (상태)

ⓔ broke → 과거분사 (수동의 동작 · 상태)

ⓕ tired → 사람의 감각 (과거분사 → 사람)

ⓖ tiring → 사람의 감각 (현재분사 → 무생물)

<S+be+to do>
1. 이 집은 세놓을 집이다.
➡

2. 그가 비난을 받을 사람이다.
➡

3. 내 목적은 너를 돕는 일이었다.
➡

4. 그녀를 아는것이 그녀를 좋아하게 되는 것이다.
➡

<S+be+동명사>
5. 그의 일은 컴퓨터를 수리하는 것이다.
➡

6. 그의 직업은 책을 파는 일이다.
➡

7. 내 남편이 싫어하는 일 중에 하나가 쓰레기를 치우는 일이다.
➡

8. 보스는 너무 지나치게 요구한다.
➡

9. 그가 실수했다.
➡

10. 나의 가방이 없어졌다.
➡

11. 소포의 일부가 파손되었다.
➡

<S+be+사람의 감정·감각의 분사>
12. 제 생일 파티에 오신다면 기쁘기 그지없겠습니다.
➡

13. 일부 고객들은 환불정책에 대해서 혼동하고 있다.
➡

14. 그 광경은 즐거움을 준다.
➡

15. 그 시합은 손에 땀을 쥐게 했다.
➡

ⓐ The problem **is that I'm short of money**.

문제는 내게 돈이 부족하다는 것이다

ⓑ That's not **what I mean**.

제가 말씀드린 건 그런 뜻이 아닙니다

 패턴설명

- "접속사 s+v~"가 오는 패턴이다.
- 이때에 "접속사 s+v~"는 주어와 "동격" 관계를 갖는 "명사절"로서 명사 상당어구 이다.

 패턴해설

ⓐ that I'm short of money → 접속사 s+v+~ (명사 상당어구)
ⓑ what I mean → 접속사 s+v+~ (명사 상당어구)

작문연습 (1-11)

1. 난처한 것은 가게문이 모두 닫혔다는 것이다.
➡

2. 내 제안은 거리에 더 나무를 심자는 것이다.
➡

3. 문제는 이 마을에는 의사가 없다는 것이다.
➡

4. 문제는 언제, 어떻게 우리가 그것을 실행하느냐 하는 것이다.
➡

5. 이유는 내가 매우 외떨어진 곳에서 살고 있다는 것이다.
➡

6. 그녀는 옛날의 그녀가 아니다.
➡

7. 여기가 내가 일하는 곳이다.
➡

8. 내가 말하고자 하는 것이 바로 그것이다.
➡

9. 이것이 네가 찾고 있는 것이냐?
➡

ⓐ I'm **pleased** to see you.

    당신을 만나서 기쁩니다

ⓑ He was **busy** in preparing the exam yesterday.

    그는 어제 시험준비를 하느라 바빴다

ⓒ She was not **aware** that there is danger.

    그녀는 위험하다는 것을 인식하지 못했다

ⓓ I'm **pleased** that you have come.

    와주셔서 반갑습니다

 패턴설명

- "S+be동사+형용사" 패턴과 "S+be동사+~p.p." 패턴에서, "형용사와~p.p." 뒤에는 〈준동사〉(to do~ · in+~ing) 또는 〈접속사 S+V+~〉가 올 수 있다.
- 이때 "준동사 (to do~ · in+~ing)"는 "형용사"와 "~p.p."를 수식하는 "부사구"가 되고, "접속사 S+V+~"는 명사절이 된다.

 패턴해설

ⓐ pleased to see you → ~p.p. +to do

ⓑ busy in preparing the exam yesterday → 형용사+in+~ing

ⓒ aware that there is danger → 형용사+접속사+S+V+~

ⓓ pleased that you have come → ~p.p.+접속사+S+V+~

작문연습 (1-12)

<형용사 · ~P.P. +to do>
1. 내 장서를 자유로이 사용하게.
➡

2. 기차는 정각에 도착할 예정이다.
➡

<형용사 · ~P.P. +in+~ing>
3. 그는 팀에서 빠졌다는 것을 알고 노했다.
➡

4. 내일 시험이 없다는 것을 알고 학생들은 기뻐했다.
➡

<S+V+형용사 · ~P.P. +접속사 S+V+~>
5. 유감입니다마 저는 이제 가 바야 합니다.
➡

6. 나는 그녀가 Miss Lee 이었는지 아니었는지 잘 모르겠다.
➡

7. 우리는 그녀가 어디로 갔는지 확실히 모른다.
➡

> ⓐ This cake **tastes** good.
>
>   이 케이크는 맛있다
>
> ⓑ He **got** angry.
>
>   그가 화를 냈다

 패턴설명

- "be 동사"가 〈일반동사〉로 바뀐 형태이며, 〈형용사〉가 주격보어로 쓰인 패턴이다.
- 이때의 일반동사로는 "feel, taste, smell, sound, look" 등 "감각 · 지각 동사"나 "come, go, get, seem, appear, grow, prove, run, keep, become, remain, fall" 등 "상태동사" 가 쓰인다.

 패턴해설

ⓐ taste good → 일반동사 (감각동사) + 형용사

ⓑ got angry → 일반동사 (상태동사) + 형용사

작문연습 (1-13)

1. 이 문장은 대단히 어색하게 들린다.
➡

2. 그 고지서는 기간이 지났다.
➡

3. 나의 오랜 꿈이 마침내 실현되었다.
➡

4. 그는 요새 꽤 부지런해졌다.
➡

5. 당신이 안정을 취한다면 1, 2 주정도 지나면 건강이 회복될 것이다.
➡

6. 이 그림은 멀리서 보면 더욱 아름답게 보인다.
➡

ⓐ The book went **out of print**.

그 책은 절판되었다

ⓑ It proved **of no use**.

그것은 소용없는 것으로 판명되었다

 패턴설명

- 주격보어로 "전치사구"가 오는 패턴이다.
- 이때에 "전치사구"는 주어에 대해 "상태를 설명" 한다.
- 따라서 전치사구는 "형용사" 취급한다.

 패턴해설

ⓐ out of print → 전치사구 (형용사 상당어)

ⓑ of no use → of-전치사구 (형용사 상당어)

작문연습 (1-14)

1. 배는 보이지 않게 되었다.
➡

2. 그는 잠자리에서 일찍 일어났다..
➡

3. 이 기계는 쓸모없는 것으로 판명되었다.
➡

4. 그녀는 지난주부터 식이요법을 시작했다.
➡

5. 이 피아노는 1음정이 높게 들린다.
➡

6. 학문에 있어서 그는 나보다 훨씬 뛰어나 있다.
➡

ⓐ He kept **swimming**.

　그는 계속 수영만 했다

ⓑ You <u>sound</u> **surprised**.

　네 말은 놀란 것처럼 들린다

 **패턴설명**

- 주격보어로 "분사"가 오는 패턴이다.
- 이때에 현재분사 "~ing" 모양은 〈진행의 동작〉을, 과거분사 "~p.p."의 모양은 〈수동의 동작〉을 나타낸다.

 **패턴해설**

ⓐ swimming → 현재분사 (진행동작)
ⓑ surprised → 과거분사 (수동동작)

작문연습 (1-15)

<keep+~ing>

1. 그녀는 계속 울기만 했다.

➡

2. 일주일 동안 계속해서 비가 내렸다.

➡

<go+~ing>

3. 그들이 쇼핑하러 갔다.

➡

4. 우리들은 오는 주말에 자전거를 타러갈 것이다.

➡

<get+~P.P>

5. 그들은 술에 취해 있었다.

➡

6. 나는 집에 오는 도중에 비를 만났다.

➡

7. 우리는 교통정체에 걸렸다.
➡

8. 그녀는 즐거워 보였다.
➡

9. 너는 피곤해 보인다.
➡

10. 통화 중에 그녀의 말투는 다른 것에 정신이 팔려 있는 듯이 들렸다.
➡

11. 그 모든 계획이 다 해결될 수 없다.
➡

12. 그의 경고에 주의를 기울이지 않았다.
➡

13. 그 여자는 알몸으로 목욕탕에서 뛰어 나갔다.
➡

14. 매듭이 끌려졌다.
➡

동사의 수동태

- 수동태는 〈행위자가 애매한 경우〉, 〈행위자를 숨기고 싶은 경우〉, 또는 〈행위자의 의도가 아닌 경우〉에 쓰인다.
- 수동태 문장에 대해 다음을 유의한다:
  · 1형식과 2형식은 수동태로 하지 않는다.
  · 3형식을 수동태로 하는 경우 2형식이 된다.
  · 4형식은 두 개의 수동태 문장이 나온다.
  · 5형식의 경우, 목적보어로 쓰인 원형부정사는 수동태에서 "to do"로 쓴다.
  · "S＋동사＋A＋전치사＋B"를 수동태로 하면 동사가 "be＋～p.p.＋전치사"의 형태로 3형식에 쓰이는 동사구가 된다.

예문

ⓐ We respect him. → He **is respected** (by us).

ⓑ He gave me some money.

→ I **was given** some money (by him).

→ Some money **was given** me (by him).

ⓒ We think him to be honest. → He **is thought** to be honest.

ⓓ We made him go. → He **was made** to go.

ⓔ He reminds me of my father. → I **am reminded of** my father.

해설

ⓐ He is respected → 2형식 패턴

ⓑ I was given some money → 간접목적어가 주어

  Some money was given me → 직접목적어가 주어

ⓒ He is thought to be honest → 5형식의 수동태

ⓓ to go → 동사원형에 "to"가 붙는다

ⓔ am reminded of → 3형식 동사구

ⓐ He **became** a famous doctor

그는 유명한 의사가 되었다

ⓑ He will **make** an excellent scholar.

그는 훌륭한 학자가 될 것이다

 패턴설명

- 2형식동사로 〈일반동사〉가 쓰이고, 주격보어로 〈명사〉가 오는 패턴이다.
- 이때에 일반동사로는 "become, make, turn"이 쓰인다.

 패턴해설

ⓐ became a famous doctor → became + 명사
ⓑ make an excellent scholar → make + 명사

 **작문연습 (1-16)**

1. 그의 모험담은 매혹적인 읽을 꺼리 이다.
➡

2. 그 때부터 그는 딴 사람이 되었다.
➡

3. 그녀는 유명한 배우가 되었다.
➡

4. 그는 나의 좋은 친구가 되었다.
➡

5. 피터와 에바는 멋진 부부이다.
➡

ⓐ John **looks** like his father.

존은 그의 아빠를 닮았다

ⓑ I don't **feel** like doing anything tonight.

나는 오늘 밤 아무일도 하고 싶지않다

ⓒ He **sounded** like (that) he had a cold.

그의 말투는 감기가 걸린 사람의 말투처럼 들렸다

 패턴설명

- "feel, taste, smell, sound, look"은 주격보어로 〈like + 명사 · ~ing · 접속사 s + v + ~〉를 받는다.
- 이때에 "like" 뒤에 오는 말은 주어에 대해 〈유사성〉을 설명한다.

 패턴해설

ⓐ look like his father → like + 명사

ⓑ feel like doing anything → like + ~ing

ⓒ sounded like (that) he had a cold → like + 접속사 s + v + ~

작문연습 (1-17)

1. 이것은 장미꽃 같은 향기가 난다.

➡

2. 그 사람의 말투는 좋은 사람 같다.

➡

3. 이 맛은 치킨 맛이다.

➡

4. 나는 한잔 들이켜고 싶은 기분이다.

➡

5. 아무래도 눈이 내릴 것 같다.

➡

6. 그는 영화를 볼 기분이 나지 않았다.

➡

7. 비는 계속 올 듯하다.

➡

8. 오늘은 눈이 올 것 같다.

➡

9. 너는 바쁜 것 같다.

➡

ⓐ He served **as** an officer.

　그는 장교로 근무했다

ⓑ This painting counts **as** a masterpiece.

　이 그림은 걸작으로 간주된다

ⓒ He acted **as** <u>chairman</u>.

　그는 의장처럼 행동했다

 **패턴설명**

- 동사 "die, live, function, appear, rank, act, count, serve, use" 등은 주격보어로 "as + 명사"의 형태를 취할 수 있다.
- "as" 뒤에 오는 명사는 주어와 동격관계는 아니지만, 거기에 상당하는 〈동질성〉을 나타낼 때 쓰는 패턴이다.
- 한편, "as" 뒤에 오는 명사가 사람의 직책을 나타내는 경우에는 관사가 생략된다.

 **패턴해설**

ⓐ served as an officer → served as + 명사

ⓑ counts as a masterpiece → count as + 명사

ⓒ acted as chairman → act as + 명사

 **작문연습 (1-18)**

1. 그는 덕이 높은 사람의 생활을 했다.
➡

2. 이 명사는 목적어 역할을 한다.
➡

3. 그 책은 걸작으로 간주된다.
➡

4. 그는 햄릿 역을 맡았다.
➡

5. 그는 평론가로서 높은 지위를 차지하고 있다.
➡

6. 그는 가게에서 매니저로 일해 왔다.
➡

ⓐ The report **proved to be** false.

그 보도가 거짓이라는 것이 드러났다

ⓑ He **turned out to be** our enemy.

그는 우리의 적으로 판명되었다

ⓒ Things **appear to be** going well.

언 듯 보기에는 일은 잘 되어가고 있는 것처럼 보인다

ⓓ They **seem to be** promoted equally.

그들은 일률적으로 승진되는 것 같다

ⓔ They **seem to be** in the bank.

그들은 은행에 있는 것 같다

 패턴설명

● "turn out, prove, seem, appear, remain, happen, grow, tend" 등의 동사는 〈to be + 형용사 · 명사 · ~ing · ~p.p. · 전치사구〉의 모양으로 주격보어를 받는다.

● 본 패턴은 〈주어에 대해 결과를 설명〉할 때 쓴다.

 패턴해설

ⓐ proved to be false → to be + 형용사

ⓑ turned out to be our enemy → to be + 명사

ⓒ appear to be going well → to be + ~ing

ⓓ seemed to be promoted → to be + ~p.p.

ⓔ seem to be in the bank → to be + 전치사구

작문연습 (1-19)

<S+V+to be+형용사>
1. 그들의 시도는 성공적인 것으로 판명되었다.
➡

2. 그는 끝까지 충성을 지켰다.
➡

3. 청 고래는 기장이 27 미터까지 자란다.
➡

4. 낙천주의자들은 더 건강하고 행복한 경향이 있다.
➡

<S+V+to be+명사>
5. 그는 여전히 냉소적이었다.
➡

6. 사람은 방관자로 남아 있을 수는 없다.
➡

7. 그는 진정한 친구로 판명되었다.
➡

<S+V+to be+~ing>
8. 금년 겨울에는 감기로 고생하는 사람이 적은 것 같다.
➡

9. 너는 파티를 즐기고 있는 모양이군.
➡

10. 그녀는 의기소침에 보였다.
➡

11. 그녀는 평생을 독신으로 지냈다.
➡

12. 그녀는 실망한 듯 했다.
➡

13. 그는 난처한 듯 했다.
➡

14. 그녀는 마침 사무실에 있었다.
➡

15. 그는 빌려간 돈을 빨리 갚으려고 하지 않는 것 같다.
➡

명사 쓰기

설명

– 명사는 〈명사 또는 명사+명사〉, 〈형용사+명사〉, 〈명사+전치사·준동사·접속사 S+V+ ～〉의 모양으로 쓰여진다.

예문

ⓐ This book counts as a **masterpiece**.

ⓑ He always wanted to be a **newspaper reporter**.

ⓒ He wrote a **great book**.

ⓓ The **book** on the table is mine.

ⓔ I have **no book** to read.

ⓕ The **book** that you're looking for is here.

해설

ⓐ masterpiece → 명사

ⓑ a newspaper reporter → 명사+명사

ⓒ a great book → 형용사+명사

ⓓ the book on ～ → 명사+전치사～

ⓔ no book to read ～ → 명사+준동사～

ⓕ the book that you're ～ → 명사+접속사 s+v+～

> ⓐ She **returned** <u>safe</u>.
>
> 안전하게 그녀가 돌아갔다
>
> ⓑ He **died** <u>a beggar</u>.
>
> 거지로 그는 죽었다
>
> ⓒ Tom **sat** <u>reading the book</u>.
>
> 책을 읽으면서 탐이 앉아 있었다
>
> ⓓ They **returned** <u>satisfied with the result</u>.
>
> 결과에 만족하고 그들이 돌아갔다

 패턴설명

● 1형식동사는 뒤에 "형용사 · 명사 · ~ing · ~p.p."를 받아 주어를 설명하는 2형식 패턴을 만든다.

 패턴해설

ⓐ returned safe → 1형식동사+형용사

ⓑ died a beggar → 1형식동사+명사

ⓒ sat reading the book → 1형식동사+~ing

ⓓ returned satisfied with the result → 1형식동사+~p.p.

작문연습 (1-20)

<S+V+형용사>
1. 그녀는 잠들지 않은 채로 누워 있었다.
➡

2. 그는 나이가 들어서 결혼했다.
➡

3. 그는 무의식 속으로 빠졌다.
➡

4. 그들은 정말 돈 한푼 없이 서울에 도착했다.
➡

<S+V+명사>
5. 그는 백만장자가 되어서 고향에 돌아왔다.
➡

6. 그들은 가장 친한 친구로 헤어졌다.
➡

7. 그는 독신으로 살다 죽었다.
➡

<S+V+~ing>
8. 그들은 물가에 새들은 보면서 앉아있었다.
➡

9. 남자들이 그 녀석은 미쳤음에 틀림없다고 말하면서 뜰에 모여있었다.
➡

<S+V+~P.P.>
10. 그는 아주 만족하여 떠났다.
➡

11. 그녀는 지쳐 쓰러졌다.
➡

ⓐ It is **a pity** to waste time.

　시간을 낭비하는 것이 아깝다

ⓑ It is **funny** his going without saying good-by.

　그가 작별 인사도 없이 가버리다니 뭔가 이상하다

ⓒ It was **fortunate** that the weather was fine.

　날씨가 좋아서 다행이었다

ⓓ It seems **a mystery** how the fire broke out.

　그 화재가 어떻게 났는지는 의문이다

ⓔ It's no **use** crying over spilt milk.

　엎질러진 우유를 보고 울어봐야 소용없다

 **패턴설명**

- 2형식 모양의 "가주어 · 진주어" 패턴이다.
- "It＋be동사＋형용사 또는 명사"의 형태에서 진주어로 "to do, ~ing, 접속사 S＋V＋~"가 온다.
- 이때 "be동사" 대신에 "seem" 또는 "appear"가 쓰이기도 한다.
- 한편, "It＋be동사＋no use＋~ing" 형태의 관용어 표현이 있다.
- "use" 대신에 "point, good"이 오기도 한다.

 **패턴해설**

ⓐ It is a pity to waste time → It＋be＋명사＋to do~

ⓑ It is funny his going~ → It＋be＋형용사＋~ing

ⓒ It was fortunate that the weather was fine → It＋be＋형용사＋접속사＋S＋V＋~

ⓓ It seems a mystery how the fire broke out → be동사 대신 "seem"

ⓔ It's no use crying over spilt milk → 관용어 표현

 **작문연습 (1-21)**

<It+be+형용사 · 명사+to do~>
1. 영어를 2, 3년 안에 통달하기는 가능하다.
➡

2. 때로는 혼자 있는 것이 좋을 때가 있다.
➡

3. 자식이 항상 부모의 기대대로 살기란 어려운 일이다.
➡

4. 남자가 여자에게 말할 때는 모자를 벗는 것이 예의이다.
➡

5. 식사를 하면서 신문을 읽는 것은 나쁜 버릇이다.
➡

6. 남 앞에서 하품을 하는 것은 좋지 못한 태도이다.
➡

<It+be+형용사 · 명사+ㆍ내용>
7. 나무 위에서 고기를 잡으려고 하는 것은 어리석은 일이다.
➡

8. 어떤 상황에서든 네가 요행을 바라는 것은 현명하지 못하다.
➡

<It+be+형용사 · 명사+접속사+S+V+~>
9. 당신이 그러한 절호의 기회를 놓친 것은 유감스러운 일이다.
➡

10. 그가 입학 시험에 단번에 합격한 것은 이상할 것이 없다.
➡

<It+be+no use+~ing>
11. 옛 우정을 계속 간직하려 해봐야 소용없다.
➡

12. 쓸데없는 일을 얘기해 봐야 소용없다.
➡

부정관사(a, an)

- "종족전체"를 나타낸다.
- "불가산명사를 가산명사화" 시킨다.
- 명사에 대해 "one, kind of, certain, the same" 등의 의미를 부여하는 한정의 역할을
  한다.
- "as a rule, on a sudden, keep an eye on, in a hurry" 등과 같이 "a"와 함께 관
  용적으로 쓰이는 표현이 있다.

ⓐ **A dog** is a faithful animal.

개는 충실한 동물이다

ⓑ **A Mr. Kim** came to see you.

김씨라는 사람이 너를 만나러 왔었다

ⓒ Birds of **a feather** flock together.

유유상종

ⓓ I usually take **a walk** in the morning.

나는 늘 아침에 산책한다

ⓐ "A dog" → 종족대표.

ⓑ Mr. Kim (특정한 사람=불가산명사) → A Mr. Kim (막연한 사람=가산명사).

ⓒ "a feather" → "the same feather"의 의미로 한정.

ⓓ "take a walk" → 관용적인 표현.

정관사(the)

- "the＋가산명사"는 "종족대표"를 나타낸다.
- "가산명사"를 "불가산명사"화 한다.
- "명사가 한정"을 받으면 "the"가 붙는다.
- 〈in the sun, on the increase, on the whole, in the way〉, 〈유일한 자연물〉, 〈방향, 신체의 일부, 시간의 단위〉, 〈직책, 종족, 악기, 병, 신문·잡지·영화, 공공건물·배·기차·버스, 강·해양·만·산맥〉등에는 관용적으로 "the"가 붙는다.

예문

ⓐ **The whale** is mammal.

고래는 포유동물이다

ⓑ **The pen** is mightier than **the sword**.

문은 무력보다 더 힘이 있다

ⓒ **The book** on the table is mine.

책상 위에 그 책은 나의 것이다

ⓓ The food was, **on the whole**, satisfactory.

식사는 대체로 만속할 만했다

ⓔ **The sun** rises from **the East**.

해는 동쪽에서 뜬다

ⓕ He kissed her on **the cheek**.

그가 그녀의 뺨에 키스했다

ⓖ We are paid by **the day**.

우리는 일당으로 급료를 받는다

ⓗ **The Han river** goes through the city of Seoul.

한강은 서울시를 통과하면서 흐른다

해설

ⓐ "the whale" → "종족대표"

ⓑ "the pen" "the sword" → 가산명사의 불가산명사화.

ⓒ "the book" → "on the table"로 수식을 받음

ⓓ "on the whole" → "the"와 함께 관용적으로 쓰이는 표현

ⓔ "the sun" "the East" → 유일한 자연물·방향

ⓕ "the cheek" → 신체의 일부

ⓖ "the day" → 시간의 단위

ⓗ "the Han river" → 강 이름

3형식

주어가 하는 "동작"과 그 동작의 "대상"이 올 때 쓰는 패턴

- 3 · 4 · 5형식은 주어가 하는 동작과 그 동작의 대상이 강조되는 문형들이다.
- 이때 3형식은 주어가 하는 동작과 그 동작의 대상이 강조되는 대표적인 문형인데, 3형식에서는 동작의 대상이 한 개만 온다.
- 3형식에서의 "동작"과 "대상"은 변화가 매우 다양하기 때문에 이에 유의해야 한다.
- 동작의 대상을 문법적으로는 "목적어"라 하며, 3형식에 쓰이는 동사를 "완전 타동사"라고 부른다.

ⓐ The rules of this club do not permit **alcohol**.

이 클럽의 규칙은 술을 허용하지 않는다

ⓑ You can't please **everybody**.

모든 사람을 다 만족시킬 수는 없다

ⓒ **Take care** not to break it.

깨뜨리지 않도록 조심해라

ⓓ We **had a good time**.

우리는 즐거운 시간을 보냈다

ⓔ He **had the kindness** to help me.

그는 친절하게도 나를 도와주었다

ⓕ I **have no intention** of ignoring your rights.

나는 당신의 권리를 무시할 의사가 없다.

 **패턴설명**

- 주어가 하는 동작의 대상 (=목적어)이 〈명사〉나 〈대명사〉로 오는 패턴이다.
- 본 패턴에는 "동사+명사"의 〈관용어 표현〉이 유난히 많다.
- "동사+the 추상명사+to do~"는 〈원인 · 결과〉를 나타낸다.
- "have+추상명사+of+~ing"에서 "추상명사 ~ing"는 동격관계를 갖는다.

 **패턴해설**

ⓐ alcohol → "명사" 목적어

ⓑ everybody → "대명사" 목적어

ⓒ take care → 관용어 표현

ⓓ have a good time → 관용어 표현

ⓔ had the kindness to help~ → 원인 · 결과

ⓕ have no intention of ignoring your rights → 동격관계

작문연습 (1–22)

1. Mr. Kim이 Miss Lee와 결혼했다.

➡

2. 우리는 조국을 사랑해야 한다.

➡

3. 러시아말을 아는 한국 사람은 별로 없다.

➡

4. 과학이라고 해서 무에서 유를 창조할 수는 없다.

➡

5. 내가 살아있는 동안 당신의 신세를 절대로 잊지 못할 것입니다.

➡

6. 나는 감기에 걸렸다.

➡

7. 그녀는 살이 많이 쪘다.
➡

8. 나는 요새 입맛이 없다.
➡

9. 그는 학교에선 말썽을 일으키지 않는다.
➡

10. 우리는 어려움을 피하기 위한 수단을 강구해야 한다.
➡

<S＋have＋the 추상명사＋to do>
11. 그는 친절하게도 나에게 길을 가르쳐 주었다.
➡

12. 그는 뻔뻔하게도 초대받지 않고도 온다.
➡

13. 그녀는 혼잣말을 하는 버릇이 있다.
➡

14. 나는 교사가 될 줄은 전혀 몰랐다.
➡

설명

– 관사의 생략에 대해서는 새로울 것이 없다. 왜냐하면 불가산명사 앞에는 관사가 붙지 않는데, 이를 두고 관사의 생략이라 하기 때문이다. 한편, 다음과 같은 상황은 불가산명사로 취급됨으로 유의한다.

– "식사명, 경기명, 거리명, 계절명, 명절명, 언어명, 호격명사, 국적"은 불가산명사로 취급된다.

– "교통 및 통신수단"은 불가산명사로 취급한다.

– "단수 종족대표"는 불가산명사로 취급한다.

– "건물을 나타내는 말이 그 본래의 의미로 쓰여지는 경우" 불가산명사로 취급한다.

– "전치사를 중심으로 명사가 좌우대칭으로 쓰여지는 경우" 불가산명사로 취급한다.

예문

ⓐ **Dinner** is being served now.

저녁식사가 지금 제공되고 있다

ⓑ I came home by **taxi**.

나는 택시 타고 집에 왔다

ⓒ **Women** is made to be loved.

여성은 사랑 받기 위해 태어났다

ⓓ **School** is over.

수업이 끝났다

ⓔ He's getting better **day by day**.

그는 날마다 나아지고 있다

해설

ⓐ "dinner" → 식사 명은 불가산명사 취급

ⓑ "by taxi" → 교통수단은 불가산명사 취급

ⓒ "women" → 단수 종족대표는 불가산명사 취급

ⓓ "school" → 건물이 아니라 수업 의미의 추상명사 (불가산명사)

ⓔ "day by day" → 전치사를 중심으로 명사가 좌우대칭으로 쓰이면 불가산명사 취급

<table><tr><td>**2**</td><td>S + 동사 + one's 명사 (one's way) pattern</td></tr></table>

> ⓐ **You must** <u>keep</u> **your promise**.
>
> 너는 네가 한 약속을 지켜야만 한다
>
> ⓑ **You cannot have** **your own way** <u>in</u> everything.
>
> 만사를 마음대로 할 수는 없다

패턴설명

- 대상으로 〈one's+명사〉 또는 〈one's+way〉가 오는 패턴이다.
- "one's way" 경우에는 뒤에 전치사를 동반하여 〈주어+동사+one's way+전치사+ⓑ〉의 패턴을 만든다. 이 문장은 〈ⓑ에 대해서 주어의 "주어·방법이 …하다"〉라는 경우로 생각해 볼 수 있다.

패턴해설

ⓐ keep your promise → keep+one's 명사

ⓑ have your own way in everything → have+one's way+in+ⓑ

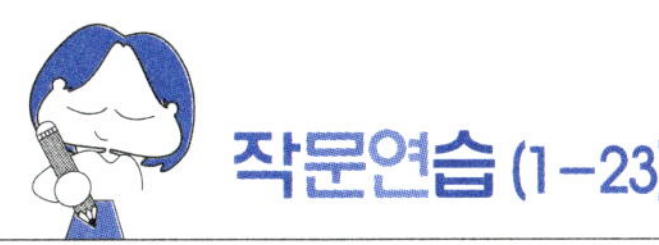

작문연습 (1–23)

1. 그녀는 실연으로 가슴이 찢어지게 아팠다.
➡

2. 아버지는 오늘 아침에 숨을 거두었다.
➡

3. 우리는 그녀를 설득시키려고 최선을 다했다.
➡

4. 그는 글을 써서 살아간다.
➡

5. 그는 회의 중 내내 침묵하였다.
➡

6. 그는 나에게 심하게 화를 냈다.
➡

7. 나는 그녀와 결혼하지 않기로 결심했다.
➡

8. 그는 자신의 계획 실현을 향해 신중히 나아가고 있었다.
➡

9. 그는 인생에서 자기의 활로를 개척했다.
➡

10. 그는 고학으로 대학까지 마쳤다.
➡

11. 이 강물들은 호수로 흘러든다.
➡

12. 안됐습니다만, 저는 당신에게 집을 빌려드릴 수가 없습니다.
➡

형용사의 위치

설명

- 형용사는 원칙적으로 명사 앞에 온다.
- 그러나, "asleep, awake" 등 〈a〉로 시작하는 형용사, 〈worth〉, 〈형용사구(형용사＋전치사~)〉는 명사 뒤에 붙는다.
- 대명사를 수식하는 형용사도 뒤에 온다.

예문

ⓐ This is one of the most **useful and readable** articles.

이것은 가장 유용하고 읽을만한 기사 가운데 하나다

ⓑ Don't wake a baby **asleep**.

잠든 아이를 깨우지 마라

ⓒ They brought us out a pot **full of steaming coffee**.

그들은 김이 모락모락 나는 커피가 가득 담긴 커피포트를 가져왔다

ⓓ This is the book **worth reading**.

이것은 읽을 만한 가치가 있는 책이다

ⓔ She wants to marry someone **rich**.

그녀는 부자와 결혼하고 싶어힌다

해설

ⓐ useful and readable → 형용사＋명사

ⓑ a baby asleep → 명사＋형용사

ⓒ a pot full of steaming coffee → 명사＋형용사구

ⓓ the book worth → 명사＋worth

ⓔ someone rich → 대명사＋형용사

ⓐ **She killed herself.**

그녀는 자살했다

ⓑ **He enjoyed himself over drinking.**

그는 술을 마시며 즐겁게 시간을 보냈다

ⓒ **She cried herself to sleep.**

그녀는 울다가 결국 잠이 들었다

ⓓ **He overworked himself ill.**

그는 과로해서 병이 들었다

ⓔ **He did the work himself.**

그는 혼자서 그 작업을 했다

 **패턴설명**

- 대상 (=목적어) 이 "재귀대명사"로 오는 패턴이다.
- 주어가 하는 동작의 대상이 "주어 자신"인 경우에 목적어가 재귀대명사로 온다.
- 목적어가 재귀대명사로 오는 경우에 "ⓐ가 ⓑ하다"의 관용어 패턴을 만들어 내기도 한다.
- 재귀대명사 뒤에 "형용사" 또는 "to+명사"가 오는 경우가 있는데, 이는 주어가 하는 동작의 결과를 나타낸다.
- 한편, 재귀대명사는 강조를 나타내는 부사로도 쓰인다.

 **패턴해설**

ⓐ herself → "재귀대명사" 목적어

ⓑ enjoy himself over drinking → "ⓐ가 ⓑ하다" 패턴

ⓒ to sleep → 동작의 결과

ⓓ ill → 동작의 결과

ⓔ himself → 강조를 나타내는 "부사"

작문연습 (1-24)

1. 역사는 반복된다.

➡

2. 그녀는 망신당했다.

➡

3. 그는 조심하지 않으면 다칠 것이다.

➡

4. 그는 노름에 빠졌다.

➡

5. 그는 영어공부에 몰두했다.

➡

6. 그녀는 요리 솜씨를 자랑한다.

➡

7. 나는 일주일 내내 집에 틀어박혀 있었다.

➡

8. 그는 훌륭한 영어로 자기 생각을 말했다.

➡

9. 그녀는 식이요법 하다가 죽었다.

➡

10. 그는 고함을 쳐서 목이 쉬었다.

➡

ⓐ He **decided** <u>to sell</u> his automobile.

그는 자기의 자동차를 팔 것을 결심했다

ⓑ She **enjoys** <u>dancing</u>.

그녀는 춤을 즐긴다

ⓒ I **forgot** <u>to see</u> you.

나는 너를 만나기로 한 것을 잊었다

ⓓ I **forgot** <u>seeing</u> you.

나는 너를 만났던 것을 잊었다

ⓔ I don't **like** <u>to smoke</u> now.

나는 지금 담배를 피고 싶지 않다

ⓕ He **likes** <u>smoking</u>.

그는 흡연을 즐긴다

ⓖ This radio **needs** <u>to be fixed</u> (= fixing).

이 라디오는 수리해야 한다

패턴해설

ⓐ decided to sell → 동사+부정사

ⓑ enjoys dancing. → 동사+동명사

ⓒ forgot to see → 동사+부정사 (=미래)

ⓓ forgot seeing → 동사+동명사 (=과거)

ⓔ like to smoke → 동사+부정사 (=일시적인 동작)

ⓕ likes smoking → 동사+동명사 (=경향 · 습관 · 일반적인 사실)

ⓖ needs to be fixed (fixing) → 동사+to be +~p.p. · 동명사 (수동의 의미)

 **패턴설명**

- 〈부정사〉를 목적어로 받는 동사 :

  "afford, agree, arrange, ask, choose, contrive, decide, demand, deserve, desire, endeavor, expect, fail, hope, learn, long, manage, offer, pretend, promise, refuse, threaten, want, wish" etc

- 〈동명사〉를 목적어로 받는 동사 :

  "abominate, acknowledge, admit, advocate, anticipate, appreciate, avoid, celebrate, consider, contemplate, defer, delay, deny, detest, dislike, dispute, doubt, endanger, enjoy, entail, excuse, fancy, favor, finish, foresee, forgive, grudge, imagine, include, involve, justify, keep, mention, mind, miss, necessitate, pardon, postpone, practice, prevent, prohibit, recall, recollect, repent, report, resent, resist, resume, risk, stop, suffer, suggest, tolerate, understand" etc

- 〈부정사〉와 〈동명사〉를 목적어로 받을 수 있으나 "to do"는 미래의 의미, "동명사"는 과거의 의미를 나타내는 동사 :

  "stop, propose, regret, forget" etc

- 〈부정사〉와 〈동명사〉를 목적어로 받을 수 있으나 "to do"는 일시적인 동작, "동명사"는 습관 · 경향 · 일반적인 사실을 의미하는 동사 :

  "like, hate, prefer, love, dread, intend, begin, start, continue, commence, neglect, plan" etc

- 〈to be + ~p.p.〉 형태나 〈수동의 의미인 동명사〉로 목적어를 받을 수 있는 동사 :

  "deserve, need, want, require" etc

<S+V+to do~>

1. 그는 하나 더 사기로 결심했다.
➡

2. 나는 가까스로 생계를 꾸려나갔다.
➡

3. 그녀는 그의 말을 못 들은 척하였다.
➡

4. 그녀는 의사가 되고 싶었었다.
➡

5. 모든 인간은 행복하기를 바란다.
➡

6. 그는 아무리해도 진정하려 하지 않았다.
➡

7. 너는 신중히 하는 것을 배워야한다.
➡

<S+V+~ing>

8. 그는 그녀를 그의 팔에 안는 것이 즐겁지도 않았다.
➡

9. 그녀는 미소 짖지 않을 수가 없었다.
➡

10. 나는 다만 좋은 조력자가 되지 못하는 것을 걱정하는 것입니다.
➡

11. 그들은 내가 늦은 것을 용서해 주지 않았다.
➡

12. 그는 간신히 사고로 인한 죽음을 면했다.
➡

13. 그는 말을 하려고 멈췄다.
➡

14. 그는 말을 멈췄다.
➡

15. 그는 웃기 시작했다.
➡

16. 그는 30분 동안 계속해서 역사에 대해 얘기했다.
➡

17. 우리는 서쪽으로 여행을 떠날 계획이다.
➡

18. 그녀는 오랫동안 한 곳에 머물기를 싫어한다.
➡

19. 나는 소설 읽기를 좋아한다.
➡

20. 우리 집은 수리해야만 한다.
➡

21. 내 컴퓨터는 손 볼 필요가 있다.
➡

ⓐ I forgot **whether he would come on Monday or Tuesday**.

그가 오는 날이 월요일인지 화요일인지 잊었다

ⓑ We think **that he is a great statesman**.

우리는 그가 훌륭한 정치가라고 믿는다

ⓒ I don't know **what to do about it**.

나는 그것에 대해서 무엇을 해야 하는지 모르겠다

ⓓ He admitted that he had made a mistake **to his teacher**.

→ He admitted **to his teacher** that he had made a mistake.

그는 자신이 실수했다는 것을 그의 선생님에게 시인했다

ⓔ He **urged** that we <u>accept</u> the offer.

우리가 그 제의를 받아드려야 한다고 그는 주장했다

패턴해설

ⓐ forgot whether he~ → "접속사 S+V+~" 목적어

ⓑ think that he~ → "접속사 S+V+~" 목적어

ⓒ what to do → "접속사 + to do~" 목적어

ⓓ admitted to his teacher that ~ → 동사+to 사람+접속사 s+v+~

ⓔ He urged that we <u>accept</u> the offer → 동사(강한 주장)+that we+동사원형(shoud+동사원형)

- 주어가 하는 동작의 대상이 〈접속사 S＋V＋~〉로 오는 패턴이다.
- "접속사 S＋V＋~"는 〈실제적인 사실〉을 표현할 때 쓴다.
- "접속사 S＋V＋~"는 의미가 변하지 않는 경우에 〈접속사＋to do〉로 바꾸어 쓸 수 있다.
- "접속사 S＋V＋~" 뒤에 나머지 말이 〈to＋사람〉으로 오는 경우에 이는 "S＋동사＋to 사람＋접속사 S＋V＋~" 형태로 쓴다.
- 한편, 주절에 〈제안 · 충고 · 주장 · 요구 · 명령 · 결정〉(suggest, advise, recommend, insist, urge, demand, require, request, order, decide) 등을 나타내는 말이 있는 경우에 종속절의 동사는 〈동사원형〉이나 〈should＋동사원형〉을 쓴다.
- 〈접속사 S＋V＋~〉를 목적어로 받을 수 있는 동사 :

  "agree, arrange, ask, decide, demand, desire, expect, hope, learn, long, offer, pretend, promise, wish, command, direct, entreat, implore, order, persuade, remind, require, acknowledge, admit, advocate, anticipate, appreciate, deny, doubt, fancy, foresee, mention, recall, recollect, report, suggest, understand" etc

<S+V+접속사 S+V+~>
1. 나는 그가 왜 안 왔는지 궁금하다.
➡

2. 우리는 그가 훌륭한 정치가라고 믿는다.
➡

3. 시간이 얼마나 중요한지 아는 사람은 별로 없다.
➡

4. 나의 부모님은 내가 무엇을 하든지 반대한다.
➡

5. 그는 혼자 있는 것이 어떤 것인가를 이제 방금 알게 되었다.
➡

<S+V+접속사+to do~>
6. 나는 도대체 어디로 가야 할지를 몰랐다.
➡

7. 그는 어떻게 해야 할지 망설이는 경우가 많다.
➡

8. 그는 그것을 읽어 본 적이 없다고 나에게 실토했다.

➡

9. 그녀는 그것을 참을 수 없었다고 나에게 말했다.

➡

10. 나는 그들이 나의 충고를 따를 것을 제안한다.

➡

11. 아버지께서는 우리에게 평일에는 텔레비젼을 보지 말라고 명하셨다.

➡

ⓐ They **got down to** business.

그들은 사업을 착수했다

ⓑ We should **do away with** such a practice.

우리는 그러한 관행을 폐지해야 한다

 패턴설명

● "동사＋부사＋전치사" 모양의 동사구 패턴이다.
● 본 동사구의 모양에서 "자동사＋부사 (전치사 부사·보조부사)"는 1형식동사이다.

 패턴해설

ⓐ get down to → …을 착수하다
ⓑ do away with → …을 폐지하다

작문연습 (1-27)

1. 그녀는 옆집에 사는 그 남자와 가까워 졌다.
➡

2. 나는 당신 만나기를 기대하고 있습니다.
➡

3. 물이 무릎에까지 달했다.
➡

4. 그녀는 과거를 회상했다.
➡

5. 그는 손실된 시간을 보충해야만 했다.
➡

6. 나는 두통을 참을 수가 없다.
➡

7. 그들은 지체없이 일본으로 출발했다.
➡

8. 다른 사람들을 나쁘게 말하지 마시오.
➡

ⓐ He **is good at** making things.

그는 만드는 일에 재주가 있다

ⓑ Nobody will **be free from** charges.

아무도 비난을 피할 수는 없다

ⓒ They **were afraid for** his safety.

그의 안전이 걱정된다

ⓓ Helen **is married to** her schoolmate.

헬렌은 자기의 동기생과 결혼했다

ⓔ I **am** not **concerned with** that matter.

나는 그 일과는 관계없다

ⓕ I **am concerned about** his health.

그의 건강이 걱정이다

 패턴설명

- 본동사가 "be 동사+형용사 (~p.p. · ~ing)+전치사"로 오는 패턴이다.
- 본 모양은 "상태"를 나타낼 때 쓰이는 동사구의 모양이다.
- 이 역시 "숙어"이다.
- 한편, "be 동사" 대신에 결과를 나타내는 경우에는 "become"을, 동작을 나타내는 경우에는 "get"으로 바꾸어 쓸 수 있다.

 패턴해설

ⓐ be good at → "…에 재주가 있다"

ⓑ be free from → "…로 부터 자유롭다"

ⓒ be afraid for → "…을 걱정하다"

ⓓ be married to → "~와 결혼하여 살다"

ⓔ be concerned with → "…와 관계가 있다"

ⓕ be concerned about → "…이 걱정이다"

작문연습 (1-28)

1. 우리는 그의 용기를 존경한다.
➡

2. 그는 자기의 개인적 한계에 대해 깨닫게 되었다.
➡

3. 그는 그녀와 10년이 넘게 결혼생활을 해오고 있다.
➡

4. 그녀는 근무시간에 대해 만족해 했다.
➡

5. 그는 정치 만화가로 잘 알려진 인물이다.
➡

6. 그는 대학에 다니는 동안 수학에 염증을 느꼈다.
➡

7. 당신이 계약으로부터 해제되었을 때, 우리에게 연락하시오.
➡

ⓐ He **has a difference with** the teacher.

그는 그 교사와 다르다

ⓑ One should not **make fun of** those who have made a mistake.

남이 실수를 한다고 해서 놀리면 안된다

ⓒ Everyone can **take part in** this game.

누구나 이 게임에 참가할 수 있다

ⓓ She is always **finding fault with** the way I do my hair.

그녀는 항상 나의 머리 손질하는 방법에 대해 흠만 잡으려 한다

 **패턴설명**

- 〈타동사＋추상명사＋전치사〉 모양의 동사구 패턴이다.
- 본 동사구에서 "타동사＋추상명사"는 3형식에 해당된다.
- 본 동사구에서의 타동사는 대개 "have, give, make, find, take"등이 주로 쓰인다.

 **패턴해설**

ⓐ has a difference with → …과 차이가 있다

ⓑ make fun of → ~를 놀리다

ⓒ take part in → …에 참여하다

ⓓ find fault with → …에 대해 흠을 잡다

작문연습 (1-29)

1. 그는 특히 고양이를 좋아한다.
➡

2. 그녀는 그에게 좋은 인상을 주었다.
➡

3. 벌써 새 이웃과 친하게 되었습니까?
➡

4. 그는 그 기회를 이용해야 한다.
➡

5. 증기기관차는 전기기관차에게 자리를 내주었다.
➡

6. 그녀가 어제 사내아이를 낳았다.
➡

7. 그가 하는 말에 신경 쓰지 마라.
➡

8. 나는 사람들이 춤추는 것을 보는 것을 즐긴다.
➡

ⓐ They **provided** us **with** a lot of information.

    그들은 우리에게 많은 정보를 제공했다

ⓑ He **gave** some money **to** me.

    그는 나에게 약간의 돈을 주었다

ⓒ He **asked** a question **of** me.

    그는 나에게 질문을 던졌다

ⓓ My mother **made** a cake **for** me.

    어머니께서 나를 위해 케익을 만들어 주셨다

ⓔ My friend **introduced** his sister **to** me.

    친구가 나에게 자기 누이를 소개했다

ⓕ **He** applied for admission **to** the riding club.

    그는 승마 클럽에 입회를 신청했다

ⓖ You cannot have **your own way** <u>in</u> everything.

    만사를 마음대로 할 수는 없다

ⓗ He enjoyed **himself** <u>over</u> drinking.

    그는 술을 마시며 즐겁게 시간을 보냈다

패턴해설

ⓐ provide (a) with (b) → 기본형 "(a)에게 (b)를 제공하다"

ⓑ gave (a) to (b) → 수여동사 "방향동사+(a)+for (b)"

ⓒ asked (a) of (b) → 수여동사 "묻다·요구하다+(a)+for (b)"

ⓓ made (a) for (b) → 수여동사 "~를 위해 ~하다+(a)+for (b)"

ⓔ introduced (a) to (b) → "착각동사+(a)+for (b)"

ⓕ applied for (a) to (b) → "동사구+(a)+for (b)"

ⓖ have your own way in (b) → "동사+one's way+for (b)"

ⓗ enjoyed himself over (b) → "동사+oneself+for (b)"

- 동작의 내용이 "(a)가 (b) 하다"의 형태가 될 때 쓰이는 패턴이다.
- 이때 목적어가 "(a)"가 되고, 전치사 뒤에 나오는 내용은 "(b)"가 됨으로써, "(a)가 (b) 하다"의 형태가 된다.
- 본 형태에는 〈기본형〉과 더불어 목적어가 〈one's way〉나 〈재귀대명사〉로 오는 경우와, 동사가 〈수여동사〉 또는 〈착각동사〉사 쓰이는 경우와, 〈동사구〉가 쓰이는 경우에 "(a)가 (b) 하다"의 형태가 된다.
- 〈수여동사〉인 "방향동사" 〈award, give, make, show, sell, send, tell, read, lend, pass, offer〉 등의 경우에 전치사 〈to〉를, "묻다 · 요구하다" 동사 〈ask, beg, inquire〉 등의 경우에는 전치사 〈of〉를, "~를 위해 ~하다" 동사 〈buy, call, make〉 등의 경우에는 전치사 〈for〉를 쓴다.
- 〈착각동사〉인 "introduce, suggest, explain, propose, supply, describe, announce, present" 등의 동사들은 3형식동사이나 4형식동사로 착각하기 쉬운 동사들이며 전치사 〈to〉를 쓴다.

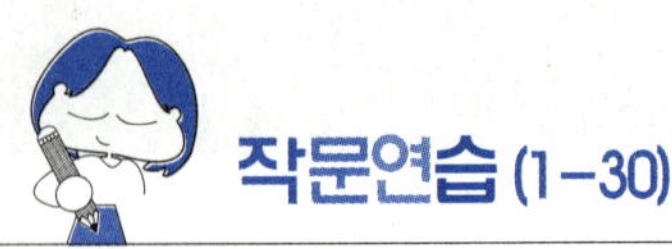

작문연습 (1-30)

<기본형>

1. 하늘은 그녀에게 기지와 지성을 주었다.

➡

2. 그녀는 나의 죽은 여동생을 생각나게 한다.

➡

3. 마술사는 스카프를 토끼로 변화시켰다.

➡

4. 아버지는 내가 자동차 운전하는 것을 하지 못하게 했다.

➡

5. 우리는 폭설로 인해서 외출할 수 없게 되었다.

➡

6. 조심성이 없다고 어머니께서 나를 꾸짖었다.

➡

7. 세관은 나의 재산에 세금을 부과했다.

➡

8. 쓸데없는 일에 정력을 낭비하지 마라.

➡

9. 그는 5불짜리 지폐를 1불 짜리 5장으로 바꾸었다.

➡

10. 정부는 우리의 자유를 강탈했다.

➡

11. 내가 늦은 것에 대해 용서해 주십시오.

➡

12. 그는 나에게 의사를 부르러 보냈다.

➡

13. 제인은 나에게 내일 열릴 회의를 통보해 주었다.

➡

14. 그는 사건의 진상에 관한 모든 것을 나에게 말했다.

➡

15. 그는 기자에게 회견을 허락했다.

➡

16. 그는 돈을 달라고 나에게 구걸했다.

➡

17. 그는 나를 위해서 택시를 불러 주었다.

➡

18. 그녀는 우리 모두에게 커피를 내 놓았다.

➡

19. 그는 Sara에게 프로포즈 했다.

➡

20. 나는 그에게 그 정책은 불가피하다고 설명했다.

➡

21. 그에게 사과의 말씀을 전해 주십시오.

➡

22. 이런 기회를 수셔서 감사합니다.

➡

23. 반대자가 경찰의 행동에 대하여 즉시 조사를 요구하였다.

➡

ⓐ She will **wait on** the table.

　그녀는 식사 시중을 들것이다

ⓑ They **worried at** the problem.

　그들은 그 문제를 풀려고 애썼다

ⓒ My father **asked after** you.

　나의 부친께서는 당신의 안부를 물으셨다

ⓓ I will **answer for** his honesty.

　나는 그의 정직성에 대해 책임지겠다

ⓔ She **thought of** a good plan.

　그녀는 좋은 계획을 생각해냈다

ⓕ The committee **looked into** the population problem.

　위원회는 인구문제를 검토하였다

 **패턴설명**

- 동사구가 "동사＋전치사·부사"로 오는 패턴이다.
- 본 동사구에 쓰이는 동사는 "1·2·3 형식" 동사들이다.

 **패턴해설**

ⓐ wait on → 동사＋전치사 (시중들다)

ⓑ worried at → 동사＋전치사 (애쓰다)

ⓒ asked after → 동사＋전치사 (…의 안부를 묻다)

ⓓ answer for → 동사＋전치사 (…에 대해 책임을 지다)

ⓔ thought of → 동사＋전치사 (…을 생각해 내다)

ⓕ looked into → 동사＋전치사 (…을 검토하다)

작문연습 (1-31)

1. 그는 그 여자를 그리워했다.
➡

2. 그녀의 남편은 얼마 전에 폐병으로 죽었다.
➡

3. 백화점에서 쇼핑을 하고 있었을 때 나는 나의 고등학교 은사를 우연히 만났다.
➡

4. 나는 항상 오케스트라의 지휘자가 되는 것을 꿈꾸어 왔다.
➡

5. 그는 선생님을 방문했다.
➡

6. 나는 그 제안에 찬성할 수 없다.
➡

7. 그는 계속 이야기했다.
➡

8. 나는 그를 설득시키지 못했다.
➡

9. 그는 원래의 입장을 고집했다.
➡

ⓐ He turned off the radio.

→ He **turned** the radio **off**.

그는 라디오를 껐다

ⓑ The umpire **called** him **out**.

심판은 그에게 아웃을 선언했다

 패턴설명

- 본 패턴에 쓰이는 부사로는 대개 "in, out, up, down, on, off, over, through, behind, away, along, hard, home" 등 "전치사나 부사"나 "보조부사"가 쓰인다.
- "S+동사+O+부사" 동사구의 형태에는 2가지 모양이 있다.
- 첫째, "S+동사+부사+O" 를 "S+동사+O+부사"의 형태로 바꾸어 쓴 경우와 처음부터 "S+동사+O+부사"의 형태로 되 있는 경우이다.

 패턴해설

ⓐ turned off → turned+O+off

ⓑ called him out → "동사+O+부사"로만 쓰이는 경우

작문연습 (1-32)

1. 신을 신어라.
➡

2. 당신은 외투를 벗으시는 것이 좋을 것입니다.
➡

3. 그녀는 눈을 털었다.
➡

4. 나는 그 곳을 말끔히 청소했다.
➡

5. 우리는 그에 대해 조사했다.
➡

6. 그는 많은 고난을 겪었다.
➡

7. 의사는 나의 여동생을 포기했다.
➡

8. 이 계속되는 축축한 기후는 나를 짜증나게 하고 있다.
➡

9. 나는 더 이상 참을 수 없다.
➡

10. 그는 많은 재산을 남기고 죽었다.
➡

11. 여러분들은 당신의 아이들을 난로가에 가까이 오지 못하도록 해야합니다.
➡

12. 그는 그녀의 죽음을 힘겹게 받아드렸다.
➡

13. 그녀는 버스 타고 집에 왔다.
➡

수를 나타내는 형용사

설명

- 본 모양으로 오는 대표적인 "수"를 나타내는 형용사는 "many" "a few" "few"이다.
- 중요 포인트로는, 첫째 이들 뒤에는 "복수명사"가 온 다는 것이며,
- 둘째, a few는 "some"의 뜻이며,
- 셋째, few는 "not many"의 의미이나 "부정개념"의 문장에 쓰인다는 것이다.

예문

> ⓐ She has **many** friends. 그녀는 많은 친구가 있다
> ⓑ She has **a few** friends. 그녀는 약간의 친구가 있다
> ⓒ She has **few** friends. 그녀는 거의 친구가 없다

해설

ⓐ many, a few, few+복수명사　　　　ⓑ a few → "some"
ⓒ few → "not many"의 의미이나 "부정개념"의 문장에 쓰인다

양을 나타내는 형용사

설명

- 본 모양으로 오는 대표적인 "양"의 형용사는 "much" "a little" "little"이다.
- 본 형용사들의 중요 포인트는, 첫째 이들 뒤에는 "단수명사 (불가산명사)"가 온다는 것이며,
- 둘째, "a little"은 "some"의 뜻이며,
- "little"은 "not much"의 의미이나 "부정개념"의 문장에 쓰인다는 것이다.

예문

> ⓐ He has **much** money. 그는 많은 돈이 있다
> ⓑ He has **a little** money. 그는 약간의 돈이 있다
> ⓒ He has **little** money. 그는 거의 돈이 없다

해설

ⓐ much, a little, little 뒤에는 "단수 불가산명사"가 온다.　　　ⓑ a little → "some"
ⓒ little → "not much"의 의미이나 "부정개념"을 나타낸다.

ⓐ He lived **a good life**.

그는 훌륭한 삶을 살았다

ⓑ He fought **a good battle**.

그는 훌륭한 전투를 치렀다

 **패턴설명**

- 1형식 동사가 대상을 받는 패턴이다.
- 이때의 대상은 완전자동사의 "동족어"나 "유사어"만이 대상이 될 수 있다.

 **패턴해설**

ⓐ life → "live"의 동족어
ⓑ battle → "fight"의 유사어

 **작문연습 (1-33)**

1. 그는 지난밤 이상한 꿈을 꾸었다.
➡

2. 그녀는 추악한 미소를 지었다.
➡

3. 나는 나의 삶을 되풀이해서 살진 않겠다.
➡

4. 그녀는 언제나 아름다운 노래를 부른다.
➡

ⓐ <u>To write a letter even to him</u> bored her.

그에게 조차 편지 쓴다는 것이 그녀를 따분하게 만들었다

→ **It** bored her **to write a letter even to him**.

ⓑ **It** is said <u>that he is the richest man in the town.</u>

그가 이 마을에서 제일가는 부자라고 한다

ⓒ We owe **it** to you <u>that no one was hurt in the accident.</u>

그 사고에서 부상자가 나지 않는 것은 당신 덕분입니다

ⓓ He <u>insists on</u> that he was nowhere near the scene of the crime.

→ He <u>insists on</u> **it** that he was nowhere near the scene of the crime.

그는 범행 현장 부근 어디에도 있지 않았다고 주장한다

패턴해설

ⓐ It bored her to write ~ → It+동사+O+to do~

ⓑ It is said that he is ~ → It+수동태 동사+접속사+S+V+~

ⓒ owe it to you that no one was ~ → S+동사+it+전치사 (b)+접속사+S+V+~

ⓓ He insists on it that he was ~ → S+동사구+it+접속사+S+V+~

- "to do"가 주어로 오는 3형식 문장은 〈It+동사+O+to do~〉 형태의 "가주어 · 진주어" 패턴으로 전환될 수 있다.
- "접속사+S+V+~"가 목적어로 오는 3형식 문장은 〈It+be+~p.p.+접속사 S+V+~〉 형태의 "가주어 · 진주어" 패턴으로 전환될 수 있다.
- "(a)가 (b)하다"의 경우에 목적인 (a)가 "to do, 동명사, 접속사 S+V+~"로 오는 경우에 〈S+동사+it+전치사 (b)+진목적어〉 형태의 "가목적어 · 진목적어" 패턴으로 전환될 수 있다.
- 동사구의 목적어가 "접속사 S+V+~"의 형태 등으로 긴 경우에 〈S+동사구+it+접속사 S+V+~〉 형태의 "가목적어 · 진목적어" 패턴으로 전환될 수 있다.

<it+동사+O+to do~>
1. 빌이 달리기에서 이겼다는 것을 듣고 나는 놀랐다.
➡

2. 당신이 양식한 진주와 진짜 진주를 구별하는데는 몇 년이 걸린다.
➡

3. 그가 여행 중에 수집했던 잡동사니 더미를 분류하는데는 수 주일이 걸렸다.
➡

<it+수동태+접속사 S+V+~>
4. 그녀가 죽었다는 소문이 나 돌았다.
➡

5. 그는 훌륭한 정치가로 알려져 있다.
➡

6. 그가 적을 위해 일했다는 주장이 있다.
➡

<S+동사+it+전치사 (b)+진목적어>
7. 우리 자신들의 건강을 유지하고 있는 것은 부모님의 덕분이다.
➡

8. 내가 아직 살아 있다는 것은 나의 아내의 덕분이다.
➡

9. 우리는 어느 것을 선택할 것인지를 결심하는데 당신의 양심에 맡길 것이다.
➡

<S+동사구+it+접속사 S+V+~>
10. 나는 이 사람이 정직하다는 것을 보증하겠다.
➡

11. 그가 찬성하든 안하든 나는 개의치 않는다.
➡

12. 누가 그 일을 꼭 할 것인지 그들은 합의할 수 없었다.
➡

4형식

주어가 하는 동작의 대상이 두 개 올 때 쓰는 패턴

- 주어가 하는 동작의 대상이 두 개 오는 표현은 4형식을 쓴다.
- 목적어의 내용은 〈주는내용〉과 〈받는사람〉의 관계에 놓여 있다.
- 이때 "받는 사람"을 먼저 쓰는데 받는 사람을 "간접목적어"라고 하고, "주는 내용"을 뒤에 쓰는데 이를 "직접목적어"라고 한다.
- 4형식동사로는 〈wish · do · forgive〉 등을 비롯해서 〈수여동사〉, 〈동사+O+부사〉의 동사가 쓰인다.

> ⓐ They donated <u>the school</u> **the piano**.
>
> 그들이 학교에 피아노를 기증했다
>
> ⓑ The doorman called <u>me</u> **a taxi**.
>
> 수위가 나를 위해 택시를 불러 주었다
>
> ⓒ She told <u>me</u> **nothing**.
>
> 그녀는 나에게 아무것도 말하지 않았다
>
> ⓓ Please bring <u>me</u> back **those books**.
>
> 나에게 그 책들을 돌려주시오

패턴설명

● 주는 내용이 (=직접목적어)이 "명사 · 대명사"로 오는 패턴이다.

패턴해설

ⓐ donated the school the piano → 수여동사+받는사람+주는내용

ⓑ called me a taxi → 수여동사+받는사람+주는내용

ⓒ nothing → 수여동사+받는사람+주는내용 (대명사)

ⓓ bring me back those books → 동사+받는사람+부사+주는내용

작문연습 (1-35)

<S+V+받는사람+주는내용(명사 · 대명사)>

1. 선생님이 그들에게 그 질문에 대한 대답을 말씀하셨다.
➡

2. 그에게 아스피린을 주시오.
➡

3. 그는 그녀에게 일자리를 주겠다고 제의했다.
➡

4. 그는 그 여자에게 사탕 한 상자를 보냈다.
➡

5. 그는 당신에게 한 가지도 보여 주지 않을 것이다.
➡

6. 나는 기꺼이 당신에게 그 돈을 빌려 드리겠습니다.
➡

7. 아버지는 나에게 새 컴퓨터 한 대를 사주셨다.
➡

8. 소금 좀 집어 주시겠습니까?
➡

9. 커피 한 잔만 가져다 주시오!
➡

10. 이번 주 토요일에 시간 좀 내 주실 수 있겠습니까?
➡

11. 그는 교육부 장관 자리를 제의 받았다.
➡

12. 표를 사주시겠습니까?
➡

13. 더 주문 하시겠습니까?
➡

<S+V+받는사람+부사+주는내용>
14. 그는 나를 위해 책 한 꾸러미를 만들었다.
➡

15. 그들은 사람들에게 그들의 자유를 되돌려 주었다.
➡

단위명사를 써서 수 · 양을 표현

- 본 모양에서 대표적으로 "수"를 나타내는 형태는 "a number of (=many)"이다.
- 대표적으로 "양"을 나타내는 형태는 "an amount(=deal) of (=much)"이다.
- 한편, "불가산명사의 수량 표시"는 본 모양의 형태로 표현한다.
- "the number of"는 "~에 대한 수"의 의미를 나타내고, 그 뒤에는 의미상 "가산명사"가 온다.
- "the amount of"는 "~에 대한 양"의 의미를 나타내고, 그 뒤에는 의미상 "불가산명사"가 온다.

예문

ⓐ **A number of** people were in the meeting.

많은 사람들이 회의에 참석했다

ⓑ **A great amount of** water is needed.

많은 양의 물이 필요하다

ⓒ I heard **a crash of** thunder yesterday.

나는 어제 천둥소리를 들었다

ⓓ **The number of** chairs in the room was 10.

방안 의자의 수는 10개였다

ⓔ **The amount of** water in the pan is not enough.

팬 속에 물의 양은 충분하지 않다

해설

ⓐ a number of (=many)+복수명사

ⓑ an amount of (=much)+불가산명사

ⓒ a crash of thunder → 불가산명사의 수량 표시

ⓓ "the number of+가산명사"

ⓔ "the amount of+불가산명사"

ⓐ She didn't tell me **where her mother bought it**.

그녀는 그녀의 어머니가 그 것을 어디서 샀는지 말해 주지 않았다

ⓑ He told me **(that) he had been ill**.

그는 줄곧 몸져누워 있었다고 말했다

ⓒ Please advise me **which is the best way**.

어느 것이 가장 좋은 방법인지 충고해 주십시오

 패턴설명

- 직접대상이 "접속사 S+V+ ~"의 형태로 오는 패턴이다.

 패턴해설

ⓐ where her mother bought it → 접속사 + S + V + ~

ⓑ (that) he had been ill → 접속사 + S + V + ~

ⓒ which is the best way → 접속사 + S + V + ~

 **작문연습 (1-36)**

1. 우리는 비서에게 디렉터가 5시전에는 돌아올 수 있는지 아닌지에 대해 물었다.
➡

2. 나는 당신에게 내가 오늘 오겠다고 말했다.
➡

3. 나는 당신에게 그 소란은 이제 시작일 뿐이라는 것을 경고해야만 하겠다.
➡

4. 이것이 무엇인지 부디 저에게 말씀해 주십시오.
➡

5. 그는 자신이 그녀를 만나기를 고대한다고 확신했다.
➡

6. 그가 그 일을 잘할 수 있다는 사실이 나를 흐뭇하게 했다.
➡

> ⓐ He showed me **where to go**.
>
> 그는 내가 갈 곳을 안내했다
>
> ⓑ He taught them **how to built a canoe**.
>
> 그는 그들에게 카누를 건조하는 방법을 가르쳤다
>
> ⓒ She asked me **what clothes to take**.
>
> 그녀는 나에게 무슨 옷을 입어야 할 지를 물었다

패턴설명

- 직접대상이 "접속사 + to do"의 형태로 오는 패턴이다.
- 본 패턴은 "접속사 S+V+~"의 변형이다.

패턴해설

ⓐ where to go → 접속사 + to do

ⓑ how to built a canoe → 접속사 + to do

ⓒ what clothes to take → 접속사 + to do

 **작문연습 (1-37)**

1. 나는 그들에게 그것을 어떻게 작동하는지를 보여 주었다.

➡

2. 내가 당신에게 그것들을 찾아내는 방법을 말해 주겠다.

➡

3. 그는 당신에게 어디로 가야 할지를 안내할 것이다.

➡

4. 경찰관이 나에게 야구장 입장권 사는 곳을 알려 주었다.

➡

5. 당신의 은행 매니저가 당신의 돈을 어느 곳에 투자하는 것이 좋을 지를 알려 드릴 것입니다.

➡

조어

- 말과 말을 "dash" (–)로 연결하여 만들어낸 말을 "조어"라 한다.
- 조어는 대개 "명사, 형용사, 부사"를 중심으로 "형용사, ~ing, ~p.p., 명사"를 dash로 연결하여 만들거나, "전치사구" 또는 "말과 말"을 dash로 연결하여 만든다.

예문

ⓐ **a state-owned** company

정부 소유의 회사

ⓑ **a long-distance** call

장거리 전화

ⓒ **a well-paid** job

급료가 좋은 직업

ⓓ **out-of-job** people

실업자들

ⓔ **a never-to-be-forgiven** mistake

결코 용서할 수 없는 실수

해설

ⓐ a state-owned company → "명사-~p.p."

ⓑ a long-distance call → "형용사-명사"

ⓒ a well-paid job → "부사-~p.p."

ⓓ out-of-job people → "전치사구"

ⓔ a never-to-be-forgiven mistake → "말과 말"

5형식

주어가 하는 동작의 대상과 그 대상을 설명하는 말이 올 때 쓰는 패턴

- 주어가 하는 동작의 "대상 (=목적어)"과 그 대상을 설명하는 "목적보어"가 오는 표현은 5형식을 쓴다.
- 대상(=목적어)을 설명하는 목적보어로는 "명사" "형용사" "준동사"가 쓰인다.
- 5형식동사를 "불완전타동사"라 부른다.
- 다음의 동사들은 5형식동사로 자주 쓰이는 동사들이다 :

"aid, appoint, assist, cause, challenge, command, commission, compel, defy, direct, drive, empower, enable, encourage, entice, entitle, entreat, force, get, impel, implore, incite, induce, inspire, instruct, invite, lead, leave, oblige, order, persuade, press, prompt, provoke, remind, require, stimulate, summon, teach, tell, tempt, trust, warn" etc

ⓐ The troops left <u>the city</u> **a ruin**.

군대는 그 도시를 폐허로 만들었다

ⓑ We elected <u>him</u> **president**.

우리는 그를 위원장으로 선출했다

 패턴설명

- 대상 (＝목적어)을 설명하는 목적보어로 "명사"가 오는 패턴이다.
- 이때의 명사는 대상과 "동격" 관계를 갖는다.

 패턴해설

ⓐ the city a ruin → 목적어 (the city) ＝ 목적보어 (a ruin)

ⓑ him president → 목적어 (him) ＝ 목적보어 (president)

1. 우리는 그를 천재라 부른다.
➡

2. 우리는 그를 지배인으로 임명했다.
➡

3. 그들은 그에게 술탄의 칭호를 주었다.
➡

4. 나는 항공술을 나의 전문 직업으로 삼았다.
➡

5. 그 배는 'Mayflower' 호라고 명명되었다.
➡

6. 나는 머지않아 그를 훌륭한 요리사가 되게 하겠다.
➡

S + V + O + OC(형용사) pattern

ⓐ Leave the windows **open**.

창문을 열어 놓은 채로 나둬라

ⓑ It nearly drove him **mad**.

그것은 그를 거의 미칠 지경으로 몰아 넣었다

ⓒ He opened his suitcase **flat**.

그는 자기의 여행 가방을 활짝 열어젖뜨렸다.

 패턴설명

- 대상 (=목적어)을 설명하는 목적보어로 "형용사"가 오는 패턴이다.
- 이때의 형용사는 대상에 대해 "상태" 관계를 나타낸다.

 패턴해설

ⓐ the windows open → "open"은 "the windows"에 대해 상태관계

ⓑ him mad → "mad"는 "him"에 대해 상태관계

ⓒ his suitcase flat → "flat"는 "his suitcase"에 대해 상태관계

작문연습 (1-39)

1. 커피를 준비해 주시오.
➡

2. 나를 오해하지 마라.
➡

3. 그것으로 모든 것이 명백해진다.
➡

4. 우리는 아파트가 불길에 휩싸여 있는 것을 보았다.
➡

5. 저는 연한 커피를 좋아합니다.
➡

6. 이 코트는 너를 따뜻하게 해 줄 것이다.
➡

7. 나는 나의 방을 깨끗하게 정돈해 놓았다.
➡

ⓐ They would like her **to come** to the party.

우리는 그녀가 파티에 와주기를 바란다

ⓑ I can't understand him **behaving** like that.

나는 그가 그처럼 행동하는 것에 대해서 이해를 할 수가 없다

ⓒ He wanted his car **fixed** right away.

그는 자기 차를 즉시 수리해 주기를 원했다

 패턴설명

- 대상 (＝목적어)을 설명하는 목적보어로 "준동사"가 오는 패턴이다.
- 이때의 목적보어인 준동사는 대상과 "주어＋동사" 관계를 갖는다.
- 한편, "to do"는 목적어에 대해 "미래를 지향"하고, "~ing"는 "진행"을 나타내며, "~p.p."는 "수동의 관계"를 나타낸다.

 패턴해설

ⓐ her to come → "to come"은 목적어 "her"에 대해 "미래"를 지향

ⓑ him behaving → "behaving"은 목적어 "him"에 대해 "진행" 관계

ⓒ his car fixed → "fixed"는 목적어 "his car"에 대해 "수동" 관계

작문연습 (1-40)

<S+V+O+to do>

1. 화이트 씨는 그 사람이 2주간의 휴가를 갖도록 허락했다.

➡

2. 나는 당신이 다시는 그녀를 만나지 않기를 바란다.

➡

3. 그녀는 나에게 가 줄 것을 부탁했다.

➡

4. 당신은 그가 떠들어대도록 자극했다.

➡

5. 그는 어쩔 수 없이 말할 수밖에 없었다.

➡

6. 나는 그녀가 돌아 올 때까지 여기서 기다리겠다.

➡

<S+V+O+~ing>

7. 당신은 나를 하루종일 기다리게 할 겁니까?

➡

8. 그는 그의 아버지가 동쪽 정원에서 어린 사과나무에 물을 주고 있는 것을 발견했다.

➡

9. 우리는 악대가 공원에서 연주하는 것을 들었다.

➡

<S+V+O+~p.p.>

10. 그는 자기의 보고서를 타이프 해 줄 것을 원했다.

➡

11. 그는 오로지 그녀가 가주기만을 원했다.

➡

ⓐ **I let** her go.
　나는 그녀가 가도록 내버려두었다

ⓑ You must **make** yourself respected.
　당신은 자신이 존경받도록 처신해야 한다

ⓒ I can't **have** you doing that.
　나는 당신이 그렇게 행동하게 내버려 둘 수 없다

ⓓ We **saw** him go out.
　우리는 그가 나간 것을 보았다

ⓔ She **felt** the fear growing.
　그녀는 점점 더 무서워졌다

ⓕ I **heard** my name called.
　나는 내 이름이 불려진 것을 들었다

ⓖ I **helped** him (to) move.
　나는 그가 이사하는 것을 도왔다

패턴해설

ⓐ I let her go → 사역동사+O+동상원형

ⓑ You must make yourself respected → 사역동사+O+~p.p.

ⓒ I can't have you doing that → 사역동사+O+~ing

ⓓ We saw him go out → 지각동사+O+동상원형

ⓔ She felt the fear growing → 지각동사+O+~ing

ⓕ I heard my name called → 지각동사+O+~p.p.

ⓖ I helped him (to) move → help+O+동상원형

- 〈사역동사와 지각동사〉가 5형식동사로 오는 패턴이다.
- 이때 목적보어로는 〈준동사〉로 온다.
- 목적어에 대해 "완료의 의미"를 가지면 〈동사원형〉을, 수동의 관계인 경우에는 〈~p.p.〉로, 진행에 관계에는 〈~ing〉로 받는다.
- 〈have, make, let〉을 "사역동사"라고 하는데, "let"의 경우에는 목적보어로 "동사원형"만 온다.
- 〈see, watch, notice, hear, smell, feel〉를 "지각동사"라고 하는데, "smell"의 경우에는 목적보어로 "~ing"만 온다.
- 〈help〉 동사는 사역이나 지각동사는 아니지만 "to" 없는 동상원형을 목적보어로 받는 경우가 많다.

작문연습 (1-41)

1. 당신은 그로 하여금 그것을 믿게 할 수 없을 것입니다.
➡

2. 나는 그가 내 집에서 피아노를 치게 하지 않을 것입니다.
➡

3. 당신은 무엇 때문에 그렇게 생각합니까?
➡

4. 그들은 내가 다시 젊어지는 것을 느끼게 했다.
➡

5. 그녀가 그 돈을 가지게 해라.
➡

6. 나는 머리를 깎아야 한다.
➡

7. 나는 어제 병원에서 혈압을 재었다.
➡

8. 그녀는 핸드백을 도난 당했다.
➡

9. 나는 선생님에게서 이 작문을 교정 받았다.
➡

10. 나는 마이크로폰 없이 군중들에게 내 말을 알아듣게 할 수가 없었다.
➡

11. 나는 그들이 내 집에서 자고 있도록 내버려 둘 수 없다.
➡

12. 그가 그녀를 껴안고 있는 것이 목격되었다.
➡

13. 화가 치밀자 나는 뺨이 붉어지는 것을 느꼈다.
➡

14. 그는 문이 열리는 소리를 들었다.
➡

15. 나는 마침내 내 이름이 불려지는 소리를 들었다.
➡

16. 나는 그들이 포장도로를 건너가는 것을 지켜보았다.
➡

17. 나는 한 사나이가 어슬렁거리고 있는 것을 보았다.
➡

18. 무엇인가 타는 냄새가 난다.
➡

19. 정거장까지 짐 나르는 것을 제가 도와드릴까요?
➡

ⓐ We **believe** him to be honest.

　　우리는 그가 정직한 사람이라고 믿는다

ⓑ We **consider** him to be a good student.

　　우리는 그가 훌륭한 학생이라고 생각한다

ⓒ I **think** many people to be suffering from a cold.

　　나는 많은 사람들이 감기로 고생하고 있다고 생각한다

ⓓ He **ordered** the work to be started at once.

　　그는 그 작업의 즉각적 착수를 지시했다

ⓔ I **think** him to be in the library.

　　나는 그가 도서관에 있다고 생각한다

 패턴설명

- 〈생각 · 판단동사〉가 5형식동사로 쓰이는 경우이다.
- 목적보어로는 "〈to be + 형용사 · 명사 · ~ing · ~p.p. · 전치사구〉"의 형태로 온다.
- 목적보어인 "to be ~"는 목적어에 대한 〈결과의 내용〉를 나타낸다.
- 〈think · consider · acknowledge, believe, feel, find, know〉 등을 생각 · 판단동사라고 한다.

 패턴해설

ⓐ to be honest → to be + 형용사

ⓑ to be a good student → to be + 명사

ⓒ to be suffering from a cold → to be + ~ing

ⓓ to be started → to be + ~p.p.

ⓔ to be in the library → to be + 전치사구

작문연습 (1-42)

<to be + 형용사>
1. 나는 늘 그녀가 대화하기 편한 사람이라고 생각해 왔었다.
➡

2. 많은 사람들은 모든 외래품이 국산품보다 우수하다고 생각하고 있다.
➡

3. 당신은 그가 무죄라고 생각합니까?
➡

4. 그는 자기의 지위가 불안하다고 느꼈다.
➡

<to be + 명사>
5. 그들은 그곳이 번화가 라는 것을 알았다.
➡

6. 나는 그를 학자로 알고 있다.
➡

7. 그는 한국 제일의 미술가로 인정받고 있다.
➡

8. 우리는 그를 얄미운 젊은이로만 생각하고 있었다.
➡

9. 그 회사의 모든 간부들이 그가 그 일에 가장 적합한 사람이라고 보고했다.
➡

<to be + ~ing · ~p.p. · 전치사구>
10. 나는 많은 사람들이 빚을 지고 있다고 생각한다.
➡

11. 그는 자기의 패배를 인정했다.
➡

12. 나는 그가 실험실에 있다고 생각한다.
➡

ⓐ We **regard** him as a man of ability.

     우리는 그를 능력있는 사람으로 간주하고 있다

ⓑ The people in general **looked upon** the situation as critical.

     일반적으로 사람들은 그 상황을 비판적으로 보고 있다

ⓒ He **explained** his behavior as arising from doubt of himself.

     그는 자기의 행위가 자기 자신을 잃은 데서 기인한다고 설명했다

ⓓ Let us **consider** the matter as settled.

     이 문제는 다 해결된 것으로 합시다

 패턴설명

- 〈간주동사〉가 5형식동사로 오는 패턴이다.
- 본 패턴은 〈ⓐ as ⓑ〉 형태로서 "ⓐ를 ⓑ로 간주하다"의 의미를 나타낸다.
- "as" 뒤에는 〈명사 · 형용사 · ~ing · ~p.p.〉의 형태가 온다.
- "accept, characterize, regard, define, explain, consider, look upon, think of" 등 이 간주동사로 쓰인다.

 패턴해설

ⓐ as a man of ability → as + 명사

ⓑ as critical → as + 형용사

ⓒ as arising → as + ~ing

ⓓ as settled → as + ~p.p.

 **작문연습** (1-43)

<S+V+O+as+명사>
1. 그는 유망한 사람으로 간주되고 있다.
➡

2. 그는 장래가 촉망되는 학자의 한 사람으로 생각되고 있다.
➡

3. 우리는 그를 최고의 시인으로 보고 있다.
➡

4. 나를 어린애 취급하지 마시오.
➡

5. 너는 그의 말을 농담으로 받아 주는 편이 좋겠다.
➡

<S+V+O+as+형용사>
6. 우리는 그의 주장이 아주 논리적이라고 보고 있다.
➡

7. 그는 지적이라고 하기보다는 정력적이라고 말할 수 있겠다.
➡

8. 우리는 그것을 아주 당연한 것으로 받아 드린다.
➡

<S+V+O+as+~ing·~P.P.>
9. 한국은 기후의 조건이 이상적인 조화를 이루고 있다고 여겨지고 있다.
➡

10. 그는 작가라면 모두가 가난과 싸우고 있는 것으로 생각했었다.
➡

11. 우리는 아직 그 문제가 해결됐다고 생각하지 않는다.
➡

ⓐ We find **it** good **to read the book**.

우리는 그 책을 읽는 것이 좋다는 것을 알고 있다

ⓑ Don't you find **it** very unpleasant **walking** in the rain?

빗속을 걸어 기분이 나쁘지 않니?

ⓒ I think **it** a pity **(that)I didn't work hard**.

나는 열심히 일하지 않은 것을 유감으로 생각한다

 **패턴설명**

● 목적어가 "부정사 · 동명사 · 접속사 S+V+~"로 오는 경우에 〈가목적어 · 진목적어〉 패턴을 쓴다.

● 본 패턴에는 주로 "believe, think, consider, deem, find, know" 등의 동사가 자주 쓰인다.

 **패턴해설**

ⓐ it ~ to read the book → 가목적어+진목적어 (to do~)

ⓑ it ~ walking → 가목적어+진목적어 (~ing)

ⓒ it ~ (that) I didn't work hard → 가목적어+진목적어 (접속사 S+V+~)

작문연습 (1-44)

1. 아무도 당신이 그 토지를 사는 것이 현명하다고 생각하지 않는다.

➡

2. 그는 나에게 자기와 결혼하자고 청하는 것이 명예롭다고 생각하지 않았다.

➡

3. 이렇게 성대한 연회에 본인이 참석하게 된 것을 큰 영광으로 생각합니다.

➡

4. 그가 그렇게 적은 수입으로 그처럼 비싼 집세를 치르기는 어려울 것이다.

➡

<~ing>

5. 나는 빗속을 걷는 것이 때론 즐겁다고 생각한다.

➡

6. 우리는 당신이 거기에 혼자 가는 것이 위험하다고 생각한다.

➡

<접속사+S+V+~>

7. 나는 그녀가 여기에 다시 오리라는 것이 가능하다고 생각한다.

➡

8. 우리는 어제 낚시질에 당신이 의례히 동반해 주실 것으로 생각했습니다.

➡

ⓐ Lincoln set **free** the slaves.

링컨은 노예를 해방시켰다

ⓑ He pushed the door **open**.

그는 밀어서 문을 열었다

ⓒ He overworked himself **ill**.

그는 과로하게 일하다 병이 들었다

 **패턴설명**

- 목적보어가 형용사나 동사원형의 경우, 〈목적어가 길거나〉 또는 〈강조〉를 하기 위해서 목적어와 목적보어가 자리바꿈을 할 수 있다.
- 〈원인 · 결과〉를 나타내는 5형식 패턴도 있다.

 **패턴해설**

ⓐ free the slaves → 목적보어+목적어

ⓑ open → 결과

ⓒ ill → 결과

작문연습 (1-45)

<S+V+O.C.+O>
1. 그들은 다과회를 베풀 식탁을 마련했다.
➡

2. 그는 그 사실을 분명히 했다.
➡

3. 그녀는 우리의 성공을 가능하게 했다.
➡

4. 우리는 새들을 날려 보냈다.
➡

<S | V | 명사 | 형용사>
5. 그녀는 그 남자를 쏴 죽였다.
➡

6. 나는 문을 차서 열었다.
➡

7. 나는 너무 걸어서 다리를 절뚝거렸다.
➡

연결어 Pattern

개요

- "전치사, 준동사, 접속사"는 〈단문의 요소〉로 쓰여지기도 하고, 단문을 장문으로 만드는 〈연결어〉 역할을 한다.
- 이때, "단문＋연결어 ～" 문장을 〈연결어 패턴〉이라고 한다.

1. 전치사

- 말과 말의 관계를 다양하게 나타내고, 짧게 표현하고자할 때는 〈전치사〉를
  쓴다.
- 전치사의 모양에는 〈단독의 모양〉과 〈군〉 또는 〈~ing〉의 모양이 있다.
- 이들 전치사 뒤에는 〈(대)명사, 형용사, 부사, 전치사구, ~ing, 접속사 S+
  V+~〉가 붙어 〈전치사구〉를 형성한다.
- 전치사구는 〈단문의 요소〉로 쓰여지기도 하고, 단문을 장문화 시키는 〈연결어〉
  로 쓰여지기도 한다.
- 전치사의 선택은 〈동격, 방향, 위치, 장소, 시간, 이유, 장소, 대립, 관계, 예외,
  목적, 결과, 수단, 재료, 소유, 단위〉 등의 관계에 따라 달라진다.

ⓐ **Over the fence** is out.

　　담 장 너머는 외부이다

ⓑ He is **on duty.**

　　그는 근무 중에 있다

ⓒ I think him to be **in the lobby**.

　　나는 그가 로비에 있다고 생각한다

ⓓ The boy **in** the room is Tom.

　　방안에 있는 소년은 탐이다

ⓔ He ran away with **the bag** full **of** money.

　　그가 돈가방을 갖고 튀었다

ⓕ He had something of the hero **in** him.

　　그에게는 다소 호걸다운 데가 있다

패턴설명

- 전치사구는 〈단문의 요소〉로 쓰여지기도 하고, 단문을 장문화 시키는 〈연결어〉로 쓰여지기도 한다.
- 전치사구는 단문의 요소로 〈주어, 주격보어, 목적보어〉로 쓰인다.
- 전치사는 〈명사〉, 〈형용사〉, 〈문장전체〉와 나머지 말을 연결하는 "연결어" 역할을 한다. 이때, "형용사＋전치사＋~"는 형용사구가 되고, 이 형용사구는 명사를 수식하는 역할을 한다.

패턴해설

ⓐ Over the fence → 주어 (단문의 요소)

ⓑ on duty → 주격보어 (단문의 요소)

ⓒ in the lobby → 목적보어 (단문의 요소)

ⓓ The boy in the room → 명사＋전치사＋나머지 말

ⓔ the bag full of money → 명사＋형용사＋전치사＋나머지 말

ⓕ He had something of the hero in him → 문장전체＋전치사＋나머지 말

작문연습 (2-1)

<단문의 요소>

1. 아침이 공부하기에 가장 좋은 시간이다.

➡

2. 그는 단순한 사람이다.

➡

3. 나는 그녀가 코너에 혼자 앉아있는 것을 발견했다.

➡

<명사+전치사~>

4. 방안에 있는 소녀는 나의 누이 동생이다.

➡

5. 트럼펫을 들고 있는 저 아이가 나의 아들입니다.

➡

<명사+형용사+전치사~>

6. 그녀는 꽃으로 가득 찬 바구니를 들고 가고 있었다.

➡

7. 그는 행복한 감정을 나타내는 모습을 했다.

➡

<문장전체+전치사~>

8. 강 위에 긴 다리가 놓여 있다.

➡

9. 그녀는 자기 나이에 비해 젊어 보인다.

➡

ⓐ She devoted herself to **the study of music**.

그녀는 음악공부에 전념했다

ⓑ I have no doubt of his knowing the **truth of it**.

나는 그가 그것에 대한 진실을 알고 있는 것에 대해 의심하지 않는다

ⓒ I have **no intention of ignoring your rights.**

나는 당신의 권리를 무시할 의사가 없다.

ⓓ This is the **tree of my own planting**.

이것은 제 자신이 심은 나무입니다

ⓔ She dreads **the coming of winter**.

그녀는 겨울이 오는 것을 두려워한다

- 두개의 다른 뜻을 가진 말이 한 단어처럼 쓰이는 경우를 가리킨다.
- 이때에 두 개의 명사는 전치사 "of"로 묶는다.
- "of" 뒤에 오는 명사 대신에 "대명사" 또는 "~ing"(＝동명사)"가 올 수 있다.
- 또, 앞에 오는 명사 대신에 "the＋~ing"가 올 수 있다.
- 한편, "명사 of one's own＋~ing" (자신이 ~한다) 형태의 관용어구도 있다.

ⓐ the study of music → 명사＋of＋명사

ⓑ the truth of it → 명사＋of＋대명사

ⓒ no intention of ignoring your rights ~ → 명사＋of＋~ing (동명사)

ⓓ tree of my own planting → 명사＋of＋one's own ＋ ~ing

ⓔ the coming of winter → the ~ing＋of＋명사

1. 나는 그에게 그 말의 진실을 납득 시켰다. <명사+of+명사>
➡

2. 나는 그것으로 즐거운 시간을 보냈다. <명사+of+대명사>
➡

3. 그는 좋은 좌석을 차지할 목적으로 일찍 출발했다.
   <명사+of+~ing>
➡

4. 그것들은 그 자신이 그린 그림 전부다. <명사+of+one's own ~ing>
➡

5. 새를 쏘는 것은 금지되어 있다. <the ~ing+of+명사>
➡

전치사의 모양

- 전치사의 모양에는 〈단순형〉, 〈군〉, 〈~ing형〉이 있다.
- 군의 모양은 "부사＋전치사"와 "형용사＋전치사" 또는 "전치사＋명사＋전치사"를 말한다.

예문

ⓐ I have heard **of** her.

나는 그녀에 관해서 들어 본 적이 있다

ⓑ I don't know anything **as to** his past career.

그의 전력에 관해서는 전혀 모른다

ⓒ He rushed forward help, **irrespective of** the consequences.

그는 결과 따위는 상관치 않고 구조하기 위해 달려나갔다

ⓓ I'm **in favor of** your proposal.

나는 당신의 제안에 찬성이다

ⓔ All on the plane were lost, **including** the pilot.

기내의 사람들은 조종사를 포함하여 모두 죽었다

해설

ⓐ of → 단순형

ⓑ as to → 군 (부사＋전치사)

ⓒ irrespective of → 군 (형용사＋전치사)

ⓓ in favor of → 군 (전치사＋명사＋전치사)

ⓔ including → ~ing형

ⓐ He came **from** the United States.

그는 미국에서 왔다

ⓑ He went **to** school.

그는 학교로 갔다

ⓒ He left **for** London.

그는 런던으로 떠났다

ⓓ She ran **towards** the station.

그녀는 정거장을 향해서 뛰었다

ⓔ She smiled **at** me.

그녀는 나를 바라보고 미소지었다

ⓕ They began walking **along** the street.

그들은 거리를 따라 걷기 시작했다

ⓖ He went to the store **across** the street.

그는 길 건너에 있는 가게로 갔다

ⓗ The Han river flows **through** the city of Seoul.

한강은 서울시를 관통하여 흐르고 있다

ⓘ He run **into** the room.

그는 방안으로 들어갔다

ⓙ He came **out of** the room.

그는 방에서 밖으로 나왔다

ⓚ The earth moves **round** the sun.

지구는 태양 주변을 돈다

ⓛ They sat **around** their teacher.

그들은 선생님을 둘러싸고 앉았다

ⓜ The elevator moves **up and down**.

승강기는 위–아래로 움직인다

ⓝ He walked **about** here and there.

그는 여기저기 걸어다녔다

 패턴설명

- 방향에는 〈기본적인 방향〉 (from, to, for, towards, at), 〈출발지점과 도착지점간의 방향〉 (along, across, through), 〈밖에서 안으로 들어가는 방향과 안에서 밖으로 나가는 방향〉 (into, out of), 〈정지상태에서의 주변방향〉 (round, around), 〈상승·하향의 방향〉 (up, down), 〈막연한 방향〉 (about) 등이 있다.

 패턴해설

〈기본적인 방향〉

ⓐ from → 출발지점

ⓑ to → 도착지점

ⓒ for → 목적지 (종착지점)

ⓓ towards → 주어가 움직이는 방향

ⓔ at → 바라보는 방향

〈출발지점과 도착지점간의 방향〉

ⓕ along → 출발지점과 도착지점의 한계가 불명확

ⓖ across → 출발지점과 도착지점의 한계가 명확

ⓗ through → 출발지점과 도착지점을 관통

〈밖에서 안으로 안에서 밖으로 나가는 방향〉

ⓘ into → 밖에서 안으로 들어가는 방향

ⓙ out of → 안에서 밖으로 나아가는 방향

〈주변방향〉

ⓚ round → 정지상태에서의 주변방향 (운동)

ⓛ around → 정지상태에서의 주변방향 (상태)

〈상승·하향방향〉

ⓜ up → 상승방향 / down → 하향방향

〈막연한 방향〉

ⓝ about → 막연한 방향

작문연습 (2-3)

<기본적인 방향>
1. 그는 부산에서 출발하여 서울까지 걸어서 왔다. <from>
➡

2. 이 전철 서울역에 갑니까? <to>
➡

3. 때때로 San Juan에 있는 모든 차들은 마치 공항으로 향하고 있는 것처럼 보인다. <for>
➡

4. 그 집은 남향이다. <towards>
➡

5. 남에게 손가락질하는 것은 실례다. <at>
➡

<출발지점과 도착지점간의 방향>
6. 우리는 팔을 끼고 강둑을 걸었다. <along>
➡

7. 버스 정거장은 길 건너편에 있습니다. <across>
➡

8. 기차가 터널을 빠져나가는데는 10분이 걸린다. <through>
➡

9. 그는 밤늦게 까지 공부했다. 〈into〉

➡

10. 그는 집에서 뛰어 나왔다. 〈out of〉

➡

〈정지상태에서의 주변방향〉
11. 그 이야기는 그녀의 일생을 중심으로 해서 쓰인 것이다. 〈around〉

➡

12. 그 마당 둘레에는 울타리가 쳐졌다. 〈round〉

➡

〈상승·하향의 방향〉
13. 배는 강 상류 쪽으로 항해했다. 〈up〉

➡

14. 그것들은 아래 쪽 골짜기에서 발견되었다. 〈down〉

➡

〈막연한 방향〉
15. 나는 이 근처 어딘가에 그것을 떨어뜨렸다. 〈about〉

➡

ⓐ The book **on** the table is mine.

책상 위에 있는 책은 내 것이다

ⓑ There is a long bridge **over** the river.

강 위에 긴 다리가 놓여 있다

ⓒ The birds flew **above** the trees.

새들이 나무 위를 날아 다녔다

ⓓ There is a coin **beneath** the pillow.

베개 밑에 동전이 놓여 있다

ⓔ There is a cat asleep **under** the table.

책상 밑에서 고양이가 졸고 있다

ⓕ The moon sank **below** the horizon.

달이 수평선 아래로 졌다

ⓖ My office is located **before** the bank.

나의 사무실은 은행 앞에 있다

ⓗ He was hiding **behind** the door.

그는 문 뒤에 숨어 있었다

ⓘ He was standing **by** the tree.

그는 나무 옆에 서 있었다

ⓙ Come and sit **beside** me.

내 곁에 와서 앉아라

ⓚ She is sitting **next to** me.

그녀는 나 다음에 앉았다

ⓛ He sat down **between** the two ladies.

그는 두 여자 사이에 앉아 있었다

ⓜ Birds are singing **among** the trees.

새들이 나무 가운데서 지저귀고 있다

ⓝ He is far away **from** home.

그는 집에 없다

ⓞ The ship is **off** the shore.

배는 해안과 떨어져 있다

● 위치에는 〈위에 위치 · 아래의 위치〉(on · over · above), 〈앞 · 뒤에 위치〉(beneath · under · below), 〈앞 · 뒤의 위치〉(before · behind), 〈옆 · 곁에의 위치〉(by · beside · next to), 〈사이에 위치〉(between · among), 〈A 지점과 B 지점간의 위치〉(from · off)가 있다.

〈위〉

ⓐ on → 표면과 붙은 위

ⓑ over → on 보다 위

ⓒ above → over 보다 위

〈아래〉

ⓓ beneath → 표면과 붙은 아래

ⓔ under → beneath 보다 아래

ⓕ below → under 보다 아래

〈앞 · 뒤〉

ⓖ before → 앞에

ⓗ behind → 뒤에

〈곁에 · 옆에〉

ⓘ by → ~곁에 (beside 보다는 가까운 거리)

ⓙ beside → ~곁에

ⓚ next to → ~옆에

〈사이〉

ⓛ between → 둘 사이

ⓜ among → 셋 이상 사이

〈A 지점과 B 지점간의 위치〉

ⓝ from → A 지점에서부터 B 지점으로 옮겨가다

ⓞ off → A와 B가 떨어져 있다

<위>

1. 발바닥에 물집이 생겼다. <on>

➡

2. 벌판에는 농가들이 산재해 있었다. <over>

➡

3. 성은 골짜기 위 언덕 위에 위치해 있었다. <above>

➡

<아래>

4. 그녀는 자기 보다 지체가 못한 사람과 결혼했다. <beneath>

➡

5. 그는 자기 밑에 3명의 비서를 두고 있다. <under>

➡

6. 다리 밑으로 한 폭포가 있다. <below>

➡

<앞 · 뒤에>

7. 너의 이름은 내 이름 앞에 나온다. <before>

➡

8. 그는 자신을 커튼 뒤에 숨겼다. <behind>
➡

9. 우리는 바닷가에서 하루를 보냈다. <by>
➡

10. 나는 바닷가에서 살고싶다. <beside>
➡

11. 그는 자기 누이 옆에 앉았다. <next to>
➡

12. 그 열차는 서울과 부산 사이를 운행한다. <between>
➡

13. 그녀는 수상자 가운데 한 사람이다. <among>
➡

14. 그는 문으로부터 5피트 떨어진 곳에서 멈추어 섰다. <from>
➡

15. 우리 집은 항구에서 3마일 떨어진 곳에 있다. <off>
➡

ⓐ The train left **at** six.

기차는 6시에 떠났다

ⓑ America declared her independence **in** 1776.

미국은 1776년에 독립을 선언했다

ⓒ He goes to church **on** Sundays.

그는 일요일마다 교회에 간다

ⓓ He came back **before** a month.

그는 한달 전에 돌아왔다

ⓔ He will come back **within** a month.

그는 한달 내로 돌아온다

ⓕ He came back **after** a month.

그는 한달 이후에 돌아왔다

ⓖ He will come back **in** a month.

그는 한달 후면 돌아온다

ⓗ I want the job done **by** six.

나는 그 작업이 6시까지 완료되기를 바란다

ⓘ I waited for him **till** noon.

나는 정오까지 그를 기다렸다

ⓙ I did it **over** the weekend.

나는 주말동안에 그것을 하였다

ⓚ He was killed **during** World War Two.

그는 2차 세계대전 중에 죽었다

ⓛ He works **for** three hours a day.

그는 하루에 3시간 근무한다

ⓜ She stayed in France **through** the vacation.

그녀는 방학 내내 프랑스에 머물렀다

ⓝ I have known him **from** his childhood.

나는 어릴 때부터 그를 알아왔다

ⓞ We haven't heard of him **since** last week.

우리는 지난주 이후로 그에 대해 소식을 듣지 못했다

 패턴설명

● 시간에는 〈기본적인 시간〉(at, in, on), 〈전 · 후에 시간〉(before, within, after, in), 〈완료 · 계속의 시간〉(by, till, over), 〈기간중, 전체기간〉(during, for, through), 〈출발시간〉(from, since)가 있다.

패턴해설

〈기본적인 시간〉

ⓐ at → 짧은 시간 (시각, 일출, 일몰, 월초, 월말)

ⓑ in → 긴 시간 (월, 해, 세기, 계절)

ⓒ on → 특정한 시간 (오전, 오후, 저녁, 날짜, 요일)

〈전 · 후에 시간〉

ⓓ before → 시간 전 (과거 기준)

ⓔ within → 시간 내 (현재 기준)

ⓕ after → 시간 후 (과거 기준)

ⓖ in → 시간 후 (현재 기준)

〈완료 · 계속〉

ⓗ by → 완료

ⓘ till → 계속 (till의 강조형은 until)

〈기간 중〉

ⓙ over → 기간 중 (긴 시간)

ⓚ during → 기간 중(짧은 시간)

〈전체기간〉

ⓛ for → 명확한 전체기간

ⓜ through → 불명확한 전체기간

〈출발시간〉

ⓝ from → 출발시간 (모든 시제)

ⓞ since → 시점 (완료시제와 함께)

<기본적인 시간>

1. 학교는 9시에 시작해서 4시에 끝난다. <at>

➡

2. 그녀는 1973년 6월1일에 태어났다. <in>

➡

3. 다음날 아침에 그는 시카고에 갔다. <on>

➡

<전 · 후>

4. 그는 아버지 보다 1년 먼저 죽었다. <before>

➡

5. 그는 한 시간 내로 여기에 도착할 것이다. <within>

➡

6. 그는 내가 도착한 후에 떠났다. <after>

➡

7. 그녀는 약 20분 후에 이곳에 올 것이다. <in>

➡

8. 나는 월요일까지는 당신에게 그 결과를 알려 주겠다. <by>

➡

9. 우리는 3월에서 7월까지 그 계획안에 대해 작업했다. <till>

➡

<기간중>

10. 그들은 호텔에 주말까지 머물렀다. <over>

➡

11. 그는 지난 30분 동안 4번이나 전화를 해왔다. <during>

➡

<전체기간>

12. 그는 지난 2개월 동안 매일 밤 도서관에서 공부해 오고 있다. <for>

➡

13. 우리는 밤새 그를 지켜보고 있었다. <through>

➡

<출발시간>

14. 그 가게는 9시부터 개점한다. <from>

➡

15. 나는 전쟁 이후 여러 번 그곳에 간 적이 있다. <since>

➡

ⓐ I didn't go out **because of** the rain.

나는 비 때문에 외출하지 않았다

ⓑ **Owing to** the rain, we were late.

비 때문에 늦었다

ⓒ The accident **was due to** the driver's failing to give a signal.

그 사고는 운전자가 신호를 주지 않았기 때문에 일어났다

ⓓ He is respected **for** his ability.

그는 자기의 능력으로 인해 존경을 받고있다

ⓔ He was fired **through** his idleness.

그는 게으름 때문에 해고되었다

ⓕ He was taken ill **from** drinking too much.

그가 아픈 것은 술을 지나치게 많이 마셨기 때문이었다

ⓖ He died **of** cholera.

그는 콜레라로 죽었다

ⓗ I couldn't speak even a word **for** fear.

나는 무서워서 말 한마디조차도 할 수가 없었다

ⓘ She was shivering **with** cold.

그녀는 추위로 떨고 있었다

ⓙ He was surprised **at** the news.

그는 그 소식에 놀랐다

ⓚ She mourned **over** her husband's death.

그녀는 남편의 죽음으로 슬퍼했다

 **패턴설명**

- 이유에는 "일반적인 이유"와 "사람과 관계" 되는 이유가 있다.
- 〈일반적인 이유〉에는 "because of, owing to, due to"가 쓰이고, 〈사람과 관계되는 이유〉에는 "인격 · 능력 · 부주의"(for, through), "질병 · 사망"(from, of), "신체"(with, for), "감정"(at, over) 등이 있다.

 **패턴해설**

〈일반적인 이유〉

ⓐ because of → 이유를 나타내는 일반적인 말

ⓑ owing to → 문두에 위치하는 이유

ⓒ due to → 주격보어가 이유로 오는 경우

〈인격 · 능력〉

ⓓ for → 인격 · 능력에 의한 원인

〈부주의〉

ⓔ through → 부주의에 의한 원인

〈질병 · 사망〉

ⓕ from → 상처 · 부주에 의한 질병, 사망

ⓖ of → 병 · 노화 · 자연사 등에 의한 질병, 사망

〈신체〉

ⓗ for → 마음의 조건이 신체에 미치는 원인

ⓘ with → 외부의 조건이 신체에 미치는 원인

〈감정〉

ⓙ at → 놀라거나 화난 감정

ⓚ over → 슬픈 감정

<일반적인 이유>
1. 우리는 그녀의 지각 때문에 우리의 계획을 바꿨다. <because of>
➡

2. 그의 성미가 나빠서 대개의 사람들은 그를 피한다. <owing to>
➡

3. 불경기는 인플레이션을 억제하지 못한 데서 생긴다. <due to>
➡

<인격·능력>
4. 우리는 그를 정직한 사람으로 생각하고 있다. <for>
➡

<부주의>
5. 그는 자기의 부주의로 인하여 부상을 당했다. <through>
➡

<질병·사망>
6. 그는 상처로 인하여 죽었다. <from>
➡

7. 그는 무슨 병으로 죽었는가? <of>
➡

8. 그녀는 기뻐서 제정신이 아니었다. <for>

➡

9. 그의 눈은 흥분으로 인하여 반짝이었다. <with>

➡

10. 그는 우리의 무례함에 화를 냈다. <at>

➡

11. 그녀는 자기 아들의 죽음에 대해 울고 싶었다. <over>

➡

ⓐ They are **in** the living room.

그들은 거실에 있다

ⓑ These kinds of plants grow best **in** the shade.

이런 종류의 식물들은 그늘에서 가장 잘 자란다

ⓒ She lives **at** 4567 N. Kimball Street.

그녀는 킴볼가 북쪽 4567번지에 산다

ⓓ My school is **on** Main Street.

우리 학교는 Main가에 있다

ⓕ I saw him **at** a restaurant **in** Seoul.

나는 서울에 한 식당에서 그를 보았다

 패턴설명

- "in, at, on"이 장소를 나타내는 전치사로 쓰인다.
- "in"은 〈안에 장소, 지리적인 조건〉에, "at"은 〈지점〉을, "on"은 〈표면위에 장소〉를 나타낸다.
- "번지수, 출입구 장소, 다니는 장소, here, …" 등은 지점을 나타내는 말로, 문장내에 이런 말이 있는경우에는 "at"을 써야한다.
- 한편, 장소가 겹치는 경우, 좁은 장소를 먼저 쓰고, 넓은 장소를 뒤에 쓴다.

 패턴해설

ⓐ in → 안에 장소

ⓑ in → 지리적인 조건

ⓒ at → 번지수 (지점)

ⓓ on → 표면위에 장소

ⓔ at a restaurant in Seoul → 좁은 장소+넓은 장소

작문연습 (2-7)

<in>

1. 제비꽃은 세계의 온대지역에서 잘 자란다.

➡

2. 아이들이 뜰에서 놀고 있다.

➡

3. 그는 복도에 나와 있다.

➡

4. 박스 안에는 몇몇 연필이 들어 있다.

➡

<at>

5. 나는 저 가게에서 그것을 샀다.

➡

6. 그녀는 창가에 앉아 있었다.

➡

7. 그는 하버드 대학에 다니는 학생이다.

➡

8. 당신이 찾고 있는 가게는 4723 북쪽 Lincoln 가에서 찾을 수 있다.

➡

<on>

9. 당신은 Main가 코너에서 그 건물을 볼 수 있을 것이다.

➡

10. 그는 칼을 지니고 있다.

➡

ⓐ **In spite of** his illness, he attended the meeting.

그는 아픈데도 불구하고, 회의에 참석했다

ⓑ **For all** his wealth, he was not happy.

그는 부자이기는 하지만 행복하지는 않다

ⓒ **Notwithstanding** his inexperience, he has already won respect for his integrity.

경험이 부족하긴 하지만, 그는 성실하기 때문에 존경을 받고 있다

ⓓ There is nothing **against** him.

그에게 불리한 점은 없다

패턴설명

- 대립에는 "같은 내용"이 대립이 되는 경우가 있고, "다른 내용"이 반대가 되는 경우가 있다.
- 같은 내용이 대립이 되는 경우에는 "against"가 쓰인다.
- 그외에 "against"에는 "…에 반대하여, …에 대고, …에 대비하여"라는 뜻으로 쓰인다.
- 다른 내용이 반대가 되는 경우에는 "in spite of, despite, for all, with all, notwithstanding" 등이 쓰인다.
- 한편, 다른 내용이 반대가 되는 경우에, 대립의 효과를 높이기 위해, 전치사 이하가 주절 앞에 놓이는 경향이 있다.

패턴해설

ⓐ in spite of → 다른 내용 끼리의 대립

ⓑ for all → 다른 내용 끼리의 대립

ⓒ notwithstanding → 다른 내용 끼리의 대립

ⓓ against → 같은 내용 끼리의 대립

작문연습 (2-8)

1. 모든 그의 노력에도 불구하고 그는 실패했다. *<in spite of>*

➡

2. 결점은 있지만 그래도 그는 위대한 사람이다. *<with all>*

➡

3. 값이 비쌈에도 불구하고 그는 그 집을 샀다. *<notwithstanding>*

➡

<against>

4. 그는 모든 반대를 물리치고 자기의 신념을 관철했다.

➡

5. 거기에 찬성이요, 반대요?

➡

6. 책상을 벽에 밀어 붙여 주시오.

➡

7. 승객들은 소매치기에 조심하라는 안내를 받았다.

➡

ⓐ I don't know nothing **about** her.

나는 그녀에 관해 아무 것도 모른다

ⓑ I'm always interested in the books **on** history.

나는 늘 역사에 대한 책에 관심을 갖고 있다

ⓒ I have nothing to do **with** that case.

나는 그 일과 관계가 없다

ⓓ He is a cousin **to** me.

그는 나와 사촌간이다

ⓔ **In relation to** the schedule, no change can be made.

스케줄에 관해서는 어떤 변화도 있을 수 없다

패턴설명

- "about, on, with, to"가 "관계를 나타내는 전치사"로 쓰인다.
- "about"은 〈사정〉의 관계, "on"은 〈연구, 논문, 학문, 전문성〉의 관계, "with"는 〈사실과의 관련성〉, "to"는 〈친족·부족〉의 관계를 나타낸다.
- 이 외에 "in (with) reference to, in (with) relation to, as regards, as to" 등은 관계를 나타내는 전치사구이다.

패턴해설

ⓐ about → 사정

ⓑ on → 연구, 논문, 학문, 전문성

ⓒ with → 사실의 관련성

ⓓ to → 친족·부속의 관계

ⓔ in relation to → 관계를 나타내는 전치사구

작문연습 (2-9)

1. 무엇 때문에 그를 만나고 싶어합니까? <about>
➡

2. 그는 한국경제에 관해 강의를 했다. <on>
➡

3. 저에게서 무엇을 원하십니까? <with>
➡

4. 이것이 이 문의 열쇠이다. <to>
➡

5. 우리는 장래에 관한 계획을 세웠다. <in relation to>
➡

> ⓐ We go to school every day **except** Sunday.
>
> 일요일만 빼놓고 우리는 학교에 매일 간다
>
> ⓑ No one swam across the river **but** he.
>
> 그를 제외하고는 아무도 수영을 해서 강을 건너가지 못했다
>
> ⓒ I care for nothing **besides** this.
>
> 이것 이외에는 아무 것도 필요 없다
>
> ⓓ **Besides** being a poet, he is a musician.
>
> 그는 시인이면서 음악가이다

 패턴설명

- "except (except for, excepting, with the exception of)"가 "예외"를 나타내는 대표적인 전치사 이다. 이는 긍정문이나 부정문에서 모두 쓰일 수 있다.
- 이들 전치사들은 부정문에서 "besides" 또는 "but"으로 바꾸어 쓸 수 있다.
- "but"으로 바꾸어 쓰는 경우에 뒤에 주격이 와야한다. "but" 뒤에 나오는 내용이 주절의 주어로 쓰일 수 있는 경우면 주격이 온다는 것을 알 수 있다.
- 한편, "besides"는 긍정문에서 "게다가, 또한"의 의미로 쓰이는 것에 유의해야 한다.

 패턴해설

ⓐ except → 예외 (긍정문 · 부정문)

ⓑ but → but+주격 (부정문에서)

ⓒ besides → 예외 (부정문에서)

ⓓ besides → "게다가, 또한" (긍정문에서)

작문연습 (2-10)

1. 나는 베스룸을 제외하고 모든 룸을 청소했다. <except>

➡

2. 그 사람 말고 누가 그것을 할 수 있었을까! <but>

➡

3. 우리는 그 사람 외에는 아무도 모른다. <besides>

➡

4. 어머니에다가 또 그는 부양할 누이가 있다. <besides>

➡

> ⓐ He went to the United States **for** study.
>
> 그는 공부를 하기 위해 미국으로 갔다
>
> ⓑ He is always seeking **after** wealth.
>
> 그는 언제나 부를 추구하고 있다
>
> ⓒ He went to the United States **on** business.
>
> 그는 사업상의 용무로 미국에 갔다

 패턴설명

- "for, after, on" 은 "목적" 을 나타내는 대표적인 전치사 이다.
- "for" 는 〈목표의 추구〉, "after" 는 〈마음의 욕망〉, "on" 은 〈용무〉 상의 목적을 나타낸다.

 패턴해설

ⓐ for → 목표의 추구
ⓑ after → 마음의 욕망
ⓒ on → 용무

작문연습 (2-11)

1. 나는 조언을 구하기 위해 그에게 편지를 썼다. <for>

➡

2. 당신은 무슨 목적으로 일하는가? <for>

➡

3. 권세를 탐하지 마라! <after>

➡

4. 용무외 출입금지 <on>

➡

5. 우리들은 공동연구를 하고 있다. <on>

➡

ⓐ He was shot **to** death.

그는 총에 맞아 죽었다

ⓑ Water turns **into** ice in cold weather.

물은 추운 날씨에 언다

 패턴설명

- "to" 와 "into" 가 "결과" 를 나타내는 전치사로 쓰인다.
- "to" 는 〈동작의 결과〉를, "into" 는 〈변화의 결과〉를 나타낸다.

 패턴해설

ⓐ to → 동작의 결과
ⓑ into → 변화의 결과

 **작문연습 (2-12)**

<to>

1. 그녀는 너무 친절해서 그것이 결점이 될 정도다.
➡

2. 그녀는 그를 파티에 초대해서 그를 몹시 기쁘게 했다.
➡

3. 그는 컵을 박살내었다.
➡

4. 그녀는 그 슬픈 이야기에 감동되어 울었다.
➡

<into>

5. 진눈깨비는 눈으로 변했다.
➡

ⓐ We went there **by** bus.

우리는 버스로 거기에 갔다

ⓑ I sent the books **by** parcel.

나는 책을 소포로 보냈다

ⓒ It is made **by** hand.

이것은 수제품이다

ⓓ We went there **on** a bus.

우리는 버스로 거기에 갔다

ⓔ He is playing **on** the piano.

그는 피아노로 연주하고 있다

ⓕ He wrote a letter **with** a pen.

그는 펜을 가지고 편지를 썼다

ⓖ I heard the news **over** the radio.

나는 라디오로 그 소식을 들었다

ⓗ He spoke with them **through** an interpreter.

그는 통역인을 통해서 그들과 얘기했다

 **패턴설명**

- "by, over, with, on, through" 등은 〈수단〉을 나타내는 대표적인 전치사로 쓰인다.
- "by"는 〈교통 · 우편 · 전화 · 일반적인 수단〉, "on"은 〈교통 · 도구 (악기 · 신체의 상해) 의 수단〉, "with"는 〈도구의 수단〉 "over"는 〈수신의 수단〉, "through"는 〈중개매체의 수단〉을 나타낸다.

패턴해설

ⓐ by bus → 교통수단

ⓑ by parcel → 우편수단

ⓒ by hand → 일반적인 수단

ⓓ on a bus → 교통수단

ⓔ on the piano → 도구의 수단 · 악기 · 신체의 상해

ⓕ with a pen → 도구의 수단

ⓖ over the radio → 수신수단

ⓗ through an interpreter → 중개매체의 수단

<by>

1. 그는 자기형과 의논함으로써 그 문제를 해결했다.

➡

2. 그들은 집에서 학교까지 전철로 통학한다.

➡

3. 저는 팩스로 정보 받는 것을 고맙게 생각하겠습니다.

➡

<on>

4. 그는 여름방학동안 전국을 도보로 여행했다.

➡

5. 그녀는 바이올린에 피아노 반주를 했다.

➡

<over · with · through>

6. 그 첫소식은 전화에 의해서 수신되었다.

➡

7. 우리는 귀로 소리를 듣는다.

➡

8. 나는 신문광고를 통해서 그 일자리를 알게되었다.

➡

전치사 뒤에 붙는 말

- 전치사 뒤에는 〈명사·대명사〉, 〈형용사·부사 〉, 〈전치사구〉, 〈~ing〉, 〈접속사+S+V+ ~〉의 형태가 온다.

예문

ⓐ A party was held <u>for</u> **them**.

그들을 위해 파티가 개최되었다

ⓑ A strange sound was heard <u>from</u> **within**.

이상한 소리가 안에서 들렸다

ⓒ They came out <u>from</u> **behind the tree**.

그들이 나무 뒤에서 나왔다

ⓓ He earns his living <u>by</u> **writing**.

그는 문필로 먹고 산다

ⓔ There is some reason <u>in</u> **what he says**.

그가 하는 말에 일리가 있다

해설

ⓐ for them → 전치사＋대명사

ⓑ from within → 전치사＋부사

ⓒ from behind the tree → 전치사＋전치사구

ⓓ by writing → 전치사＋~ing

ⓔ in what he says → 전치사＋접속사＋S＋V＋~

ⓐ **This house is made of brick.**

이 집은 브릭으로 만들어졌다

ⓑ **Wine is made from grapes.**

포도주는 포도로 만든다

ⓒ **Milk is made into butter.**

우유는 버터를 만든다

패턴설명

- "제품과 재료"의 관계를 나타낸다.
- "of"는 〈of＋재료(물리적인 변화)·재료의 구성물〉을 설명하고, "from"은 〈from＋재료(화학적인 변화)〉, "into"는 〈into＋제품〉의 관계를 나타낸다.

패턴해설

ⓐ of brick → of＋재료(물리적인 변화·재료의 구성물)

ⓑ from grapes → from＋재료(화학적인 변화)

ⓒ into butter → into＋제품

 ## 작문연습 (2-14)

1. 그 음료는 오렌지 즙과 설탕과 물로 되어있다. <of>
➡

2. 맥주는 보리로 만든다. <from>
➡

3. 그는 불씨를 쑤셔 불길을 일으켰다. <into>
➡

ⓐ He is a man **of** courage.

그는 용기 있는 사람이다

ⓑ She is a girl **with** big eyes.

그녀는 눈이 큰 소녀이다

ⓒ A man **in** brown suit is Mr. Brown.

갈색 양복을 입은 남자가 브라운 씨이다

ⓓ This is a machine **of** much use.

이것은 매우 쓸모 있는 기계이다

 패턴설명

- "소유"는 사람을 중심으로 해서 쓰여진다.
- "of"는 〈인격적인 특징의 소유〉, "with"는 〈신체의 특징〉, "in"은 〈옷, 모자, 신발, 안경 등의 착용의 소유〉를 나타낸다.
- 한편, 〈중요성, 흥미, 가치, 모양, 크기〉 등을 나타내는 특징에도 "of"가 쓰인다.

 패턴해설

ⓐ of courage → 인격적인 특징의 소유

ⓑ with big eyes → 신체의 특징의 소유

ⓒ in brown suit → 착용

ⓓ of much use → 가치

작문연습 (2-15)

<of>

1. 그는 하찮은 사람이 아니다.

➡

2. 나는 저 정도 크기의 호텔에 머물고 싶다.

➡

<with>

3. 커피는 임신한 여자에게는 좋지 않다.

➡

4. 그녀는 아름다운 갈색의 눈을 갖고 있는 여인이다.

➡

<in>

5. 안경을 쓴 남자가 Holt 씨이다.

➡

6. 그녀는 언제나 슬리퍼를 신고 있었다.

➡

ⓐ Sugar is sold here **by** the pound.

설탕은 이곳에서 파운드 단위로 판매되고 있다

ⓑ We are paid **by** the hour.

우리는 시간당으로 급료를 받는다

ⓒ I bought the book **for** $5.00.

나는 5불을 주고 그 책을 샀다

ⓓ I bought two books **at** a dollar each.

나는 두 권의 책을 각각 1달러를 주고 샀다

ⓔ He drove his car **at** full speed.

그는 전속력으로 그의 차를 몰았다

 **패턴설명**

- "by, for, at"은 "단위"를 나타내는 전치사이다.
- "by"는 〈계량 · 시간의 단위〉 "for"는 〈가격의 단위(총액)〉, "at"은 〈가격의 단위(매매의 가격 · 할인 · 고액 · 비용)〉, 또는 〈속도 · 도수 · 비율의 단위〉를 나타낸다.
- 한편, 계량 · 시간의 단위에는 "the"가 붙는다.

 **패턴해설**

ⓐ by → 계량의 단위

ⓑ by → 시간의 단위

ⓒ for → 가격의 단위(총액)

ⓓ at → 가격의 단위(매매의 가격 · 할인 · 고액 · 비용)

ⓔ at → 속도 · 도수 · 비율의 단위

작문연습 (2-16)

<by>

1. 이 가게에서는 연필이 다스로 팔린다.

➡

2. 하루에 요금이 얼마입니까?

➡

<for>

3. 우리는 뉴욕에서 하루에 25불 짜리 방을 구할 수 없었다.

➡

<at>

4. 그 물품들은 25퍼센트 할인되어 팔리고 있다.

➡

5. 그는 시간당 80마일의 속도로 차를 몰았다.

➡

6. 그늘에서는 대개 섭씨 10도 정도의 온도를 유지한다.

➡

ⓐ He stood **with** his back against the wall.

그는 벽에 기대고 서 있었다

ⓑ A party was held **for** them.

그들을 위해 파티가 개최되었다

ⓒ There is some reason **in** what he says.

그가 하는 말에는 일리가 있다

ⓓ This is the room **of** my sister.

여기가 나의 누이의 방이다

ⓔ Don't judge a person **by** appearances.

사람을 외관으로 판단하지 마라

패턴설명

● 그 이외에 "with, for, in, of, by" 등도 중요한 전치사이다.

패턴해설

ⓐ with → 부대상황 (동시동작 · 연속동작)

ⓑ for → ~를 위해

ⓒ in → 한정 · 상태

ⓓ of → 소유

ⓔ by → 기준 · 척도

작문연습 (2-17)

1. 과학이 발달함에 따라서 생활의 속도는 빨라진다. <with>

➡

2. 나는 사무실에 새 책상을 사놓았다. <for>

➡

3. 그는 용기가 부족하다. <in>

➡

4. 그녀는 내 친구의 딸이다. <of>

➡

5. 나는 1분 차이로 기차를 놓쳤다. <by>

➡

ⓐ He is **at home** in Chinese.

그는 중국어에 정통하다

ⓑ Please sent this package **by air**.

이 소포를 항공편으로 보내주십시오

ⓒ I'd like to live here **for good**.

나는 여기서 영원히 살고싶다

ⓓ I visit my parents **from time to time**.

나는 때때로 부모님을 방문한다

ⓔ Don't pay the money **in advance**.

미리 돈을 지불하지 마라

ⓕ He works **with energy**.

그는 정력적으로 일한다

ⓖ He absented from work **without notice**.

그는 무단으로 결근했다

패턴설명

● "전치사구 관용어" 표현은 대개 〈전치사＋추상명사〉의 형태로 온다.

패턴해설

ⓐ at home → 정통하여

ⓑ by air → 비행기로

ⓒ for good → 영원히

ⓓ from time to time → 때때로

ⓔ in advance → 사전에

ⓕ with energy → 정력적으로

ⓖ without notice → 예고 없이

작문연습 (2-18)

1. 그는 못되어도 평론가는 될 것이다. <at worst>
➡

2. 그는 내게서 강제로 그 돈을 가져갔다. <by force>
➡

3. 나는 내 혼자 힘으로 이 글을 썼다. <for oneself>
➡

4. 그 소식은 입에서 입으로 전파되었다. <from mouth to mouth>
➡

5. 나는 개인적으로 너와 얘기하고 싶다. <in private>
➡

6. 그는 그것을 일부러 그렇게 했다. <on purpose>
➡

7. 그녀는 어렵게 인터뷰를 통과했다. <with difficulty>
➡

8. 나는 당신의 진술을 무조건 수락할 수는 없다. <without reserve>
➡

2. 준동사

- 부정사, 동명사, 분사를 〈준동사〉라고 한다.
- 준동사는 〈동작〉을 나타낼 때 쓴다.
- 부정사를 〈미래의 동작〉을, 동명사는 〈과거의 행위〉를, 분사는 〈현재의 상태적 동작〉을 나타낸다.

[1] 부정사

- 부정사는 〈미래를 지향하는 동작〉을 나타낼 때 쓴다.
- 현재에 상황에서는 〈일시적인 동작〉을 나타낸다.
- 부정사의 모양에는 〈to do〉(단순형)과 〈to have+~p.p.〉(완료형)이 있다.
- 수동태의 모양에는 〈to be+~p.p.〉(단순 수동형)과 〈to have been+~p.p.〉(완료수동형)이 있다.
- 부정사는 〈단문의 요소〉로 쓰여지기도 하고, 단문을 장문화 시키는 〈연결어〉로 쓰여지기도 한다.

ⓐ **To forgive** is sometimes not easy.

   용서한다는 것은 때때로 쉽지 않은 일이다

ⓑ My job is **to find** the problems about this work.

   나의 업무는 이 작업에 대한 문제를 파악하는 일이다

ⓒ He is **to come** to the party today.

   그는 오늘 파티에 올 예정이다

ⓓ He refused **to discuss** the question.

   그는 그 문제에 대한 논의를 거부했다

ⓔ We want her **to come** to the party.

   우리는 그녀가 파티에 와 줄 것을 바라고 있다

패턴설명

● 부정사는 단문의 요소로 〈주어 · 주격보어 · 목적어 · 목적보어〉로 쓰인다.

패턴해설

ⓐ to forgive → 주어

ⓑ to find → 주격보어

ⓒ to come → 주격보어

ⓓ to discuss → 목적어

ⓔ to come → 목적보어

 **작문연습 (2-19)**

<주어>
1. 사는 것은 고생하는 것이다.
➡

<주격보어>
2. 나는 오늘 그녀를 만날 예정이다.
➡

3. 그는 자기의 집으로 결코 돌아올 수가 없었다.
➡

4. 낮에는 별을 볼 수가 없다.
➡

<목적어>
5. 그는 그 계획을 포기하기로 결심했다.
➡

<목적보어>
6. 우리들은 그에게 강제로 서류에 서명하도록 했다.
➡

7. 그는 내가 담배를 피도록 허락했다.
➡

> ⓐ I have <u>no friend</u> **to help me**.
>
> 　나는 나를 도와 줄 친구가 없다
>
> ⓑ She needs <u>a house</u> **to live in**.
>
> 　그녀는 살집이 필요하다
>
> ⓒ He made <u>a promise</u> **to pay** within a month.
>
> 　그는 한 달 이내에 갚겠다는 약속을 했다

 패턴설명

- 부정사가 "Main Message" 내에 있는 명사를 수식하면서 연결어로 쓰이는 경우이다.
- 이때에 부정사와 명사는 〈주어+동사〉 또는 〈동사+목적어〉 또는 〈동격관계〉의 관계를 갖는다.

 패턴해설

ⓐ no friend to help me → "주어+동사" 관계

ⓑ a house to live in → "동사+목적어" 관계

ⓒ a promise to pay → "동격" 관계

작문연습 (2-20)

1. 나는 나를 돌봐 줄 가족이 없다.

➡

2. 그는 친구를 배신할 사람이 아니다.

➡

3. 그 상점에서는 살만한 것이 아무 것도 없었다.

➡

4. 그는 딛고 설 발이 하나도 없었다.

➡

5. 앉을 의자를 주십시오.

➡

6. 나는 그것을 살 돈이 없다.

➡

7. 우리는 아무런 불만이 없다.

➡

8. 그는 그녀와 결혼할 것을 약속했다.

➡

9. 나는 컴퓨터를 배울 기회를 갖지 못했었다.

➡

10. 매달 초에 우리 부서는 지난달의 사업 과정을 검토하기 위한 회의를 연다.

➡

> ⓐ I'm ready **to go**.
>
>   나는 갈 준비가 됐다
>
> ⓑ French is <u>hard</u> **to learn**.
>
>   불어는 배우기 어렵다
>
> ⓒ She is **too** <u>young</u> **to drink**.
>
>   그녀는 술을 마시기에는 너무 나이가 어리다
>
> ⓓ She is <u>old</u> **enough to drink**.
>
>   그녀는 술을 마시기에는 충분히 나이가 들었다

 **패턴설명**

- 부정사가 "형용사"를 수식하면서 단문을 장문으로 만드는 패턴이다.
- 이때에 부정사는 형용사에 대해 〈한정〉의 관계를 나타낸다.
- 한편, 〈too+형용사+to do〉는 "부정"을 의미하고, 〈형용사+enough to do〉는 "긍정"을 의미한다.

 **패턴해설**

ⓐ ready to go → 형용사+to do

ⓑ hard to learn → 형용사+to do

ⓒ too young to drink → too+형용사+to do (부정의 정도)

ⓓ old enough to drink → 형용사+enough to do (긍정의 정도)

 **작문연습 (2-21)**

1. 영어는 배우기 쉽지 않다
➡

2. 그는 우리가 다루기가 어렵다.
➡

3. 그의 질문들은 답하기가 어렵다.
➡

4. 그들은 꼭 온다.
➡

5. 그녀는 그 집을 사기를 갈망하고 있다.
➡

6. 이 물은 마시기에 좋다.
➡

7. 먹기에 좋은 것은 당신에게 좋다.
➡

8. 우리는 너무 시간을 낭비하기 쉽다.
➡

9. 그는 별장을 가질 정도로 부유하다.
➡

ⓐ He worked hard not **to fail**.

그는 실패하지 않기 위해 열심히 일했다

ⓑ He had to run <u>in order</u> **to catch the bus**.

그는 버스를 타기 위해 뛰었어야 했다

ⓒ My car stopped just in time **to avoid an accident**.

나의 차는 시간에 꼭 맞게 멈췄으며, 그 결과 사고를 면할 수가 있었다

ⓓ He had <u>the luck</u> **to pass the exam**.

그는 운이 좋아서 시험에 합격했다

ⓔ I tried it again, <u>only</u> **to fail**.

나는 재차 시도해 보았으나, 그 결과는 실패했을 뿐이다

ⓕ She left John, <u>never</u> **to return to him**.

그녀는 존의 곁을 떠났고, 그 결과 그에게 돌아가지 못했다

ⓖ He worked <u>so</u> hard <u>as</u> **to be rich**.

그는 아주 열심히 일했고 그 결과 부자가 되었다

ⓗ The river was <u>too</u> cold **to swim in**.

강물이 너무 차서 그 결과 수영을 할 수가 없었다

ⓘ You will do well **to speak more clearly and slowly**.

더 분명히 그리고 천천히 말을 한다면 당신은 잘 할 수 있을 것이다

ⓙ **To do my best**, I couldn't solved the problem.

최선을 다했으나 그 문제를 해결할 수가 없었다

ⓚ He must be a fool **to believe such a thing**.

그런 것을 믿다니 그는 어리석은 사람이다

 **패턴설명**

- 부정사가 "main message" 전체를 수식하면서 단문을 장문으로 만드는 패턴이다.
- 이때에 부정사는 수식대상과 "목적, 원인·결과, 정도, 이유, 조건, 양보" 등에 관계를 갖는다.
- 한편, 수식대상과 부정사와의 관계를 분명히 하기 위해서 "목적"은 ⟨in order to do · so as to do⟩, "원인·결과"는 ⟨only to do, never to do, too ~ to do, so ~ as to do⟩ 로 표현하기도 한다.
- ⟨have +the 추상명사+to do⟩의 경우에 "to do"도 "결과"를 나타낸다.

패턴해설

ⓐ not to fail → "목적"

ⓑ in order to catch the bus → "in order to do"로 "목적"

ⓒ to avoid an accident → "결과"

ⓓ had the luck to pass the exam → "have +the추상명사+to do"로 "결과"

ⓔ only to fail → "only to do"로 "결과"

ⓕ never to return to him → "never to do"로 "결과"의 관계를 분명히 한다

ⓖ so hard as to be rich → "so ~as to do"로 "결과"

ⓗ too cold to swim in → "too ~to do"로 "결과"

ⓘ to speak more clearly and slowly → "조건"

ⓙ to do my best → "양보"

ⓚ to believe such a thing → "이유"

〈목적〉

1. 은밀히 이야기를 하려고 그녀는 딸과 마주 앉았다.

➡

2. 어느 때나 일에 밀리지 않도록 우리는 시간을 잘 이용해야 한다.

➡

3. 그 어린 남매는 그리운 아버지를 만나기 위하여 멀리 거제도에서 서울까지 올라왔다.

➡

4. 나는 내일 오후 장충 체육관에서 하는 레슬링 경기를 구경하기 위해 너를 데리고 갈 예정이다.

➡

5. 그는 군중 속의 모든 사람이 자기 말을 알아듣도록 큰 소리로 외쳤다.

➡

6. 나는 내일 쉬기 위해 오늘 저녁 늦게까지 일할 작정이다.

➡

7. 그녀는 자라서 훌륭한 피아니스트가 되었다.

➡

〈결과〉

8. 퀴리 부인은 여러 해 동안 연구실에 틀어박혀 있었는데 그 결과 가장 유용한 원소의 하나인 라듐을 발견했다.

➡

9. 눈을 떠보니 나는 어떤 병원 침대 위에 누워 있는 것을 알게되었다.

➡

10. 그는 운이 나빠서 시험에 떨어졌다.
➡

11. 내가 당신과 함께 간다면 기쁘겠습니다.
➡

12. 내가 그 지위를 얻을 수 있다면 기쁠것이다.
➡

13. 거짓말을 다시 하면, 너는 벌을 받게 될 것이다.
➡

14. 비록 그것을 보아도 믿지 않을 게다.
➡

15. 다시 오기가 귀찮으니 그가 돌아올 때까지 여기서 기다리겠습니다.
➡

16. 위원장께서 그 문제에 관해 한마디하라고 본인을 불러 주신 것을 큰 영광으로 생각합
니다.
➡

> ⓐ **To tell the truth**, I don't know anything about him.
>
> 사실대로 말하면, 나는 그에 대해서 아는 것이 없다
>
> ⓑ He is, **so to speak**, a grown-up baby.
>
> 그는 말하자면 큰 어린애다

 패턴설명

● 부정사 관용어 표현은 부사 역할을 하면서 문장전체를 수식한다.

 패턴해설

ⓐ to tell the truth → 부정사 관용어구

ⓑ so to speak → 부정사 관용어구

작문연습 (2-23)

1. 정당하게 평가하자면, 그는 정직한 사람이다.

➡

2. 설상가상으로 비까지 오기 시작했다.

➡

3. 이상한 말이지만, 문이 저절로 열렸다.

➡

4. 영어는 말할 것도 없고, 그는 독일어와 불어도 안다.

➡

5. 소위말해서 그는 걸어 다니는 사전이다.

➡

준동사 뒤에 붙는말

– 준동사는 Main Message Pattern의 동사에서 온다.

– 즉, 준동사는 〈1형식 동사에서부터 5형식 동사의 역할〉을 그대로 한다.

예문

ⓐ He is afraid of his son's going **there**.

그는 자기 아들이 거기에 가는 것을 걱정한다

ⓑ She is proud of her daughter's being **rich**.

그녀는 자기 딸이 부자라고 자랑한다

ⓒ He seems to have known **the fact**.

그는 그 사실을 알고 있었던 것처럼 보인다

ⓓ His giving **him the letter** was a big mistake.

그에게 편지를 준 것이 큰 실수였다

ⓔ Mother promised to let **us go swimming** this sunday.

어머니는 이번 일요일에 우리가 수영을 가도 좋다고 약속했다

해설

ⓐ going there → 1형식동사+부사

ⓑ being rich → 2형식동사+S.C.

ⓒ to have known the fact → 3형식동사+O

ⓓ giving him the letter → 4형식동사+O+O

ⓔ to let us go swimming → 5형식동사+O+O.C.

[2] 동명사

- 동명사는 〈과거를 지향하는 행위〉를 나타낼 때 쓴다.
- 현재에 상황에서는 〈경향·습관·일반적인 사실〉을 나타낸다.
- 동명사의 모양에는 〈~ing〉(단순형)과 〈having+~p.p.〉(완료형)이 있다.
- 동명사의 수동태 모양에는 〈being+~p.p.〉(단순 수동형)과 〈having been+~p.p.〉(완료 수동형)이 있다.
- 동명사는 〈단문의 요소〉로 쓰여지기도 하고, 단문을 장문화 시키는 〈연결어〉로 쓰여지기도 한다.

> ⓐ **Smoking** is bad for health.
>
> 흡연은 건강에 해롭다
>
> ⓑ My job is **teaching** English.
>
> 나의 직업은 영어를 가르치는 것이다
>
> ⓒ Do you mind **holding** your tongue?
>
> 입 좀 다물어 줄래?

패턴설명

- "동명사"는 단문의 요소로 "주어, 주격보어, 목적어"로 쓰인다.

패턴해설

ⓐ Smoking → 주어

ⓑ teaching English → 주격보어

ⓒ holding your tongue → 목적어

작문연습 (2-24)

<주어>

1. 시내에서의 운전은 매우 위험하다.
➡

2. 그가 그들이 오는 것을 원하고 있는지는 확인되지 않았다.
➡

<주격보어>

3. 내가 좋아하는 스포츠는 바다에서 낚시하는 것이다.
➡

4. 그의 취미는 음악을 듣는 것이다.
➡

<목적어>

5. 나는 그들로부터 도움을 받는 것이 싫다.
➡

6. 우리는 피곤을 금방 느끼기 시작했다.
➡

7. 나는 당신을 만났던 것을 기억한다.
➡

8. 나는 전에 당신을 만났던 것을 기억한다.
➡

9. 나는 아버지께서 거기에 가는 것이 두렵지 않다.
➡

10. 그는 학식이 있다는 것을 자랑스럽게 여기고 있다.
➡

11. 나는 그가 당선된 것으로 확신한다.
➡

12. 그는 출발을 늦추었다.
➡

> ⓐ The Cathedral of Seville enjoys **the distinction of being** the largest medieval cathedral in the world.
>
> 세빌레 대 성당은 세계에서 가장 큰 중세기 시대의 대 성당이라는 명성을 얻고 있다
>
> ⓑ I have **the honor of introducing** (to introduce) today's speaker.
>
> 나는 오늘 강연해 주실 분을 소개해 올리는 영광을 가집니다
>
> ⓒ **The designing of a new house** isn't a difficult task to me.
>
> 새 집을 설계하는 것은 나에게 그리 어려운 일은 아니다

 패턴설명

- 동명사가 "Main Message"에 있는 〈명사〉를 수식하면서 연결어로 쓰이는 패턴이다.
- 이때 "명사"와 "~ing"는 〈동격관계〉이며, 〈명사+of+~ing〉의 모양으로 온다.
- 〈명사+to do〉가 동격관계에 있는 경우에 "명사+of+~ing"로 바꾸어 쓸 수 있는 것에 유의한다.
- 〈the ~ing+of+명사〉 형의 동격관계도 있다.

 패턴해설

ⓐ the distinction of being ~ → "명사+of+~ing"

ⓑ the honor of introducing~ → "명사+of+~ing" (명사+to do)

ⓒ the designing of a new house → "the ~ing+of+명사"

작문연습 (2-25)

<명사+of+~ing>

1. 그는 술을 먹고 운전한 혐의에 대해 무죄를 주장했다.
➡

2. 그는 일할 만한 기운을 다시 찾았다.
➡

3. 속기는 말을 신속히 기록하는 방법이다.
➡

4. 당신과 말을 나누어서 기쁩니다.
➡

5. 그는 노는 방법이 이상하다.
➡

<the ~ing+of+명사>

6. 올빼미의 울음소리는 그 장소의 조용함을 깼다.
➡

7. 교통차량을 제작하는 것은 미시간주의 주요 산업이다.
➡

> ⓐ She was <u>busy</u> **(in) preparing** the trip to Canada.
>
> 그녀는 캐나다로의 여행 준비로 바빴다
>
> ⓑ He was <u>drowned</u> **(in) crossing** the river.
>
> 그는 강을 건너다가 익사했다

 패턴설명

- 형용사 · ~p.p. 뒤에는 〈in + ~ing〉가 올 수 있다.
- 이때에 "in + ~ing" 는 "형용사 · ~p.p." 에 대해 〈한정〉의 관계를 나타낸다.

 패턴해설

ⓐ busy in preparing ~ → 형용사 + in + ~ing
ⓑ drowned in crossing the river → p.p + in + ~ing

작문연습 (2-26)

1. 그녀는 운동하느라 바쁘다.
➡

2. 외국어를 배우는데는 연습이 가장 중요하다.
➡

3. 버스가 오래도록 오지 않아 나는 결국 택시로 거기에 갔다.
➡

4. 당신은 집에 있는 벽난로 불 곁에서 생각에 잠기느라 행복하겠습니다.
➡

5. 그는 전시회를 위한 새 상품들을 제 시간에 대느라 정말로 바쁘게 지내고 있다.
➡

ⓐ We took great care **in packing** the goods.

우리는 상품을 포장하는데 많은 신경을 썼다

ⓑ I had difficulty **(in) doing** the work.

나는 그 작업을 하는데 매우 애를 먹었다

ⓒ He spent a lot of time **(in) studying** English.

그는 많은 시간을 영어를 공부하면서 보냈다

ⓓ He passed his life **(in) reading**.

그는 인생을 독서로 보냈다

ⓔ They have been criticized **for** not **having** many required courses.

그들은 많은 필수과목들을 개설해 놓지 않았기 때문에 비난을 받아오고 있다

ⓕ I'm tired **from standing** long.

오랫동안 서 있어서 피곤하다

ⓖ People who cannot speak can talk **by using** signs.

말을 못하는 사람들은 신호를 이용해서 대화한다

ⓗ **On leaving** school, he went into business.

그는 학교를 떠나자마자 사업에 투신했다

ⓘ He left **without telling** me.

그는 나에게 아무 말 없이 떠났다

ⓙ There is nothing **like doing** a thing at once.

일은 당장에 하는 것이 제일이다

 패턴설명

- "전치사+~ing"의 형태로 "main message" 전체를 수식하는 패턴이다.
- 이때에 전치사는 내용에 따라 다양하게 온다.
- "in"의 경우에 〈한정 또는 관용어구〉가 있고, "by"는 〈수단〉을, "from"은 〈신체에 미치는 원인〉, "for"는 〈이유나 목적〉, "on(upon)"은 〈시간(=as soon as)〉의 의미를 나타낸다.
- 그외에 "at, about, to, after, before, like, without"가 있다.
- 한편, 관용어구에 경우, "difficulty" 대신에 "struggle, trouble, a hard time" 등이 쓰일 수 있다.

패턴해설

ⓐ in → 한정

ⓑ had difficulty (in) ~ing → ~하는데 애를 먹다 (관용어)

ⓒ spent+O+(in) ~ing → ~하면서 …를 보내다 (관용어)

ⓓ passed+O+(in) ~ing → ~하면서 …를 보내다 (관용어)

ⓔ for not having → "이유나 목적"을 나타낸다

ⓕ from standing → 신체에 대한 원인

ⓖ by using signs → "수단"

ⓗ On leaving school → "as soon as"를 나타내는 시간

ⓘ without telling → "~없이"

ⓙ like doing → "~하는 것이"

1. 새 컴퓨터가 때 맞춰 도착했는데 스탭진이 예산계획을 준비하는 데 그것을 사용할 수 있게 되었다. <in+~ing>
➡

2. 그는 그들을 이해하는 데 애를 먹고 있다. <in+~ing>
➡

3. 그들은 그 문제를 해결하는 데 애를 먹었다. <in+~ing>
➡

4. 그는 가난한 사람들을 위해 일하는 데 일생을 보냈다. <in+~ing>
➡

5. 그들은 정부에 반대 발언을 한 이유로 투옥되었다. <for+~ing>
➡

6. 용감한 사나이가 아이를 구출한 공로로 시장으로부터 포상을 받았다. <for+~ing>
➡

7. 비록 그는 걸어와서 덥기는 했지만, 오한으로 몸을 떨었다. <from+~ing>
➡

8. 컴퓨터는 정보처리를 통해 문제를 해결한다. <by+~ing>
➡

9. 학교를 그만두고 그는 사업을 시작했다. <after+~ing>
➡

10. 요사이 대부분의 사람들은 버스나 기차를 타기 전에 줄을 선다. <before+~ing>
➡

11. 그녀는 그들이 낡은 DC-3 비행기를 타야 한다는 것에 대해 불만 스러워 했다.
<about+~ing>
➡

12. 나는 그것을 실현하기 위하여 무엇인가를 해야 한다. <toward+~ing>
➡

13. 나는 그를 볼 때 마다 화가 났다. <without+~ing>
➡

ⓐ **There is no telling** what will happen next.

　　다음에 무슨 일이 일어날지 말하기란 불가능하다

ⓑ **It is no use crying** over spill milk.

　　엎질러진 우유를 보고 울어 바야 소용없다

ⓒ **It goes without saying** that health is better than wealth.

　　부 보다 건강이 좋다는 것은 말할 것도 없다

ⓓ She is **in the habit of sitting** up late.

　　그녀는 늦게 까지 잠을 안자는 것을 원칙으로 한다

ⓔ I **cannot help admiring** him.

　　나는 그를 칭찬하지 않을 수 없다

ⓕ He **was on the point of starting**.

　　그는 막 떠나려고 했었다

ⓖ This book is **worth reading** intensively.

　　이 책은 철저하게 읽을 가치가 있다

 패턴설명

● 동명사에는 다음과 같은 관용어 표현들이 있다.

 패턴해설

ⓐ There is no telling → ~를 말하기란 불가능하다

ⓑ It is no use crying → ~에 대해 울어 바야 소용없다

ⓒ It goes without saying → ~은 말할 것도 없다

ⓓ be in the habit of +~ing → ~하는 것을 원칙으로 하고 있다

ⓔ cannot help +~ing → ~하지 않을 수 없다

ⓕ be on the point of +~ing → 막 ~하려고 하다

ⓖ worth +~ing → ~할 만한 가치가 있다

작문연습 (2-28)

1. 비행기가 언제 도착할 지는 도저히 알 수 없다.
➡

2. 그 사람에 대해 걱정해 바야 소용없다.
➡

3. 우리 계획이 날씨에 따라 결정된다는 것은 말할 나위도 없다.
➡

4. 나는 하루에 두 번 이를 닦는 것을 원칙으로 한다.
➡

5. 나는 그녀를 사랑하지 않을 수 없다.
➡

6. 전화 벨이 울렸을 때 나는 막 사무실을 나서려고 했었다.
➡

7. 무엇이든지 할 만한 가치가 있는 것은 잘 할만한 가치가 있다.
➡

준동사의 시제

- 〈단순형〉은 보통 그 문장의 본동사와 같은 시제를 나타내는 경우가 많다.
- 〈완료형〉은 본동사의 시제보다 하나 앞선 동작을 나타낸다. 단, 혼동의 우려가 없는 경우에는 단순형을 써도 좋다.
- 〈기대, 소망, 의도〉 등의 과거형 동사 (wanted, expected, hoped, wished, intended, meant) 다음에 "완료부정사"오면, 실현되지 않은 사실을 나타낸다.
- 〈단순형 동명사〉 경우에는 본동사의 시제보다 과거이거나 미래가 되는 경우가 있다.

예문

ⓐ He seems **to be** sick.

그는 아픈 것처럼 보인다

ⓑ He seems **to have known** the fact.

그는 그 사실을 알고 있었던 것처럼 보인다

ⓒ This is the project **having been done** by our division.

이것은 저의 부서가 한 계획한 입니다

ⓓ This is the project **done** by our division.

ⓔ They hoped **to have seen** him again.

그들은 그를 다시 만나기를 희망했었다

ⓕ I don't remember **seeing** him.

나는 그를 만나본 것을 기억하지 못한다

ⓖ He is afraid of his son's **going** there.

그는 자기 아들이 거기에 가는 것을 걱정한다

해설

ⓐ to be → 본동사와 같은 시제

ⓑ to have known → 본동사의 시제보다 하나 앞선 동작

ⓒ having been done → 완료시제

ⓓ done → 혼동의 우려가 없는 경우에는 단순형을 써도 좋다

ⓔ to have seen → 실현되지 않은 사실

ⓕ seeing him → 본동사의 시제보다 과거

ⓖ going there → 본동사의 시제보다 미래

[3] 분사

- 분사는 현재를 지향하는 〈상태적 동작 (＝형용사＋동사)〉을 나태낸다.
- 현재분사 (~ing)는 〈능동진행의 동작〉을, 과거분사(~p.p.)는 〈수동의 동작〉을 나타 낸다.
- 분사의 모양에는 〈~ing/~p.p.〉(단순형)과 〈having＋~p.p.〉(완료형)이 있다.
- 분사의 수동태 모양은 〈being＋~p.p.〉(단순 수동형)과 〈having been＋~p.p.〉(완료 수동형)이 있다.
- 분사는 〈단문의 요소〉로 쓰여지기도 하고, 명사를 앞에서 수식하는 〈수식어〉로 쓰여 지기도 하며, 명사나 문장전체를 수식하면서 단문을 장문화 시키는 〈연결어〉 역할도 한다.

> ⓐ The movie was very **boring**.
>
>   그 영화는 매우 진부했다
>
> ⓑ We saw them **running** away.
>
>   우리는 그들이 달아나는 것을 보았다
>
> ⓒ The truth became **unknown** to us all.
>
>   그 진상은 우리 모두에게 알려지지 않았다
>
> ⓓ I want the work **done** by today.
>
>   나는 그 작업이 오늘까지는 끝났으면 한다

 **패턴설명**

- 분사 (~ing · ~p.p.)는 단문의 요소로 "주격보어"와 "목적보어"로 쓰인다.

 **패턴해설**

ⓐ boring → 현재분사 (주격보어)

ⓑ running → 현재분사 (목적보어)

ⓒ unknown → 과거분사 (주격보어)

ⓓ done → 과거분사 (목적보어)

 **작문연습 (2-29)**

1. 그 이야기는 매우 흥미진진하다.

➡

2. 그는 벽에 기대어 서 있었다.

➡

3. 일주간 비가 계속 내렸다.

➡

4. 그는 돈을 도난 당했다.

➡

5. 나는 계란이 반숙되었으면 한다.

➡

6. 나는 그의 어머니가 그를 Lewis라고 부르는 소리를 들었다.

➡

7. 나는 시계를 가게 했다.

➡

> ⓐ A **rolling** <u>stone</u> gathers no moss.
>
>   구르는 돌에는 이끼가 끼지 않는다
>
> ⓑ I saw many **wounded** <u>soldiers</u>.
>
>   나는 많은 다친 병사들을 보았다
>
> ⓒ The **confusing** <u>return policy</u> made the **confused** <u>customers</u> burn up.
>
>   혼란스런 환불정책은 당황한 고객들을 열받게 했다

패턴설명

- 분사가 명사 앞에서 명사를 수식하는 경우이다.
- 현재분사 (~ing)는 명사와 〈능동진행〉의 관계를 갖고, 과거분사 (~p.p.)는 명사와 〈수동〉의 관계를 갖는다.
- 한편, 사람의 감정 · 감각을 나타내는 분사의 경우에 〈~ing＋무생물〉, 〈~p.p.＋생물〉의 형태로 쓰인다.

패턴해설

ⓐ rolling stone → 현재분사＋명사 (능동진행 관계)

ⓑ wounded soldiers → 과거분사＋명사 (수동관계)

ⓒ The confusing return policy → ~ing (사람의 감정 · 감각)＋무생물명사

　the confused customers → ~p.p. (사람의 감정 · 감각)＋생물명사

작문연습 (2-30)

<~ing+명사>

1. 잠자고 있는 아기를 깨우지 마라.

➡

2. 나는 개 짖는 소리에 잠이 깼다.

➡

<~P.P.+명사>

3. 웨이터는 나에게 별나게 요리간 된 스테이크를 갖다 주었다.

➡

4. 나는 비틀즈의 모음 집을 갖고 싶습니다.

➡

5. 지하의 금광 층은 보통 매장된 식영 판의 틈 속에 박혀 있다.

➡

<~P.P.+생물/~ing+무생물>

6. 지루한 강의는 지루해진 학생들로 하여금 졸게 했다.

➡

> ⓐ The girl **painting** his portrait is my niece.
>
> 그의 초상화를 그리고 있는 소녀는 나의 질녀이다
>
> ⓑ He was looking for the letter **written** in red ink.
>
> 그는 붉은 잉크로만 쓰여진 편지만을 찾았다

 패턴설명

- 분사 (~ing · ~p.p.)가 "명사" 뒤에서 수식하는 패턴이다.
- 이 경우 명사와 "능동진행의 관계"에는 〈현재분사〉(~ing)를 쓰고, 명사와 "수동의 관계"에는 〈과거분사〉(~p.p)를 쓴다.
- 이때의 분사는 단문을 장문화 시키는 〈연결어〉 역할을 한다.

 패턴해설

ⓐ The girl painting his portrait → 명사+~ing (연결어)
ⓑ the letter written in red ink → 명사+~p.p. (연결어)

작문연습 (2-31)

<명사 + ~ing>

1. 나는 빨간 모자를 쓴 저 소녀를 안다.
➡

2. 나는 거기서 자기들의 신부에게 장미 꽃다발을 주고있는 일부 신랑들을 쳐다보고 있었다.
➡

3. 테이블에 놓여있는 펜은 나의 것입니다.
➡

<명사 + ~P.P.>

4. 그 소녀가 가져온 붉은 꽃은 매우 아름다웠다.
➡

5. 이 집은 벽돌로 짓고 있는 집이다.
➡

6. 이것이 우리 부서가 한 계획안입니다.
➡

ⓐ The couple bought the house **spending a lot of money**.

그 부부는 많은 돈을 써가면서 그 집을 구입했다

ⓑ We made a plan for a camping **based on the weather forecast**.

일기예보에 근거해서 우리는 캠핑 계획을 세웠다

 패턴설명

- 분사 (~ing · ~p.p.)가 "Main Message 전체"를 뒤에서 수식하는 패턴이다.
- 이때의 분사는 단문을 장문화 시키는 〈연결어〉 역할을 한다.

 패턴해설

ⓐ spending~ → 문장전체+~ing (연결어)
ⓑ based on~ → 문장전체+~p.p. (연결어)

작문연습 (2-32)

1. 그의 가장 큰 즐거움은 술집에 앉아서 친구들과 이야기하는 일이었다.

➡

2. 계단을 내려오다 그녀는 발목을 삐었다.

➡

3. 많은 돈을 써가면서 그는 마침내 그녀와 결혼했다.

➡

4. 나는 그들이 나에게 준 정보에 근거해서 결정을 내렸다.

➡

> ⓐ **Considering that he is young**, he has a lot of books.
>
> 그가 젊다는 것을 고려해 볼 때, 그는 많은 책을 가지고 있다
>
> ⓑ **Judging from his appearance**, he doesn't look like a scholar.
>
> 그의 외모로 판단컨데, 그는 학자 처럼 보이지 않는다
>
> ⓒ All on the plane were lost, **including** the pilot.
>
> 솔직히 말하자면, 그것들은 도저히 책이라고 할 수 없다
>
> ⓓ **Frankly speaking**, they aren't books at all.
>
> 솔직히 말하자면, 그것들은 도저히 책이라고 할 수 없다

 패턴설명

- 분사의 관용어 표현은 다음과 같다.
- 〈~ing that S+V+~〉형 관용어 표현 : "considering (seeing) that ~"(…을 고려하면), "granting (admitting) that ~"(설사 …이라 할지라도), "providing that ~"(만약 …이라면)
- 〈분사 전치사〉형 관용어 표현 : "concerning" (…에 관해서), "excepting" (…을 제외하고), "regarding" (…에 관해서), "touching" (…에 관해서)
- 〈~ing+O〉형 관용어 표현 : "judging from ~"(…으로 판단컨데), "talking of"(…로 말하자면)
- 〈분사 부사구〉형 관용어 표현 : "frankly speaking"(솔직히 말하면), "strictly speaking"(엄격히 말하면), "generally speaking"(일반적으로 말해서)

 패턴해설

ⓐ Considering that ~ → 〈~ing that S+V+~〉형 관용어 표현

ⓑ Judging from ~ → 〈~ing+O〉형 관용어 표현

ⓒ including → 〈분사 전치사〉형 관용어 표현

ⓓ Frankly speaking → 〈분사 부사구〉형 관용어 표현

 **작문연습 (2-33)**

1. 그가 젊다는 것을 고려해 볼 때, 그는 매우 영리하다.
➡

2. 인생이 짧은 만큼 시간을 낭비해서는 안된다.
➡

3. 설사 내가 잘못이라고 할지라도, 나는 그에게 사과할 뜻이 없다.
➡

4. 외양으로 판단한다면, 그는 돈이 많은 것 같다.
➡

5. 내가 들은 바에 의하면, 그는 집안이 좋은 것 같다.
➡

6. 그는 그 문제에 관해서 더 이상의 설명은 하지 않았다.
➡

7. 엄밀히 말해서, 그는 도저히 예술가라고 할 수 없다.
➡

준동사의 의미상의 주어

- 부정사의 의미상의 주어로 대개는 〈for+(대)명사〉로 오나, 사람의 인격을 나타내는 형용사 (wise, kind, honest, nice, polite, clever, careful, decent, foolish, silly, stupid, rude, wicked 등) 의 경우에는 〈of+(대)명사〉의 모양으로 온다.
- 동명사의 의미상의 주어로는 〈소유격〉으로 온다.
- 한편, 의미상의 주어가 문장 속에 있거나, 불특정 다수의 경우에는 생략된다.

예문

ⓐ He works hard **for his family** to live in comfort.

그는 그의 가족이 편히 살도록 열심히 일한다

ⓑ It is very nice **of you** to help me with the work.

그 일을 도와 주셔서 참으로 감사합니다

ⓒ I'm sure of **his** passing the examination.

나는 그의 합격을 확신한다

ⓓ **To see** is to believe.

보는 것이 믿는 것이다

ⓔ I object to (**my**) waiting another day

나는 하루 더 기다리는 것에 반대한다

해설

ⓐ for his family to live → 부정사의 의미상의 주어

ⓑ nice of you to help → 인격의 형용사

ⓒ his passing → 동명사의 의미상의 주어

ⓓ to see → 의미상의 주어의 생략 (불특정 다수)

ⓔ (my) waiting → 의미상의 주어의 생략

3. 접속사

- 접속사는 두 개의 "주어＋동사~" 문장을 연결한다.
- 접속사에는 "등위접속사" "후위접속사" "관계접속사" "종속접속사"가 있다.

[1] 후위접속사

- "주어＋동사~" 문장이 문장 내에서 〈주어, 주격보어, 목적어, 직접목적어, 전치사의 목적어, 형용사(~p.p.)의 목적어〉 역할을 할 때 이를 명사절이라 하며, 명사절 앞에는 후위접속사(＝명사절 접속사)가 붙는다.

ⓐ **When** he was born is not known.

   언제 그가 태어났는지는 알려지고 있지 않다

ⓑ The problem is **that** I'm short of money.

   문제는 내가 돈이 부족하다는 것이다

ⓒ He asked **whether** (if) it was true (or not).

   그것이 사실인지 아닌지 그가 물었다

ⓓ I wonder **how cold** it is today.

   오늘은 얼마나 추울지 궁금하다

ⓔ I welcome **whoever** comes to the party.

   나는 파티에 오는 누구든 환영한다

ⓕ She didn't tell me **where** she bought it.

   그녀는 나에게 그것을 어디서 샀는지 말하지 않았다

ⓖ There is some reason in **what** you say.

   당신의 말에는 일리가 있다

ⓗ Be careful **which way** you turn.

   어느 쪽으로 돌아가든 조심하시오

ⓘ She was not **aware that** there was danger.

   그녀는 위험하다는 것을 인식하지 못했다

ⓙ I am **pleased that** you have come.

   당신이 와 주셔서 기쁘다

 패턴설명

- 후위접속사로는 〈that〉, 〈if 또는 whether〉, 〈wh-접속사〉, 〈what＋명사, which＋명사, whose＋명사〉, 〈how＋부사, how＋형용사, how＋형용사＋명사〉, 〈복합관계접속사〉가 있다.
- 한편, "접속사＋주어＋동사~" 문장이 주어로 쓰이는 경우에, 〈가주어 · 진주어〉 문장으로 바꾸어 쓸 수 있다.

 패턴해설

ⓐ When he was born → 문장의 주어 (접속사 ⇒ when)

ⓑ that I'm short of money → 문장의 주격보어 (접속사 ⇒ that)

ⓒ whether (if) it was true (or not) → 문장의 목적어 (접속사 ⇒ whether)

ⓓ how cold it is today → 문장의 목적어 (접속사 ⇒ how＋형용사)

ⓔ whoever comes to the party → 문장의 목적어 (접속사 ⇒ whoever)

ⓕ where she bought it → 문장의 직접목적어 (접속사 ⇒ where)

ⓖ in what you say → 전치사의 목적어 (접속사 ⇒ what)

ⓗ which way you turn → 형용사의 목적어 (접속사 ⇒ which＋명사)

ⓘ that there was danger → 형용사의 목적어 (접속사 ⇒ that)

ⓙ that you have come → "~p.p."의 목적어 (접속사 ⇒ that)

<주어>
1. 그가 자진해서 오든 말든 나와는 상관없는 일이다.
➡

2. 그들이 어디로 갔는지는 문제가 되지 않는다.
➡

<주격보어>
3. 내 최고의 바램은 온 나의 가족이 행복했으면 하는 것이다.
➡

4. 생물학자들을 여전히 신비스럽게 하는 수수께끼 가운데 하나는 어떻게 세포들이 태아 속에서 무엇이 될지를 안다는 것이다.
➡

<목적어>
5. 그들은 그것이 누구의 차인지 알아내기 위해 열심히 노력했다.
➡

6. 쓰레기가 얼마나 빠르게 치워 질지는 아무도 모른다.

➡

7. 그는 나에게 누가 우리와 함께 가는지 말하지 않았다.

➡

8. 얼마나 불쾌하게 그가 그녀의 질문에 대응했는지 그녀는 몹시 화가났다.

➡

9. 나는 기차가 정각에 도착할 것이라고 확신한다.

➡

10. 당신이 오기로 결정 하셨다니 무척 기쁩니다.

➡

부사(형용사·부사수식)

설명

– "형용사와 부사를 수식" 하는 부사는 그 앞에 위치한다. 다만, "enough"만 그 뒤에 위치한다.
– 이때의 부사는 "형용사와 부사"에 대해 "정도"를 나타낸다.
– "far, very, so, much" 등은 "강조의 정도"를, "too"는 "부정의 정도"를, "enough"는 "긍정의 정도"를 나타낸다.'

예문

ⓐ That exam was **extremely** difficult.

그 시험은 아주 어려웠다

ⓑ It's **too** hot today.

오늘은 날씨가 너무 덥다

ⓒ The water in the pool is full **enough**.

풀장의 물은 충분히 차있다

ⓓ This article is **very** interesting.

이 기사는 매우 흥미롭다

해설

ⓐ extremely difficult → "부사＋형용사." 이때의 "extremely"는 "강조의 정도"를 나타낸다.
ⓑ too hot → "부사＋형용사." 이때의 "too"는 "부정의 정도"를 나나낸다.
ⓒ full enough → "형용사＋enough." 이때의 "enough"는 "긍정의 정도"를 나타낸다.
ⓓ very interesting → "부사＋형용사." 이때의 분사는 형용사이다.

[2] 관계접속사

- 어떤 "주어＋동사" 문장이 주절의 명사를 수식하는 경우 이를 형용사절 이라하며, 형용사절 앞에는 관계접속사(관계대명사 · 관계부사)가 붙는다.
- 형용사절로 수식 받는 명사를 "선행사"라 하는데, 선행사의 종류에 따라 관계접속사가 달라진다.
- 이때 선행사는 관계접속사 이하의 문장 내에서 "주어 · 목적어 · 전치사의 목적어" 등의 역할을 한다.
- 관계대명사 앞에 〈 , 〉(comma)가 붙는 경우와 〈전치사〉가 붙는 경우가 있는데 이에 대한 용법을 알아둔다.

ⓐ He has <u>a son</u> **who** lives in Seoul.
ⓑ This is <u>Ellen</u> **whom** I invited.
ⓒ This is <u>the boy</u> **whose father** is a doctor.
아버지가 의사인 소년이 바로 이 소년이다

 패턴설명

● 선행사가 사람인 경우에는 "who+동사~" "whom 주어+동사~" "whose+명사"의 모양으로 온다.

 패턴해설

ⓐ a son who lives → 사람+who+동사
ⓑ Ellen whom I invited → 사람+whom+주어+동사
ⓒ the boy whose father → 사람+whose+명사

 **작문연습 (2-35)**

1. Helen은 내년에 중국으로 갈 검시관이다.

➡

2. 교수인 김선생의 부인은 여성문제에 대해 여러 편의 논문을 썼다.

➡

3. 행운은 그것을 추구하는 사람에게 찾아온다.

➡

4. 학습준비에 충분한 시간을 할애하지 않는 교사들은 새 수업을 설명하는데 종종 애를 먹는다.

➡

5. Harvard University를 졸업한 연구 과제(the project)의 디렉터는 내년에 은퇴할 계획으로 있다.

➡

<whom S+v+~>

6. Bryant는 우리기 재무관 후보로 지명할 사람이다.

➡

7. 나는 정직하다고 생각되는 한 남자를 선정했다.

➡

<whose+명사>

8. 치과의사는 치아가 일부 문제를 일으키는 아이와 함께 있다.

➡

9. 이사회는 헌신의 정신이 분명한 시민들로 구성되어 있다.

➡

10. 변호사를 형으로 둔 William은 판사가 되고 싶어한다.

➡

ⓐ He has a <u>dog</u> **which** barks furiously.

그는 무섭게 짓는 개 한 마리를 가지고 있다

ⓑ This apple <u>tree</u> **which** we planted long ago may bear fruit this year.

우리가 오래 전에 심었던 사과나무는 금년에 열매를 맺을는지 모른다

ⓒ <u>The house</u> **of which the windows** are broken is unoccupied.

창문이 부서진 그 집은 비워있다

ⓓ He is not <u>the man</u> **which** his father wanted him to be.

그는 그의 아버지가 바라던 인격의 사람이 아니었다

패턴설명

- 선행사가 사물 또는 동물인 경우에는 "which+동사~" "which 주어+동사~" "of which+the 명사"의 모양으로 온다.
- "of which+the 명사"는 "the 명사+of which" 또는 "whose+명사"의 모양으로 바꾸어 쓸 수 있다.
- 선행사가 사람이더라도 "성품"을 나타내는 경우에는 "which"를 쓴다.

패턴해설

ⓐ a dog which barks~ → 동물+which+동사 ~

ⓑ this apple trees which we~ → 사물+which+주어+동사 ~

ⓒ the house of which the windows~ → 사물+of which+the 명사 ~

ⓓ the man which his father~ → 사람의 성품+which ~

<which+동사>

1. 1973년에 3관왕을 차지했던 그 말은 Secretariat으로 명명되었다.

➡

2. 오랫동안 방치해 두었던 그 낡은 건물은 화재로 파괴되었다.

➡

3. 우리들은 쉽게 실행될 수 있는 계획을 채택하였다.

➡

<which+주어+동사>

4. 내가 Virgin Islands에서 구입한 이 럼 술은 매우 부드럽다.

➡

5. 이것은 내가 그린 그림입니다.

➡

6. 그는 그의 재산 중에서 가장 소중하게 여겼던 부분을 나에게 주었다.

➡

<of+which+the+명사>

7. 산봉우리가 눈으로 덮여있는 산을 보십시오.

➡

8. 이것은 머리가 빨간 새이다.

➡

9. 그녀는 내가 그 이름을 모르는 노래를 불렀다.

➡

<사람의인격+which>

10. 그는 그러한 교육이 만들어냄직한 바로 그러한 타입의 사람이다.

➡

11. 그는 이전의 겁쟁이가 아니다.

➡

ⓐ <u>The coat</u> **that** I wanted to buy was too expensive.

내가 사려고 했던 그 코트는 너무 비쌌다

ⓑ There is <u>no student</u> **that** works as hard as he.

그 만큼 열심히 공부하는 학생은 없다

ⓒ All <u>that ends well</u> is well.

잘 끝나면 모든 것이 잘 된 것이다

→ All is well **that ends well**.

패턴설명

- 선행사가 "사람＋동물" "강조된 선행사" "the very · the only · the same＋선행사" "부정형용사＋선행사" "부정대명사" "최상급"인 경우에는 "that"을 쓴다.
- 여기서 말하는 부정형용사나 부정대명사는 "all, some, any, no" 등을 말한다.
- 한편, 선행사가 "부정대명사"인 경우에는 "that" 이하가 문미에 오는 경향이 있다.

패턴해설

ⓐ The coat that ~ → 선행사의 강조

ⓑ no student that ~ → 선행사 (부정형용사＋명사) ＋that

ⓒ All is well that ends ~ → "that" 이하가 문미에 붙는 경우

작문연습 (2-37)

1. 나는 차에 거의 치어 죽을 뻔한 한 소녀와 그녀의 개를 목격했다.
➡

2. 우리는 할인 가격으로 판다고 광고를 내고 있던 바로 그 스테레오를 샀다.
➡

3. George는 우리가 구입하려고 생각 중이던 바로 그 집을 살 예정으로 있다.
➡

4. 그는 내가 파티에서 알아 볼 수 있는 유일한 사람이었다.
➡

5. 그는 우리가 읽는 같은 책들을 읽는다.
➡

6. 그것이 내가 원하던 바로 그것이다.
➡

7. Newton은 이제까지 살았던 가장 위대한 사람 중에 한 사람이다.
➡

8. 그녀는 이제까지 살았던 가장 명배우다.
➡

9. 그녀는 나에게 내가 알고 있는 모든 것을 말했다.
➡

10. 번쩍인다고 모두가 금은 아니다.
➡

11. 천천히 할 수 있는 일을 조급하게 해서는 안된다.
➡

ⓐ He has <u>three sons</u> **who** became doctors.

그는 의사가 된 세 명의 아들이 있다

ⓑ He has <u>three sons</u>, **who** (=all of whom) became doctors.

그는 세 명의 아들을 두고 있는데, 그들 모두는 의사가 되었다

ⓒ The floods destroyed <u>several bridges</u>, **which** made it impossible to reach the village by road.

홍수 때문에 여러 개의 다리가 파괴되었는데, 이것은 도로를 통해 마을로 접근하는 것을 불가능하게 했다

패턴설명

- 접속사 앞에 "comma"가 붙는 패턴이다.
- 〈선행사의 수량〉을 분명히 하거나, 〈주절전체가 선행사〉가 되는 경우에 관계접속사 앞에 "comma"를 부친다.

패턴해설

ⓐ three sons who ~ → 아들이 몇 명인지 분명하지 않다

ⓑ three sons, who ~ → 아들이 세 명이다

ⓒ ~ bridges, which ~ → 선행하는 문장 전체가 선행사

작문연습 (2-38)

<수량의 관계>
1. 승객이 별로 없었는데, 그들 모두는 심한 부상을 입지 않고 피신했다.
➡

2. 나는 당신에게 두 권의 사전을 빌려줄 수 있는데, 그 두권 모두 다 좋습니다.
➡

3. 나는 계란 한 꾸러미를 샀는데, 그 중에서 절반이 상했었다.
➡

4. 그는 그의 토지를 팔았는데, 그의 토지는 모두 이익이 없었다.
➡

<주절전체가 선행사>
5. 이것은 우리로서는 어쩔 수 없는 일이라, 그래서 당신의 도움이 필요하다는 뜻이다.
➡

6. 내가 그에게 질문을 하자 그는 그것을 자세하게 대답했다.
➡

7. 그녀는 행복하게 보였으나, 그녀는 실제로 그렇지 않았다.
➡

8. 그녀는 그 사실을 안다고 말했으나, 그것은 거짓말이었다.
➡

9. 내가 이무말도 하지 안이 그녀를 더욱 화니게 했다.
➡

ⓐ <u>The hill</u>, **beyond which** I once lived, commands a fine view.

　내가 한 때 살았던 그 언덕에서는 멋있는 광경을 내려다 볼 수 있다

ⓑ This is <u>the town</u> **where** (= in which) he was born.

　이곳이 그가 태어난 마을이다

ⓒ This is <u>the time</u> **when** (= on which) I need your help most.

　지금이 자네 도움이 가장 필요한 때이다

ⓓ I know <u>the reason</u> **why** (= for which) he was so angry.

　나는 그가 그렇게 화가 난 이유를 안다

ⓔ We must ask him <u>the way</u> in **which** we can do it.

　우리는 그 사람에게 우리가 그것을 어떻게 할 수 있는지에 대해 물어 바야 한다

패턴설명

- "전치사+관계대명사"에서의 전치사는 관계대명사가 이끄는 문장 맨 끝에있는 전치사가 그대로 온 경우이다.
- 이 형태의 경우, 선행사는 "전치사의 목적어"가 된다.
- 이때에 선행사가 "장소, 시간, 방법, 이유"를 나타내면 "전치사+which"는 "관계부사" (where, when, why, how)로 바뀐다.

패턴해설

ⓐ the hill, beyond which I once lived, → I once lived beyond the hill

ⓑ the town in which → where

ⓒ the time on which → when

ⓓ the reason for which → why

ⓔ the way → in which (=how)

작문연습 (2-39)

1. 이 사람이 내가 얘기한 그 사람이다.
➡

2. 나는 내가 쓸 수 있는 무언가가 필요하다.
➡

3. 그는 우리에게 책 한권을 주었는데, 그 책에서 우리는 귀중한 정보를 얻었다.
➡

4. 미국인들이 대부분의 시간과 에너지와 돈을 소비하는 가장 큰 유일한 취미는 정원 가꾸기이다.
➡

5. 내가 사는 이 집은 세기의 전환점에서 세워진 집이다.
➡

6. 그것이 우리가 망설이는 이유이다.
➡

7. 5월은 우리가 가장 풍부한 다양성 있는 꽃을 볼 수 있는 달이다.
➡

8. 네가 그러한 어려움을 극복할 수 있는 데는 한가지 방법밖에는 없다.
➡

부사(동사수식)

설명

– 동사를 수식하는 부사위치는 아래와 같다.

– be 동사＋부사

– 자동사＋부사

– 타동사＋목적어＋부사

– 조동사＋부사＋본동사

– 부정부사, 빈도부사, 강조부사＋일반동사

– 목적어가 긴 경우에는 "타동사＋부사＋목적어" 순서로 위치로 온다.

예문

ⓐ He <u>is</u> **often** late for work.

ⓑ He <u>arrived</u> **early** this morning.

ⓒ She <u>plays</u> the piano **well**.

ⓓ I <u>have</u> **just** <u>finished</u> the work.

ⓔ His work **greatly** <u>influenced</u> other's works.
그 사람의 작품은 다른 사람의 작품에 큰 영향을 끼쳤다

ⓕ They **always** <u>visits</u> their parents on Sundays.

ⓖ He **never** <u>finished</u> his work on time.

ⓗ Jack <u>imagines</u> **strongly** <u>that his friends doesn't like his girlfriend.</u>
친구들이 자기의 여자친구를 좋아하지 않는다고 잭은 강경하게 믿었다

해설

ⓐ is often → be＋부사

ⓑ arrived early → 자동사＋부사

ⓒ plays the piano well → 타동사＋목적어＋부사

ⓓ have just finished → 조동사＋부사＋본동사

ⓔ greatly influenced → 강조부사＋일반동사

ⓕ always visits → 빈도부사＋일반동사

ⓖ never finished → 부정부사＋일반동사

ⓗ 타동사(imagines)＋부사(strongly)＋목적어(that ～).

[3] 종속접속사

- "주어＋동사" 문장이 주절 전체를 수식할 때 이를 부사절이라 하며, 부사절 앞에는 종속접속사가 붙는다.
- 이때, 주절과 부사절은 〈시간, 장소, 대립, 이유, 목적, 원인·결과, 조건, 양보〉 등의 관계를 갖는다.
- 즉, 이런 관계에 따라 여기에 어울리는 종속접속사가 붙는다.
- 한편, 종속접속사가 이끄는 문장에서 "주어가 문맥상 분명"하고 "동사가 be동사"인 경우에 〈주어＋be 동사〉는 생략된다.

ⓐ We was having dinner **when** he came.

그가 왔을 때 우리는 저녁식사를 하고 있는 중이었다

ⓑ **Whenever** I'm in trouble, I consult him.

곤경에 빠져 있을 때마다 나는 그와 의논한다

ⓒ **As it became darker**, it was getting colder.

어두워짐에 따라 날씨는 점점 더 추워졌다

ⓓ Don't phone me **while I'm at the office**.

내가 사무실에 있는 동안에 나한테 전화 걸지 마시오

ⓔ He will not start **by the time you come back**.

네가 돌아올 때까지 그는 떠나지 않을 것이다

ⓕ He did **not** get up **until it was 11 o'clock in the morning**.

그는 아침 11시가 되서야 비로소 일어났다

ⓖ How long has it been **since you moved here?**

네가 이리로 이사 온지 얼마나 됐지?

ⓗ I arrived there **after she left**.

→ I arrived there **after she had left**.

그녀가 떠난 후에 나는 거기에 도착했다

ⓘ He came **before** I did not wait long.

→ I had **not** waited long **before** he came.

내가 기다린 얼마 안돼서 그가 돌아왔다

ⓙ **As soon as I reached home**, it began to rain.

→ **The moment I reached home**, it began to rain.

→ **No sooner had I reached home than** it began to rain.

→ **Scarcely had I reached home when** it began to rain.

내가 집에 돌아오자마자 비가 오기 시작했다

 패턴설명

- 시간을 나타내는 종속접속사에는 〈when, whenever, as, while, by the time, not~ until~, since, after, before, as soon as〉 등이 있다.
- 이때, "after, before, as soon as" 등은 시간적인 차이를 나타내기 위해 〈완료시제〉를 즐겨 쓰는 경향이 있다.
- 〈the moment, scarcely ~when~, hardly~ before~〉 등은 "as soon as"를 대용할 수 있다.
- 〈each time, every time〉 등은 "whenever"를 대용할 수 있다.

 패턴해설

ⓐ when he came → 동시동작

ⓑ Whenever I'm in trouble → ~할 때마다

ⓒ As it became darker → 추이 · 경과

ⓓ while I'm at the office → ~하는 동안

ⓔ By the time ~ → ~할 쯤에

ⓕ not ~ until ~ → ~해서야 비로서 ~하다

ⓖ Since ~ → ~한 이후로

ⓗ after she had left → ~한 후에

ⓘ not ~ before he came → ~하기도 전에 ~하다

ⓙ As soon as I reached home, it began to rain → ~하자마자

1. 내가 마을에 도착했을 때는 날이 어두웠다. <when>
➡

2. 피아노를 볼 때마다 나는 어머니 생각이 난다. <whenever>
➡

3. 집배원이 문에 다 달을 때 개는 미친 듯 날뛰었다. <as>
➡

4. 회사로 운전하고 가고 있는 동안 새로운 기계에 대한 아이디어가 그에게 떠 올랐다.
<while>
➡

5. 우리가 공원에 도착 할쯤에 나는 비가 멈추었으면 한다. <by the time>
➡

6. 그렇게 하도록 허락을 받고 나서야 비로소 그는 그녀와 데이트를 나갔다. <not~ until~>
➡

7. 우리가 같이 영화를 본지 얼마나 됐지? <since>
➡

8. 조반을 먹고 나서 당신과 함께 가겠습니다. <after>
➡

9. 내가 작업을 끝내기도 전에 그들이 왔다. <not~ before~>
➡

10. 기차에서 내리자마자 나는 그 여자가 나를 향해서 손을 흔들고 있는 것을 보았다.
<No sooner~ than>
➡

ⓐ **Where** you are, I always will be with you.

네가 있는 곳에 나는 너와 늘 함께 있을 것이다

ⓑ **Wherever** you go, I will go too.

당신이 어디를 가든 나도 갈 것이다

 **패턴설명**

● "장소"를 나타내는 종속접속사에는 "where" 나 "wherever" 쓰인다.

 **패턴해설**

ⓐ Where → 장소
ⓑ wherever → 장소

작문연습 (2-41)

1. 뜻이 있는 곳에 길이 있다.

➡

2. 지금 있는 곳에 그냥 머물러라.

➡

3. 우리는 물이 충분한 곳에 야영을 했다.

➡

4. 그는 가는 곳마다 호감을 받았다.

➡

5. 그가 어디에 가 있든, 그를 찾아내지 않으면 안된다.

➡

ⓐ He works hard **so that** he <u>may</u> succeed.

　성공을 위해서 그는 열심히 일했다

ⓑ He works hard **lest** he **should** fail.

　그는 실패하지 않기 위해 열심히 일한다

ⓒ He works hard **for fear (that)** he **may** fail.

　실패하지 않으려고 그는 열심히 일한다

패턴설명

- "so that＋주어＋may (can) ~" "lest＋주어＋should ~" 등은 목적을 나타내는 종속 접속사로 쓰인다.
- "for fear (that) 주어＋may"는 관용어 표현이다.

패턴해설

ⓐ so that he may ~ → 목적

ⓑ lest he should ~ → 목적

ⓒ for fear (that) he may ~ → 관용어 표현

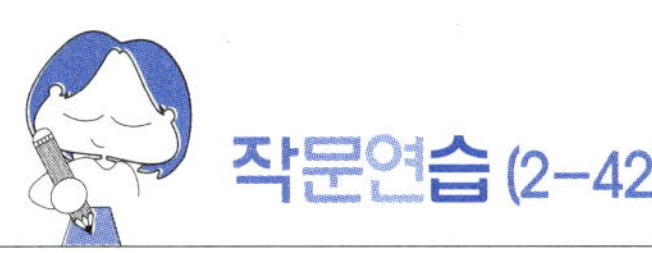

<So that S+may · can~>

1. 한번 달려 볼 수 있도록 그 개를 풀어 주어라.

➡

2. 나는 그녀가 들어갈 수 있도록 옆으로 비켜섰다.

➡

<lest+S+should~>

3. 감기에 걸리지 않도록 밤에 외출하지 마라.

➡

4. 찬 공기가 안으로 들어오지 않도록 창문을 닫아라.

➡

<for fear that+S+may~>

5. 비가 올까봐 나는 우산을 가지고 갔다.

➡

ⓐ We must not despise a man **because** he is poor.

가난하다고 해서 사람을 경멸해서는 안된다

ⓑ **Since** we cannot rely on him, we must make our own plan.

그를 신뢰할 수 없기 때문에 우리는 우리 자신의 계획을 세워 놓아야 한다

ⓒ I'll forgive you, **as** you feel sorry.

당신이 미안하다고 생각하기 때문에 나는 너를 용서한다

ⓓ **Now (that)** you are well again, you can travel.

당신이 다시 완쾌되었기 때문에 당신은 여행을 할 수 있다

ⓔ He wishes to resign **on the grounds that** his health is poor.

건강 악화로 그는 사직을 원하고 있다

 패턴설명

- 이유를 나타내는 종속접속사에는 "because, since, as" 등이 있다.
- 이때에, "since"나 "as"가 이유를 나타내는 경우에는 대개 "문장 앞에 위치"하거나 "comma (,)"와 함께 쓰인다.
- 한편, "now (that), on the ground that" 등도 이유를 나타낸다.

 패턴해설

ⓐ because → 이유
ⓑ Since → 이유
ⓒ as → 이유
ⓓ Now (that) → 이유
ⓔ on the grounds that → 이유

1. 그는 부지런히 일했기 때문에 성공했다. <because>
➡

2. 나는 피곤해서 일찍 잠자리에 들었다. <as>
➡

3. 나는 여러 시간 동안 아무것도 먹지 않았기 때문에 배가 몹시 고프다. <since>
➡

4. 당신이 이제 대학을 졸업하였으니 부모에게 의지해서는 안된다. <now that>
➡

5. 당신이 그것을 말하니 생각이 난다. <now that>
➡

6. 나는 당신이 이 문제에 관심이 있는 것 같아서 그렇게 말했습니다. <on the grounds that>
➡

ⓐ She is **so** honest **that** she is popular.

그녀는 정직하기 때문에 인기가 있다

ⓑ He was very tired, **so (that)** he went to bed at once.

그는 너무 피곤해서 그 결과 즉시 잠자리에 들었다

ⓒ He was very tired, **so** he went to bed early.

그는 너무 피곤해서 그 결과 일찍 잠자리에 들었다

ⓓ It was **such** a lovely day **that** I preferred to walk.

너무나 좋은 날씨여서 오히려 걷고 싶은 심정이다

ⓔ His honesty is **such that** he is trusted by everybody.

그는 정직해서 그 결과 사람들은 그를 신임했다

 패턴설명

- 〈~, so 주어＋동사~〉, 〈~so＋형용사＋that＋주어＋동사 ~〉, 〈~, so that 주어＋동사〉, 〈~such＋명사＋that 주어＋동사~〉, 〈~such that 주어＋동사~〉 등은 결과를 나타낸다.

 패턴해설

ⓐ so honest that he is ~ → 결과

ⓑ , so that → 결과

ⓒ , so ~ → 결과

ⓓ such a lovely day that ~ → 결과

ⓔ such that ~ → 결과

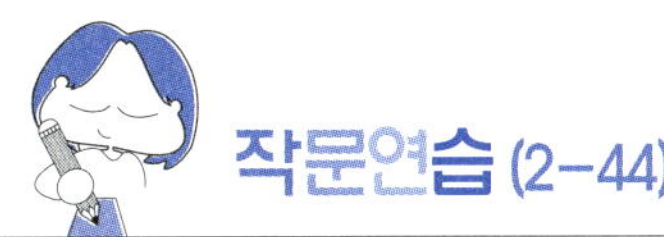

작문연습 (2-44)

<So ~that>
1. 그는 고향이 너무 그리워 애처로운 심정을 견디기가 어려웠다.
➡

2. 그 장소가 너무 시끄러워서 나는 청중들로 하여금 내 말을 알아듣게 할 수가 없었다.
➡

3. 지붕이 내려앉아서 그 오두막은 주거에 알맞지 않았다.
➡

4. 내가 그것을 볼 수 있도록 그것을 돌려주시오.
➡

<So>
5. 시간이 너무 늦어서 우리는 집으로 돌아갔다.
➡

6. 그녀가 나보고 가라고 해서 그래서 나는 갔다.
➡

<Such ~ that>
7. 나는 청중의 떠드는 소리가 어찌나 심했던지 연사의 말을 거의 들을 수 없었다.
➡

8. 그는 엄격한 교사였고 그래서 모든 학생들이 그를 두려워했다.
➡

9. 그의 노여움은 너무나 격렬하여서 이성을 잃고 말았다.
➡

> ⓐ **If** he told you that, he was lying.
>
> 그가 그것을 너에게 말했다면 그는 거짓말을 하고 있는 것이다
>
> ⓑ We will go **unless** it rains.
>
> 비가 오지 않는다면 우리는 갈 수 있을 것이다
>
> ⓒ Take your umbrella **in case (that)** it should rain.
>
> 비가 올 것에 대비해서 우산을 갖고 가라

패턴설명

- "if, unless (= if not)" 등은 조건을 나타낸다.
- "in case (that) s + v + ~"는 조건을 나타내는 관용어 표현이다.
- "provided, providing, supposed, supposing, granted, granting" 등은 "if"를 대용할 수 있다.

패턴해설

ⓐ If → 조건
ⓑ unless (= if not) → 조건
ⓒ in case (that) → 조건 (관용어 표현)

작문연습 (2-45)

<if>

1. 당신이 옳으면 내가 틀린다.

➡

2. 만일 그가 오면 우리는 어떻게 할까요?

➡

3. 당신이 그녀에게 친절히 대하면, 그녀는 당신을 위해서 무엇이든지 할 것이다.

➡

<unless>

4. 네가 열심히 하지 않으면 너는 실패할 것이다.

➡

5. 우리가 이기지 못하는 한, 모두 다른 것들은 쓸데없다.

➡

6. 당신이 그것을 다시 읽지 않으면 이해할 수 없을 것이다.

➡

<if의 대용>

7. 내 경비가 지불된다면 나는 갈 것이다.

➡

8. 이런 날씨가 계속되면 머지않아 꽃이 필 것이다.

➡

9. 내가 이 제의를 받아들였다면, 친구들이 나를 어떻게 생각 했을까?

➡

<in case that~>

10. 제가 잊어버리거든 제가 한 약속을 상기시켜 주십시오.

➡

11. 그가 없으면 나는 메모를 남겨 두겠다.

➡

ⓐ He is rich, **while** his sister is poor.

그는 부자이지만, 그의 누이는 가난하다

ⓑ Our parents want a house, **whereas** we would rather live in an apartment.

부모님은 단독 주택을 원하지만, 우리는 아파트에 살고 싶다

ⓒ **Though** he is young, he is very clever.

그는 젊지만 매우 똑똑하다

ⓓ **Even if** you don't like algebra, you must learn it.

비록 네가 대수를 싫어할지라도 너는 그것을 배워야만 한다

ⓔ **Whatever**(=no matter what) it may be, you must do it right away.

그것에 상관없이 너는 그것을 즉시 해야한다

ⓕ **However**(=no matter how) **fast** you may run, you will not be in time for the first train.

당신이 아무리 빨리 뛸지라도 너는 첫 기차에 도착하지 못할 것이다

ⓖ Rich **as** he is, he is not happy.

그가 부자일지라도 그는 행복하지 않다

ⓗ He will go through with it **if** it costs him his life.

목숨을 잃는 한이 있을지라도 그는 그것을 할 것이다

ⓘ There is little, **if any**, hope.

가령 있다 하더라도 희망은 없다

 **패턴설명**

- "같은 내용간의 대립"을 나타내는 종속접속사에는 "while"이나 "whereas"가 쓰인다.
- "다른 내용간의 대립(=양보)"을 나타내는 접속사에는 "although, though, even if, even though, whatever, however+형용사·부사, 명사 또는 형용사+as+주어+동사~, if, if any" 등이 쓰인다.
- 이때 "even if" 뒤에는 "가정의 내용"이 오는데 주의한다.

패턴해설

ⓐ while → 대립 (같은 내용)

ⓑ whereas → 대립 (같은 내용)

ⓒ Though → 양보 (다른 내용)

ⓓ Even if → even if+가정의 내용

ⓔ Whatever(=no matter what) → 양보

ⓕ However(=no matter how) fast → 양보 (however+부사)

ⓖ Rich as he is → 양보 (형용사+as+주어+be~)

ⓗ if → 양보

ⓘ if any → 양보

1. 나는 그의 성격은 좋아하지만, 그의 능력은 의문이다. <while>
➡

2. 그녀는 호리호리 했는데, 그는 뚱뚱했다. <whereas>
➡

3. 당신이 설사 그것을 그에게 주더라도 그는 받지 않을 것이다. <even if>
➡

4. 그녀가 무어라 말하든지 간에 사람들은 당장이라도 덤벼들려 할 것이다. <whatever>
➡

5. 사람이 아무리 나이를 먹어도, 평화는 없다. <however+형용사>
➡

6. 아무리 초라할지라도 내 집만 한 곳은 없다. <however+형용사>
➡

7. 그는 위대한 학자이기는 하지만 상식이 부족하다. <명사+as 주어+be>
➡

부사(대·명사 수식)

설명

– 부사는 (대)명사를 수식할 수 없다. 다만, "중점부사"는 (대)명사에 대해 중점을 나타낼 수 있다. 중점부사가 (대)명사에 대해 중점을 나타낼 수 있는 형태는 다음과 같은 세 가지 모양이 있다.

– "중점부사＋(대)명사"

– "(대)명사＋중점부사"

– "중점부사＋관사＋(대)명사"

예문

ⓐ **Even** he could not jump.

그 사람조차도 뛸 수는 없었다

ⓑ He **alone** went there.

그는 홀로 거기에 갔다

ⓒ The woman **there** is my younger sister.

거기에 있는 여자는 나의 여동생이다

ⓓ I heard **only** the news yesterday.

나는 어제 그 소식만 들었다

ⓔ He's not **quite** a gentleman.

그는 정말 신사라고 할 수 없다

해설

ⓐ Even he → 중점부사＋(대)명사

ⓑ He alone → (대)명사＋중점부사

ⓒ woman there → (대)명사＋중점부사

ⓓ only the news → 중점부사＋관사＋명사

ⓔ quite a gentleman → 중점부사＋관사＋명사

ⓐ He delights us **as** no one else ever does.

그는 다른 누구도 할 수 없을 만큼 우리를 기쁘게 해준다

ⓑ You shall want for nothing **as long as** I live.

내가 살아 있는 한 너를 아쉬운 것이 없도록 해주겠다

ⓒ **As far as** I know, she is a kind girl.

내가 아는 한 그녀는 친절한 사람이다

ⓓ **Whether** you like it (or not), you must do it.

당신이 그것을 좋아하든 그렇지 않든 당신은 그것을 해야만 한다

ⓔ **To be or not to be**, that is a question.

죽느냐 사느냐 그것이 문제로다

패턴설명

- "as, as long as, as far as, whether (if) ~(or not), A or B" 등은 〈정도〉를 나타내는 종속접속사로 쓰인다.
- "A or B"에서 "A와 B"에는 "명사, 동명사, 부정사"가 들어 갈 수 있다.

패턴해설

ⓐ as → "~만큼, ~바와 같이, ~처럼"의 의미

ⓑ as long as → "~한" (시간의 정도)

ⓒ As far as → "~한" (공간의 정도)

ⓓ Whether~ (or not) → "~인지 아닌지"

ⓔ To be or not to be → "~이든 아니든"

작문연습 (2-47)

<as>

1. 서울은 나의 할아버지가 알아왔던 것 같은 그런 도시가 아니다.

➡

2. 나는 네가 원하는 대로 할 것이다.

➡

3. 있는 그대로 날 그려라.

➡

<as long as / as far as>

4. 나는 있고 싶은 동안만 이곳에 머물 것이다.

➡

5. 나는 내가 할 수 있는 한 너를 도울 것이다.

➡

<whether>

6. 그가 오든 안 오든 결과는 같을 것이다.

➡

<~이나~>

7. 날씨가 좋으나 궂으나 그는 하루도 빼놓지 않고 여름내 낚시질을 갔다.

➡

8. 걸어갈 때든 잠잘 때이든 당신은 내 마음속에 있다.

➡

부사(구 · 절 · 문장 수식)

– "구, 절, 문장"을 수식하는 부사는 그 앞에 위치한다.

– 한편, 문장을 수식하는 부사를 "문두부사"라 부르기도 한다. "certainly, evidently, fortunately, unfortunately, surprisingly, wisely" 등이 자주 문두부사로 쓰인다.

예문

ⓐ They started **soon** after sunrise.

그들은 날이 밝자 곧 출발했다

ⓑ The dinner was over **long** before he came.

식사는 그가 오기 훨씬 전에 끝났다

ⓒ **Unfortunately**, his offer was rejected.

불행히도 그의 제의는 거절되었다

해설

ⓐ soon after sunrise → 부사+구

ⓑ long before he came → 부사+절

ⓒ Unfortunately, his offer was rejected → 부사+문장 (문두부사)

[4] 등위접속사

- 등위접속사는 두개의 〈대등관계〉에 있는 "주어＋동사" 문장을 연결한다.
- "대등관계"란 〈문법구조가 같고〉, 〈상호내용이 연관된 병렬구조〉를 말한다.

ⓐ Fashion comes, **and** fashion goes.

유행은 오고, 그리고 유행은 간다

ⓑ Tom likes English, **but** Mary likes French.

탐은 영어를 좋아한다. 그러나 메리는 불어를 좋아한다

ⓒ He tried hard, **yet** he could not succeed.

그는 열심히 해보았지만 잘 되어가지 않았다

ⓓ Is he an Englishman **or** an American?

그 사람은 영국인입니까 아니면 미국인입니까?

ⓔ The tale is too long, **nor** <u>have</u> I <u>heard</u> it out.

이야기가 너무 길어서 끝까지 다 들은 적이 없다

ⓕ A red light means stop; a green light, go.

빨간 불은 정지를 의미하며, 파란 불은 진행을 의미한다

ⓖ He has only one goal: (he wishes) to marry with a rich woman.

그는 단지 한 가지 목표가 있는 데 즉, 돈 많은 여자와 결혼하는 것이다

ⓗ It will rain, **for** the barometer is falling.

비가 올 것 같다. 왜냐하면 기압계가 떨어지고 있기 때문이다

패턴해설

ⓐ and → 동시동작이나 연결동작　　ⓔ nor → "and not"의 의미

ⓑ but → 대립 (다른 내용)　　ⓕ ; (semicolon) → "and, but, or"의 의미로 "중복을 피하거나 강조"

ⓒ yet → 대립 (같은 내용)　　ⓖ : (colon) → 선행하는 문장에 대한 재설명을 할 때 쓰인다

ⓓ or → 선택　　ⓗ , for → "because"의 의미

패턴설명

● 등위접속사에는 "and, but, yet, or, nor, semicolon (;), colon (:), for" 등이 있다.

 **작문연습 (2-48)**

<and>

1. 그는 앉아서 그림을 쳐다보았다.
➡

2. 그가 이야기를 하자 실내는 조용해 졌다.
➡

3. 그 프로그램은 교회들이 후원하고 자선기관들이 기금을 주었다.
➡

<but>

4. 독서는 허용이 되나 잡담은 금지한다.
➡

5. 그녀는 나에게 읽는 방법은 가르쳐 주었으나 쓰는 방법은 가르쳐 주지 않았다.
➡

6. 나는 휴가를 해안 가에서 지내기를 선호하지만 이번 여름에는 산으로 갈 생각이다.
➡

7. 그녀는 행복하게 보이지만 고민이 있다.
➡

8. 그 이야기는 이상하지만 사실이다.
➡

9. 일은 잘 되었지만 더 잘 될 여지가 있다.
➡

10. 그들은 자유롭다, 아니 적어도 자유롭게 보인다.
➡

11. 나는 그들이 어디로 가고 있는지 그들이 무엇을 찾고 있는지도 이해를 하지 못했다.
➡

12. 밤이나 낮이나, 집에 있거나 나가 있거나, 아버지에게 그는 언제나 골치거리 였다.
➡

13. 나는 그것을 알지도 못하고 관심도 없다.
➡

14. 나는 사지 않았다고 말했고, 또 실제로 사지 않았다.
➡

15. 재채기는 저절로 나오지도 않지만 재채기를 멈추게 하는 것도 쉽지 않다.
➡

16. 그녀는 사랑스런 아이이므로 누구나 그 아이를 좋아한다.
➡

17. 주제를 고수하고, 관련 없는 정보를 제시하지 마시오.
➡

18. 나는 한가지 즐거움을 위해 하는 일이 있다. 즉, 술 마시는 것이다.
➡

19. 풍자가들에게는 한 가지 공통점이 있다. 즉, 모든 인간의 겉치레에 대한 인간의 어리
    석은 행동을 꼬집어 내는 것이다.
➡

20. 아침이다, 왜냐하면 새들이 지저귀고 있기 때문이다.
➡

21. 물론 찬성했지, 왜냐하면 누가 그런 훌륭한 제안을 거절하겠는가?
➡

Style Pattern

개요

- Style 패턴은 의미전달의 다양화를 꾀하기 위해서 "Main Message Pattern"과 "연결어 Pattern"을 변형한 기교적인 문장이다.
- Style 패턴에는 〈Series〉, 〈Pair〉, 〈반복문〉, 〈수식어문〉, 〈강조문〉, 〈비교급 및 최상급〉, 〈가정법〉, 〈긍정 및 부정동의〉, 〈의문문〉 등이 있다.

1. Series Pattern

- 3개 이상의 어구가 "상호 내용이 연관될 때 쓰는 문장"이다. 이때의 어구들은 "문법구조를 같게 하여 배치"한다.
- "series"의 모양에는 "A, B, 등위접속사 C" "A 등위접속사 B 등위접속사 C" "A, B, C"의 형태가 있다.
- 각 A·B·C 에는 "단어, 구, 절, 문장"이 들어갈 수 있다.

ⓐ With **wisdom**, **patience**, **virtue**, queen Victoria directed the course for nineteenth-century England.

지혜와 인내와 덕으로 빅토리아 여왕은 19세기의 영국을 이끌었다

ⓑ His career has been an active one: **writing poems, editing magazines**, and **serving in the Greek Wa**r.

그의 경력은 활동적이었다: 시를 썼고, 잡지를 편집하고, 그리고 그리스 전쟁에 참여한 것이다

ⓒ In Biology 3130 Stella learned **that** a hummingbird does not really hum, **that** a screech owl whistles, and **that** storks prefer to wade in water rather than fly around carrying tiny babies.

3130 코스 생물 과목을 통해서, 벌새는 실제로 윙윙거리는 소리를 내지 않으며, 올빼미는 삑삑 울고, 황새들은 새끼를 안고 날아 다니기보다는 물 속을 걸어다니기를 선호한다는 것을 스텔라는 배웠다

ⓓ **Crabs eat coconut**, **fish eat living coral**, and **rats live in the top of tall trees**.

게는 코코넛을 먹고, 물고기는 살아있는 산호초를 먹으며, 그리고 쥐는 키가 큰 나무 꼭대기에서 산다

패턴설명

● 〈단어〉·〈구〉·〈접속사 s＋v＋~〉·〈문장〉 series 패턴들이다.

패턴해설

ⓐ "단어" series

ⓑ "구" series

ⓒ "절" series

ⓓ "문장" series

 **작문연습 (3-1)**

1. 생존의 3가지 필수 조건은 의, 식, 주이다.
➡

2. 환자의 증상은 고열, 현기증, 그리고 두통이었다.
➡

3. 언덕위에는 침울과 공포와 죽음으로 휩싸인 성이 있었다.
➡

4. Tino는 식욕이 왕성하다. 오늘 아침에 식사로 베이콘과 에그, 빵 세조각, 커피 한잔과 사과 하나를 먹었다.
➡

5. 나는 Larry가 화나고, 시무룩하고, 실망에 차 있는 모습을 지금까지 본 직이 없다.
➡

6. 그녀는 젊고, 열성적이며, 그리고 재능이 있다.
➡

7. 좋고, 합당하고, 그리고 존경할 만한 모든 것이 일부 무정부 주의자들에게는 혐오스러 웠다.
➡

8. 김교수는 연구하고, 가르치고, 그리고 쓰는 것을 즐긴다.
➡

9. 수영하기, 파도타기, 배타기-이것들은 Sally가 하계캠프에서 좋아하는 스포츠 들이다.

➡

10. 슬프고 그리고 매우 느린 걸음으로, 그녀는 문 쪽으로 다가가서 잠깐 섰다가, 한 숨을 쉬고, 그리곤 나가 버렸다.

➡

11. 그는 하품을 하고, 자기의 책을 덮고, 그리고 머리를 테이블 위에 묻었다.

➡

12. 우리가 우리의 목적지에 다다랐을 때, 운전기사는 차를 세웠고, 그의 손가락은 호텔을 가리켰고, 그리고 우리보고 내리라는 시늉을 했다.

➡

13. 그녀는 자기를 보지 못했을 거라고 희망하면서, 그녀는 급하게 들어가서, 지갑을 들고, 그리고 급하게 나왔다.

➡

14. 병사는 험상궂게 그를 쳐다보았고, 눈짓을 동료들과 나누고, 그리고 총을 책상에서 꺼냈다.

➡

15. 이 정부는 국민을 위한, 국민에 의한, 국민의 정부이다.

➡

16. 만약 당신이 양말은 침대 밑에다 벗어 놓는다고 약속을 하고, 만약 당신이 저녁마다 설거지를 도와주고 그리고 아침마다 쓰레기를 버려준다고 승낙하고, 만약 당신이 나를 "사랑하고 존경하고 복종한다"면, 그러면 나는 당신과 결혼할 수도 있다.

➡

2. Pair Pattern

- 두개의 어구를 한 짝으로 묶어서 표현하는 문장을 "pair"라고 한다.
- 이러한 pair 문장을 만드는 pattern에는 "상관접속사, not, 비교급, 같은 단어, 관용적" pattern 등이 있다.
- 한편, pair 문장도 병렬구조 문장이다.

> ⓐ He can speak **not only** <u>English</u> **but also** <u>French</u>.
>
>   그는 영어뿐만 아니라 불어도 할 줄 안다
>
> ⓑ <u>John</u> **as well as** <u>you</u> was surprised to hear the news.
>
>   너뿐만 아니라 존도 그 소식을 듣고 놀랐다
>
> ⓒ He is **both** <u>strong</u> **and** <u>healthy</u>.
>
>   그는 힘도 세고 건강하기도 하다
>
> ⓓ **Neither** <u>my father</u> **nor** <u>my mother</u> were there.
>
>   나의 아버지도 나의 어머니도 거기에 없었다
>
> ⓔ **Either** <u>he is wrong</u> **or** <u>I am</u>.
>
>   그거나 나거나 어느 한쪽이 틀린 것이다
>
> ⓕ **Some** of them are kind to us, and **others** (are) indifferent.
>
>   그들 중 일부는 우리에게 친절하고, 다른 사람들은 무관심하다

 패턴설명

- "not only (a) but also (b), (a) as well as (b), both (a) and (b), neither (a) nor (b), either (a) or (b), some ~ others" 등이 상관접속사 "pair" 로 쓰인다.

 패턴해설

ⓐ not only (a) but also (b) → (a) 뿐만 아니라 (b) 또한

ⓑ (a) as well as (b) → (b) 뿐만 아니라 (a) 도

ⓒ both (a) and (b) → (a) · (b) 모두 다

ⓓ Neither (a) nor (b) → (a) · (b) 모두 다 아니다

ⓔ Either (a) or (b) → (a) 혹은 (b) 중에 하나

ⓕ Some ~others → 일부는 ~, 다른 일부는 ~

작문연습 (3-2)

1. 그녀는 용모가 아름다울뿐만 아니라 총명하기도 한다. <not only A, but also B>
➡

2. 너의 학기 점수는 네가 얼마나 각 시험을 잘 치느냐 뿐만 아니라, 네가 얼마나 수업에 잘 참여하느냐에 근거한다. <not only A, but also B>
➡

3. 그녀는 재치가 있을 뿐만 아니라 친절하다. <A as well as B>
➡

4. 공기 전염은 열과 두통을 일으키는 원인이 되기 때문에, 그의 체온을 재보는 것이 좋은 생각 같다. <both A and B>
➡

5. 나는 예약을 위해서는 호텔에 전화를 하거나 서신으로 하라는 말을 들었다. <either A or B>
➡

6. 네가 거짓말을 하고 있거나, 그렇지 않으면 내가 꿈을 꾸고 있거나 둘 중의 하나다. <either A or B>
➡

7. 그녀는 방에도 그리고 뜰에도 없었다. <neither A nor B>
➡

8. 낚시하러 간 사람도 있고, 사냥하러 간 사람도 있다. <some, others>
➡

ⓐ The important thing is **not** <u>the title</u>, **but** the <u>treatise itself</u>.

중요한 것은 제목이 아니라 논문 그 자체이다

ⓑ He came to them <u>as pupil</u>, **not** <u>as master</u>.

그는 교사로서가 아니라 생도로써 그들 앞에 나타난 것이다

패턴설명

- "not"을 중심으로 한 pair 로 "not (a), but (b)" 와 "(a), not (b)"의 형태가 있다.

패턴해설

ⓐ not (a) but (b) → (a)가 아니라 (b)이다

ⓑ (a), not (b) → (a)이지 (b)가 아니다

작문연습 (3-3)

<not ⓐ, but ⓑ>

1. 그들이 관심을 갖는 것은 너의 인격이 아니라 너의 배경이다.

➡

2. 그녀는 부자는 아니지만 행복하다.

➡

3. 나는 전쟁이 경제를 고갈시키기 때문에 전쟁을 반대하는 것이 아니라, 전쟁이 비인간적이기 때문에 반대한다.

➡

<ⓐ, not ⓑ>

4. 나는 시이저를 묻으러 온 것이지, 그를 칭찬하러 오지 않았다.

➡

5. 그 정치인에게 문제가 됐던 것은 국가의 복지였지, 그의 복지가 아니었다고 알려지고 있다.

➡

6. 의도는 당신이 마치 세계를 지배한 듯이 보이게 하는 것이지, 당신이 옷을 마치 당신의 어깨에 걸치고 다니고 있는 것처럼 보이게 하려고 하는 것은 아니다.

➡

> ⓐ **The more** a man has, **the more** he wants.
>
>   인간은 가지면 가질수록 더 갖고 싶어한다
>
> ⓑ **The more** haste, **the less** speed.
>
>   급할수록 돌아가라
>
> ⓒ **The more** medicine I take, **the worse** I feel.
>
>   약을 먹으면 먹을수록, 기분이 더 좋지 않았다

 패턴설명

- "the＋비교급 (a), the＋비교급 (b)"의 형태로써 비교급 pair 패턴을 나타낸다.
- 이때 (a) 와 (b) 자리에는 "단어, 구, 주어＋동사 ~"등이 들어갈 수 있다.
- 해석은 "(a) 하면 할수록 더욱더 (b) 하다"로 한다.
- 한편, 비교급의 모양으로는 "정도"에는 〈more, less, harder, worse, better〉 등이 쓰이고, "시간"에는 〈sooner, longer〉 등이 쓰이고, "수"에는 〈fewer〉 등이 쓰인다.

 패턴해설

ⓐ The more 주어＋동사, the more 주어＋동사

ⓑ The more 단어, the less 단어

ⓒ The more 목적어＋주어＋동사, the worse 주어＋동사

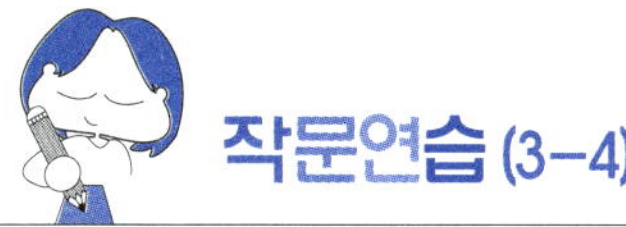

작문연습 (3-4)

1. 빠르면 빠를수록 좋다.
➡

2. 씨를 적게 뿌리면 뿌릴수록 수확도 적다.
➡

3. 열심히 공부하면 할수록 그 만큼 더 배운다.
➡

4. 잠은 잘수록 잠은 더 자고 싶어진다.
➡

5. 우리가 안경을 오래 끼면 낄수록 안경에 좌우한다.
➡

6. 우리가 실수를 해명하려고 들면 들수록, 얘기는 더 나쁘게 들린다.
➡

> ⓐ **Part** of him wants to run, (and) **part** of him doesn't
>
> 그의 마음속에 일부는 도망가고 싶었고, 일부는 그렇지 않았다
>
> ⓑ **Few** know my sorrow, (and) **fewer** know my name.
>
> 나의 비애를 아는 사람들은 거의 없었고, 나의 이름을 아는 사람들은 더욱 없었다

패턴설명

- "같은 단어 (a), 같은 단어 (b)"의 형태이다.
- 이때 comma(,) 대신에 ", and"로 대치할 수 있다.

패턴해설

ⓐ Part of him → 같은 단어 pair
ⓑ few, fewer → 같은 단어 pair

작문연습 (3-5)

1. 그는 일부는 호의 때문에 그리고 일부는 동정심으로 그렇게 말했다.
➡

2. 그 배의 일부는 물 속에 그리고 일부는 진흙 속에 묻혀 있었다.
➡

3. 그는 반은 악마이고, 반은 인간이다.
➡

4. 그는 잔인한 야수 같은 사람이다, 가족에게도 난폭했고 그리고 더욱이 친구에게도 조차 난폭했다.
➡

ⓐ Just **as** wisdom cannot be purchased, **so** virtue cannot be legislated.

　　지혜를 살 수 없는 바와 같이, 덕 또한 입법화 할 수 없다

ⓑ Reading is to the mind **what** eating is to the body.

　　독서가 마음과 가지는 관계는 먹는 것이 신체와 가지는 관계와 같다

ⓒ **What with (by)** wind, and **(what with · by)** rain, our walk was spoiled.

　　한편으론 바람으로 인해, 또 한편으론 비로 인해, 우리의 산책은 엉망이 되었다

 **패턴설명**

- 관용적 pair에는 "As 주어＋동사 (a), so 주어＋동사 (b)" "(a) is to (b) what (또는 as) (c) is to (d)" "what with (by) (a), what with (by) (b)"의 형태가 있다.

 **패턴해설**

ⓐ (a) 한 바와 같이 (b) 하다

ⓑ (a)와 (b)가 가지는 관계는 (c)와 (d)가 가지는 관계와 같다

ⓒ 한편으론 (a) 해서, 또 한편으론 (b) 해서

 **작문연습 (3-6)**

---

1. 당신이 나를 대한 바와 같이 나 또한 너를 대하겠다.

➡ ____

2. 독서가 마음과 가지는 관계는 운동과 신체와 가지는 관계와 같다.

➡ ____

3. 한편으론 술수로, 또 한편으론 힘으로 그는 자기의 욕망을 성취했다.

➡ ____

개념이 확실한 부정대명사

설명

- 부정대명사에서는 "단수취급·복수취급"이 중요한 동시에, 부정대명사는 "몇 표현"과 "pair"를 만들어 낸다.
- 이를 쉽게 이해하기 위해서 부정대명사를 "개념이 확실한 부정대명사"와 "개념이 불확실한 부정대명사" "특정한 부정대명사"로 나눈다.
- "one, each, either, neither, both"가 개념이 확실한 부정대명사이다.
- 이때, 단수개념은 단수취급 하고, 복수개념은 복수취급 한다.
- "몇 표현"을 만든다. 이때 중요한 것은 "of" 뒤에 오는 명사나 대명사는 복수가 온다. 둘째, 명사는 "the"를 비롯한 한정사와 꼭 함께 쓰인다.

예문

ⓐ **Each** is going his way.

각자가 제 갈 길을 갈 예정이다

ⓑ **Both** are good.

양쪽이 다 좋다

ⓒ **Neither of the students** is excellent.

둘 다 훌륭하지 못하다

ⓓ **Both of them** have their own desk.

양쪽 다 자기들의 책상을 갖고있다

해설

ⓐ Each → "one, each, either, neither"는 단수취급

ⓑ Both → "both"는 복수취급

ⓒ Neither of the students → 몇 표현. 중요한 것은 "개념이 확실한 부정대명사"의 몇 표현에서 "of" 뒤에는 "복수명사 또는 복수 대명사"가 오며, 명사가 쓰인 경우에는 그 앞에 한정사가 붙는다"는 것이다. 한편, "neither"가 단수이므로 단수취급.

ⓓ Both of them → "both"는 복수이므로 복수취급.

3. 반복문 Pattern

- 반복문은 "main message" 안에 있는 〈명사를 돋보이게 할 때 쓰는 문장〉
  이다.
- 반복문과 유사한 동격문장이 있는데, 〈동격문장〉은 반복문과는 차이가 있다.

ⓐ Now there is an even more <u>miserable machine</u> tyrannizing man's daily life-**the computer**.

요즘 사람의 일상생활을 학대하는 훨씬 더 고약한 기계가 있는데, 그것은 다름 아닌 컴퓨터이다

ⓑ Most contemporary philosophies echo idea from <u>one man</u>: **Plato**, a student of Socrates.

대부분의 현대 철학들은 한 사람으로부터 온 이데아를 흉내내고 있는데, 그 한 사람은 다름 아닌 소크라테스의 제자 플라톤이다

ⓒ He praises the beauty of <u>his love</u>, **a love** unfortunately hopeless because it is not mutual.

그는 자기 사랑의 미를 찬양하고 있는데, 그 사랑이란 짝사랑이기 때문에 절망적이다

ⓓ Bush also called for <u>two vice presidential debates</u>, **one** with a panel and **the other** with a moderator.

부시 대통령은 두 가지의 부통령 토론을 요구했는데, 하나는 위원단이 있는 토론 형태이며 다른 하나는 조정자가 있는 토론 형태였다

 패턴설명

- 주절 문장 다음에 "comma, dash, colon" 등을 하고, 그 뒤에 〈명사〉를 놓는다.
- 이때의 명사는 〈선행하는 문장의 명사를 반복〉한 경우이다.
- 반복된 명사 뒤에는 이 명사를 수식하는 〈구·절〉 등이 올 수가 있다.

 패턴해설

ⓐ miserable machine → the computer

ⓑ one man → Plato

ⓒ his love → a love

ⓓ debates → "pair" 형태로 명사를 반복한 경우

 **작문연습 (3-7)**

1. 박쥐들은 음파 탐지(echolocation)의 수단에 의해서 그들의 위치를 파악하는데, 그 체계는 시력에 좌우되지 않는 체계이다.

   ➡

2. 새 직장에 적응하기 위해서는 한 가지 자질이 요구된다. 즉, 몸소 웃는 능력이다.

   ➡

3. 그들은 Zenobia 라고 불리는 여인으로부터 환영을 받았는데, 그 여인은 부와 명성을 가진 아름다운 여인이다.

   ➡

4. 빈민굴(skid-row) 사람들은 한가지 공통점이 있다 다름 아닌 좌절감 이다.

   ➡

5. 예를 들어, 나는 무엇인가에 대해서 매우 돈다, 대개는 시시한 일이다.

   ➡

6. 일반적으로, 두 종류의 돈이 만들어진다. 금속 코인과 종이 돈이다.

   ➡

ⓐ <u>William P. Fessenden</u>, **a United States senator**, helped found the Republican party in the 1850's.

미 상원의원인 윌리엄 페센덴은 1850년대에 공화당 창설을 도왔다

ⓑ <u>Poets</u> **such as** <u>Milton</u> are rare.

밀턴과 같은 시인은 드물다

ⓒ **Such** <u>poets</u> **as** <u>Milton</u> are rare.

밀턴과 같은 시인은 드물다

ⓓ Oscar had only <u>one ambition</u> - **to marry a rich widow**.

오스카는 단 한가지 야망이 있었다 – 돈 많은 과부와 결혼하는 것이다

ⓔ I have <u>no intention</u> of **ignoring your rights**.

나는 당신의 권리를 무시할 의사가 없다

ⓕ She wanted to conceal <u>the fact</u> **that she used to be a sales girl**.

그녀는 자기가 전에 점원이었다는 사실을 숨기고 싶었다

패턴설명

- 반복문은 선행하는 명사와 동격을 나타내는 〈동격문장〉과는 다르다.
- 동격문장은 〈명사, 명사〉, 〈such + 명사 + as + 명사〉나 〈명사 + such as + 명사〉, 〈명사 + to do~〉, 〈명사 + of + ~ing〉, 〈명사 + 접속사 + S + V~〉의 형태로 온다.

패턴해설

ⓐ William P. Fessenden → "a United States Senator"와 동격

ⓑ Poets such as Milton → 명사 + such as + 명사

ⓒ Such poets as Milton → such + 명사 + as + 명사

ⓓ one ambition → "to marry a rich widow"와 동격

ⓔ no intention → "of ignoring your rights"와 동격

ⓕ the fact → "that she used to be ~"와 동격

작문연습 (3-8)

1. 세계에서 가장 높은 봉우리인 Everest 산은 Himalayas에 있다.
➡

2. 뉴톤과 같은 과학자는 드물다. <such+명사+as+명사>
➡

3. 어떤 기계도 석탄과 석유와 같은 연료 없이는 작동할 수가 없다. <명사+such as+명사>
➡

4. 그는 인생에서 단지 한가지 목표밖에는 없다. 즉, 돈을 버는 것이다.
➡

5. 그 아이들을 보살필 사람이 아무도 없다는 것은 슬픈 일이다.
➡

6. 나는 당신의 생일파티에 참석하지 못할 가능성이 있다.
➡

개념이 불확실한 부정대명사

- "some, any, all, most, none"이 개념이 불확실한 부정대명사이다.
- 개념이 불확실한 부정대명사는 경우에 따라서는 단수취급, 경우에 따라서는 복수 취급된다. 대개 사람의 경우에는 복수, 사물의 경우에는 단수취급 된다.
- "몇 표현"을 만든다. 이때 중요한 것은 "of" 뒤에 오는 명사나 대명사는 "단수·복수"가 다 온다. 둘째, 명사는 "the"를 비롯한 한정사와 꼭 함께 쓰인다.

예문

ⓐ **All** <u>is</u> not gold that glitters.

번쩍인다고 해서 모두가 금은 아니다

ⓑ **All** <u>are</u> agreed.

일동은 찬성했다

ⓒ **Any of the water** <u>is</u> not clean.

어떤 물도 깨끗하지 못하다

ⓓ **Some of the people** <u>are</u> still here.

일부 사람들은 여전히 남아 있다

ⓔ **Most of them** <u>are</u> absent.

그들 대부분이 결석했다

ⓕ He spent **almost all** of his money for gambling.

그는 노름으로 대부분의 그의 돈을 낭비했다

ⓖ **None of the students** is of use to me.

그들 중 아무도 내게 도움이 되는 학생은 없다

해설

ⓐ All (사물) → 단수취급

ⓑ All (사람) → 복수취급

ⓒ Any of the water → "~ of 단수명사" + 동사 (단수취급)

ⓓ Some of the people → "~ of 복수명사" + 동사 (복수취급)

ⓔ Most of them → "~ of" 뒤에는 대명사 (단수·복수)도 올 수 있다

ⓕ almost all → "most"의 의미

ⓖ None of the students → "none"의 경우에는 모두 단수취급 한다

4. 수식어문 Pattern

- 수식어문은 "main message 안에 있는 어떤 명사"나 "main message전체"를 돋보이게 할 때 쓰는 문장이다.
- 수식어구는 "main message"에 있는 수식어구를 문두에 놓음으로써 만들어진다.
- 수식어구로는 "부사 · 부사구(＝전치사구)" "형용사 · 형용사구" "부정사구" "동명사구" "분사구"가 있다.

> ⓐ The young mother called for help frantically.
>
> 미친 듯이 그 젊은 엄마는 도움을 요청했다
>
> → **Frantically**, the young mother called for help.
>
> ⓑ **Fortunately**, there are two gallons of ice cream in the freezer.
>
> 다행히도, 냉장고 안에는 2 갤론의 아이스크림이 있었다.

 패턴설명

● 부사 수식어문에서의 부사는 "주절 전체"를 수식한다.

 패턴해설

ⓐ Frantically → 주절 전체 수식
ⓑ Fortunately → 주절 전체를 수식

 **작문연습 (3-9)**

1. 멍하니, 그는 가까운 교회 뽀족탑에서 그들 중 하나를 응시했다.
➡

2. 아래쪽에, 자동차의 왕래는 개미들의 한 줄처럼 보였다.
➡

3. 명백하게, 그는 실수를 범했다.
➡

4. 불행하게도, 그 메시지는 때 맞춰 도착하지 못했다.
➡

ⓐ The honor guard entered the palace ground with <u>slow and stately cadence</u>.

무게 있고 위엄 있는 행진으로 근위병들은 궁을 들어갔다

→ **With slow and stately cadence**, the honor guard entered the palace ground.

ⓑ **Very early in our history**, New England was covered with a white pine forest.

우리 역사 아주 초기에 New England는 백소나무 숲으로 덮였었다

 패턴설명

- 전치사구는 "주절 전체" 또는 "주절의 명사"를 수식한다.

 패턴해설

ⓐ With slow and stately cadence → 주절 전체를 수식
ⓑ Very early in our history → 주절 전체를 수식

작문연습 (3-10)

1. 두 개의 사과 가운데 그는 큰 것을 집었다.
➡

2. 그는 눈을 땅으로 향한 채 침묵 속에서 듣고 있었다.
➡

3. 벨 소리에 교사는 시험지를 거두었다.
➡

4. 불이 나자 열심히 그는 일산인 집으로 황급히 갔다.
➡

5. 일본에서 벚나무들의 만발은 장관의 봄의 징조를 보이는 것 가운데 하나다.
➡

6. 더 나은 시대라면, 그는 존경을 받고 있었을 게다.
➡

7. 아주 수월하게, 그는 그 문제를 풀었다.
➡

8. 선조들 처럼 현대인들도 우주의 본질에 대해 호기심이 강하다.
➡

ⓐ The <u>frantic</u> young mother rushed out the door with the baby in her arms.

홍분한 젊은 새댁은 아이를 팔에 안은 채 문 밖으로 달려나갔다

→ **Frantic**, the young mother rushed out the door with the baby in her arms.

ⓑ Mr. Lee <u>Famous for the movie director</u> is appointed as one of the Cabinet ministers.

영화감독으로 유명한 이 감독이 각료의 한 사람으로 임명되었다

→ **Famous for the movie director**, Mr. Lee is appointed as one of the Cabinet ministers.

패턴설명

- "형용사나 형용사구"는 "주절의 주어"나 "주절의 명사"를 수식한다.
- 이때에 형용사구는 "형용사＋전치사~" 또는 "like · as＋명사" 또는 "형용사＋to do ~"의 모양을 말한다.

패턴해설

ⓐ Frantic → 형용사가 주절의 명사 "the young mother"를 수식
ⓑ Famous for~ → 형용사구로 주절의 명사 (주어)를 수식

작문연습 (3-11)

1. 못생긴 메기가 맛이 좋다는 평판이 자자하다.
➡

2. 이상하지만, 이혼 소송절차를 착수한 것은 바로 그녀이다.
➡

3. 열성적인, 그들은 훌륭한 학생들이다.
➡

4. 긴장한, 사나이가 편지를 개봉했다.
➡

5. 바퀴들 밑에서 걸쭉하고 근소한 양의 진흙이 스며 나왔다.
➡

6. 비싸지도 않으면서도 안락한 그 작은 차가 요즘 많은 잡지에 광고가 되고 있다.
➡

7. 길고 정돈되지 않은, 그의 머리카락이 산들바람에 흔들 거렸다.
➡

8. 소설 Ramona로 유명한 Helen Hunt Jackson은 또한 시와 여행 스케치를 썼다.
➡

9. 빠른 결정을 갈망하는 위원장은 투표를 요구했다.
➡

ⓐ You must get an application form for employment first <u>to apply for this position</u>.

이 직책에 신청하려면, 취업 신청서를 먼저 입수해야 한다

→ **To apply for this position**, you must get an application form for employment first.

ⓑ I have to read it entirely <u>to find an answer for this question</u>.

이 질문에 대한 해답을 찾기 위해서 나는 이것을 독파해야 한다

→ **To find an answer for this question**, I have to read it entirely.

ⓒ About twenty feet of original plant material must be compacted <u>to form a layer of coal one foot thick</u>.

1 피트 두께의 석탄 한 층을 형성하려면, 약 20 피트의 식물재료가 썩어야 한다

→ **To form a layer of coal one foot thick**, about twenty feet of original plant material must be compacted.

ⓓ **To tell the truth**, I can't agree with him.

사실을 말하면, 나는 그와 동의할 수 없다

 패턴설명

● "부정사구"가 문두에 오는 패턴이다.
● 한편, 부사로 쓰이는 부정사구의 관용어 표현이 많이 있다.

 패턴해설

ⓐ To apply for ~ → 부정사구 수식어
ⓑ To find ~ → 부정사구 수식어
ⓒ to form~ → 부정사구 수식어
ⓓ To tell the truth → 관용어 표현

작문연습 (3-12)

1. 완쾌되기 위해서는 그는 수술이 필요하다.
➡
___

2. 수영을 더 잘 배우기 위해서 우리는 풀장에서 레슨을 했다.
➡
___

3. 어려운 임무에 성과를 거두려면 악착같아야 할 필요가 있다.
➡
___

4. 정보 하나를 찾으려고 나는 몇 시간 안에 그 책을 전부 읽을 수는 없다.
➡
___

5. 시험을 잘 보기 위해서는 대답을 하기 전에 4지 선단형을 조심스럽게 보아라.
➡
___

6. 엔진을 작동시키려면, 스위치를 켜야만 한다.
➡
___

7. 경제문제에 대한 어떤 정보를 얻으려면, 이 책을 읽어야 한다.
➡
___

8. 인생에 성공하려면, 누구나 어떤 야망을 가져야 한다.
➡
___

9. 사실을 말하면, 회복할 가망이 밝지는 않다.
➡
___

ⓐ I phoned a friend of mine <u>upon arriving at Seoul</u>.

　　서울에 도착하자마자, 나는 친구에게 전화를 걸었다

→ **Upon arriving at Seoul**, I phoned a friend of mine.

ⓑ People who cannot speak can talk <u>by using signs</u>.

　　말을 못하는 사람들은 신호를 이용해서 대화한다

→ **By using signs**, people who cannot speak can talk.

 패턴설명

- "동명사구"가 문두에 오는 패턴이다.

 패턴해설

ⓐ upon arriving ~ → 동명사구 수식어

ⓑ by using ~ → 동명사구 수식어

 **작문연습 (3-13)**

1. 벨이 울리는 소리를 듣자마자, 우리는 급하게 출발했다.
➡

2. 시험에 대비하려면, 수험생은 철저히 복습하여야 한다.
➡

3. 낚시바늘에 벌레를 끼운 후, 나는 고기가 입질하기 시작하는 것을 알 수 있었다.
➡

4. 모든 질문마다 거수를 함으로써, 그 신입생은 선생님의 비위를 맞추려고 노력하였다.
➡

5. 그가 우리의 사교모임에 가입하는 것에 대해서, 이의가 없다.
➡

ⓐ The ship, **buffeted by the storms**, struggled to safety.

폭풍우로 흔들리는 배는 안전을 위해 몸부림 쳤다

ⓑ **Having once been burned on a hot stove**, the cat refused to go into the kitchen.

뜨거운 스토브에서 화상을 입었던 고양이는 부엌에 가지 않았다

ⓒ **While walking along the street**, I met a friend of mine.

거리를 따라 걷는 동안, 나는 친구를 만났다

ⓓ **With his eyes closed and his mouth open**, he lay down.

자기의 눈을 감은 채 그리고 입을 벌린 채 그는 누워 있었다

ⓔ **The sun set**, we came down to the town.

해가 지자, 우리는 마을로 내려왔다

ⓕ The police pursued the thief relentlessly, **finally catching him**.

경찰은 도둑을 가차없이 쫓았고 그리고 마침내 그를 잡았다

 패턴설명

- 분사구 (~ing · ~p.p.)는 주절과 "시간, 조건, 양보,이유, 부대상황"을 나타내는데, 이 분사구의 주체는 "주절의 주어"이다.
- 이때 "~ing"는 주절의 주어와 "능동의 관계"를, "~p.p."는 "수동의 관계"를 갖는다.
- 분사구의 모양에는 "기본형 (~ing · ~p.p.)" "완료형 (having+~p.p.)" "전치사+ ~ing" "접속사+~ing · ~p.p." "with+명사+~ing · ~p.p. (또는 형용사)" "명사+ ~ing · ~p.p."
- 한편, 분사구가 주절 뒤에 오면 "and+주어+동사~"의 의미로 보면 좋다.

 패턴해설

ⓐ buffeted by the storms → "기본형"

ⓑ Having ~ → "완료형" (주절의 동작 보다 한 동작 빠른 시제)

ⓒ While walking ~ → "접속사+~ing · ~p.p."형 (의미를 분명하기 위해)

ⓓ with his eyes closed ~ → with+명사+~p.p. · ~ing · 형용사 (부대상황)

ⓔ The sun set → 명사+~p.p. (부대상황)

ⓕ ~, finally catching~ → "and+주어+동사"의 의미 (부대상황)

<기본형>
1. 크게 서두를 필요가 없었기 때문에 우리는 길고 풍경이 좋은 길을 택했다.
➡

2. 매우 피곤해서, 나는 일찍 잠자리에 들었다.
➡

3. 구름을 힐긋 쳐다보면서 농부는 그의 머리를 흔들었다.
➡

4. 환하게 웃으면서, 그는 나의 제안을 수락했다.
➡

5. 불운한 사고로 낙담한 소년은 그의 머리를 숙였다.
➡

6. 나와 비교해 볼 때, 그는 더 지혜롭다.
➡

<완료형>
7. 기록들을 조사한 다음에 변호인은 새로운 증서를 준비했다.
➡

8. 점심을 제공받고 나서 위원회 멤버들은 그 문제를 토의했다.
➡

9. 군대를 제대한 후에도 내 직장 자리가 비워있는 것을 알았다.
➡

10. 당신이 하는 말을 인정하더라도, 나는 여전히 그가 올바른 일을 했다고 생각지 않는다.
➡

11. 음악을 듣는 동안, 나는 잠에 빠졌다.
➡

<with+명사+~ing · ~p.p.>
12. 밤이 오자 우리는 공원을 떠나 집으로 향했다.
➡

13. 팔짱을 낀 채, 그는 말없이 있었다.
➡

<명사+~ing · ~p.p.>
14. 저녁 식사를 끝내자 우리는 산책을 나갔다.
➡

15. 일을 끝내고, 그들은 떠나려고 짐을 싸고 있는 중이다.
➡

<연속동작>
16. 그는 제일 좋은 장면들을 고르고, 그리고 적합하지 않은 모든 것들은 빼 버렸다.
➡

무생물의 소유격

- 무생물은 소유할 수 있는 개념이 없기 때문에, 무생물은 소유격을 원칙적으로는 쓸 수 없다. 다만, 아래의 조건하에서만 쓰인다.
- "시간 · 거리 · 가격 · 무게" "지명" "공공건물" "의인화" 등에는 "무생물's"의 모양으로 소유격을 표현 할 수 있다.
- "동격" "필수불가결의 관계" "소속 · 재료" 등에는 "명사+of+무생물"의 모양으로 소유격을 표현 할 수 있다.

예문

ⓐ **Today's** paper

오늘 신문

ⓑ **Asia's** future

아시아의 장래

ⓒ **the White House's** history

백악관의 역사

ⓓ **an arm's** length

팔 하나의 길이

ⓔ This is **the city of Seoul**.

그녀가 변호사의 미망인이다

ⓕ Remove **the broken legs of the table**!

부서진 책상다리를 치우시오!

ⓖ He is **the president of the DBS Company**.

여가 남성용 양복부 입니다

해설

ⓐ Today's → 시간

ⓑ Asia's → 지명

ⓒ the White House's → 공공건물

ⓓ an arm's → 의인화

ⓔ the city of Seoul → 동격

ⓕ the broken legs of the table → 필수불가결의 관계

ⓖ the president of the DBS Company → 소속 (여가 남성용 양복부 입니다)

5. 강조문

- "특정한 어구"를 강조할 때 쓰는 문장이다.

- 강조문에는 "이중 부정문" "It-that 강조문" "도치문" "수동태문" 등이 있다.

- 본 강조문들은 각 문장의 특색에 따라 강조되는 상황이 다르게 전개된다.

ⓐ I could **hardly** believe **but** (that) it was all real.

아마 그것은 모두 사실이었을 것이다

ⓑ I do **not** remember anything **except** (that) he has brown hair.

나는 그의 머리가 갈색이라는 것을 제외하고는 어느 것도 기억을 하지 못한다

ⓒ We could **not** choose **but** (except) hate him.

우리는 그를 미워하지 않을 수 없었다

ⓓ We have **no** choice **but** (except) to submit to fate.

운명에 복종할 수밖에 달리 도리가 없다

ⓔ He **never** goes out **without** losing his umbrella.

그는 나가기만 하면 그의 우산을 잃어버린다

ⓕ We **never** rest from work **except** on Sunday.

우리는 일요일 이외는 쉬지 않는다

ⓖ **None but** they can tell what has become of her.

그 사람이 지시를 내리지 않으면 나는 아무 일도 하지 않겠다

- 부정어가 들어 있는 주절 문장 다음에 "without, except, but"이 오는 문장을 "이중 부정문"이라고 한다.
- "without, except, but" 뒤에는 "접속사＋주어＋동사~" "동사원형" "to do" "~ing" "전치사구" "(대)명사" 등이 올 수 있다.

ⓐ ~ hardly ~ but (that) it was all real → but ＋(that) S＋V＋~

ⓑ ~ not ~ except (that) he has brown hair → except＋(that) S＋V＋~

ⓒ ~ not ~ but (except) hate him → but＋동사원형 ~

ⓓ ~ no ~ but (except) to submit to fate → but＋to do ~

ⓔ ~ never ~ without losing his umbrella → without＋~ing. ~ not ~

ⓕ ~ never ~ except on Sunday → except＋전치사구

ⓖ None but they ~ → but＋대명사

<but>
1. 비가 오기만 하면 반드시 억수같이 퍼붓는다.
➡

2. 그녀를 만나지 않는 날은 거의 하루도 없었다.
➡

3. 내가 안에 들어가지 않으면 아무것도 수습이 안되겠다.
➡

4. 당신과 나 이외에 그를 도울 사람은 아무도 없다.
➡

<without>
5. 그들은 만나기만 하면 싸운다.
➡

6. 수개월 동안 그는 변호사만 보기만 하면 화가 치밀었다고 그는 고백했다.
➡

7. 몸이 보이지 않게는 아무도 출입할 수 없다.
➡

<except>
8. 우리는 그가 그날 밤 돌아오지 않았다는 것 외에는 아무것도 모릅니다.
➡

9. 기다리는 것 외엔 별 도리가 없었다.
➡

관사를 대신해서 쓰는 말

설명

- "~종류의" 말인 "kind of, sort of, type of"는 관사 대신 쓸 수 있다.
- 이것은 "관사 또는 단수·복수 개념이 있는 형용사+kind of+무관사 명사"의 형태로 쓰여진다.
- 이때 단수는 단수로, 복수는 복수로 일치한다.
- 이 모양은 "복수명사+단수·복수 개념이 있는 형용사+kind(s)"로 바꾸어 쓸 수 있다.

예문

ⓐ **This kind of flower** does not brow here.

　　이런 종류의 꽃은 이곳에서 자라지 않는다

ⓑ **These kinds of flowers** does not brow here.

　　이런 종류들의 꽃들은 이곳에서 자라지 않는다

ⓒ **Cars of this type** doesn't sell here.

　　이런 타입의 자동차는 이곳에서 팔리지 않는다

ⓓ **Cars of these types** doesn't sell here.

　　이런 타입들의 자동차들은 이곳에서 팔리지 않는다

해설

ⓐ This kind of flower → 모두 단수

ⓑ These kinds of flowers → 모두 복수

ⓒ Cars of this type → 복수명사+단수 개념이 있는 형용사+type

ⓓ Cars of these types → 복수명사+복수 개념이 있는 형용사+types

- John wore <u>his red jacket at Jane's birthday party yesterday</u>.

  존은 어제 제인의 생일 파티에서 그의 빨간 색의 재킷을 입었다

  ⓐ **It** was <u>John</u> **who** wore his red jacket at Jane's birthday party yesterday.

  ⓑ **It** was <u>his red jacket</u> **which** John wore at Jane's birthday party yesterday.

  ⓒ **It** was <u>at Jane's birthday party</u> **that** John wore his red jacket yesterday.

  ⓓ **It** was <u>yesterday</u> **that** John wore his red jacket at Jane's birthday party.

- He did <u>not</u> rise up <u>until</u> she went to him and touched him.

  그는 그녀가 옆에 가서 몸을 만지자 비로소 일어났다

  ⓔ **It** was <u>not until she went to him and touched him</u> **that** he rose up.

- It's a rare + 명사 + that does not ~

  ⓕ **It**'s a rare car **that** does not have a radio.

  라디오가 없는 차는 매우 드물다

 ## 패턴설명

- "it-that" 강조구문에는 〈it is ~ that~〉형, 〈it is not until ~〉형, 〈it is a rare+명사+that ~〉형이 있다.
- "it is ~ that~" 형에서 "it"과 "that" 사이에 강조 어구가 들어가는데, 동사를 제외한 〈단어, 구, 절〉 등이 다 들어 갈 수 있다.
- 한편, 강조어구가 사람인 경우에는 〈who〉 혹은 〈whom〉이 쓰일 수 있고, 사물인 경우에는 〈which〉가 쓰일 수 있다.

패턴해설

ⓐ John who → 주어의 강조
ⓑ his red jacket → 목적어의 강조
ⓒ at Jane's birthday party → 전치사구의 강조
ⓓ yesterday → 부사의 강조
ⓔ "It is not until~ that ~" 강조구문
ⓕ "It's a rare+명사+that+부정어~" 강조구문

◇ 밑줄 친 부분을 강조하시오.

1. <u>단지 두 승객만이</u> 사고로 다쳤다.

➡ ____

2. <u>폭력으로</u> Tom이 Janet에게 키스를 해서 그녀가 화가 났다.

➡ ____

3. 임용은 <u>내일</u> 발표가 된다.

➡ ____

4. 우리는 부엌을 <u>짙은 녹색으로</u> 페인트 했다.

➡ ____

5. 그가 나에게 프로포즈 한 것은 <u>우리가 같이 일하고 있는 사업 때문에 내가 그에게 전화를 걸었을 때이다.</u>

➡ ____

6. <u>저녁 식사가 반쯤 끝나서야</u> 그는 비로소 도착했다.

➡ ____

7. <u>회의가 끝나서야</u> 그는 비로소 나타났다.

➡ ____

8. 자명종이 없는 <u>탁상시계는</u> 매우 드물다.

➡ ____

설명

– 명사에 대한 수 표현은 "관사 또는 기수＋단수 수＋명사" 또는 "복수 수＋of＋명사"로 표현한다.

– "단수 수"는 "정확한 수"의 개념을 나타내고,

– "복수 수"는 "막연한 수"의 개념을 나타낸다. 이때 "복수 수＋of" 앞에는 "복수 수＋of"가 다시 붙을 수 있다.

예문

ⓐ Tom has **a hundred** books ; Mary has **two hundred** books.

탐은 1백권의 책을 가지고 있는데, 메리는 2백권의 책을 가지고 있다

ⓑ **Tens of hundreds of** books are published; yet **hundreds of** books are only sold.

수천 권의 책이 출판되지만, 단지 수백 권만의 책만이 팔린다

해설

ⓐ two hundred books (기수＋단수 수＋명사) → 정확한 수의 개념.

ⓑ Tens of hundreds of books (복수 수＋of＋명사) ↗ 막연한 수의 개념.

ⓐ The rain came <u>down</u> with a clap of thunder.

→ **Down** came the rain with a clap of thunder.

천둥소리와 함께 비가 쏟아지기 시작했다

ⓑ Sailboats were <u>along the coast</u>.

→ **Along the coast** were sailboats.

해안을 따라 많은 범선들이 있었다

ⓒ The man who is in good health is <u>happy</u>.

→ **Happy** is the man who is in good health.

행복은 건강한 사람만이 느낄 수 있다

ⓓ I remember the scene <u>well</u>.

→ **Well** do I remember the scene.

나는 그 광경을 잘 기억하고 있다

ⓔ He took a rest <u>only after it became dark</u>.

→ **Only after it became dark**, did he take a rest.

해가 져서야 그는 휴식을 취했다

ⓕ He did <u>not</u> get up <u>until</u> it was 11 o'clock in the morning.

→ **Not until** it was 11 o'clock in the morning, did he get up.

그는 아침 11시가 되서야 비로소 일어났다

ⓖ I had <u>scarcely</u> reached home when it began to rain.

→ **Scarcely** had I reached home when it began to rain.

내가 집에 돌아오자마자 비가 오기 시작했다

ⓗ I <u>little</u> dreamed of meeting you here.

→ **Little** did I dream of meeting you here.

여기서 당신을 만날 줄은 미쳐 몰랐다

ⓘ We are going to climb <u>that mountain</u>.

→ **That mountain** we are going to climb.

저 산이 우리가 올라 갈 산이다

ⓙ We call him <u>John</u>.

→ **John** we call him.

우리는 그를 존이라 부른다

 **패턴설명**

- "주어+동사"를 "도치"시켜 강조하는 구문이다.
- 〈전치사 부사, 전치사구, 주격보어, 부사, 부정부사〉 등을 문두에 놓을 때 〈주어+동사〉는 도치된다.
- "전치사 부사"가 문두에 오면, 〈소사적 부사+1형식동사+주어〉로 도치된다.
- "전치사구"가 문두에 오면, 〈전치사구+be동사+주어〉로 도치된다.
- "주격보어"가 문두에 오면, 〈전치사구+be동사+주어〉로 도치된다.
- "부사 (only, well 등)"가 문두에 오면, 〈조동사+주어+본동사〉로 도치된다. 이때, "only"는 "부사절"을 동반하여 문두에 온다.
- "부정부사 (little, never, hardly, scarcely 등)"가 문두에 오면, 〈조동사+주어+본동사〉로 도치된다. 이때, 문장에 "until"이 있는 경우에는 "until"은 부정부사를 따라 문두에 놓이게 된다.
- 한편, "목적어나 목적보어"가 문두에 오면 〈주어+동사〉에는 아무런 변화가 없다.

 **패턴해설**

ⓐ Down came the rain ~ → 전치사 부사+1형식동사+주어

ⓑ Along the coast were sailboats → 전치사구+be동사+주어

ⓒ Happy is the man → 주격보어+be동사+주어

ⓓ Well do I remember → well+조동사+주어

ⓔ Only after ~ dark, did he take ~ → only after~, 조동사+주어+본동사

ⓕ Not until ~ morning, did he get up → not until~, 조동사+주어+본동사

ⓖ Scarcely had I reached ~ → 부정부사+조동사+주어+본동사

ⓗ Little did I dream ~ → 부정부사+조동사+주어+본동사

ⓘ That mountain we are ~ → 목적어+주어+동사

ⓙ John we call ~ → 목적보어+주어+동사

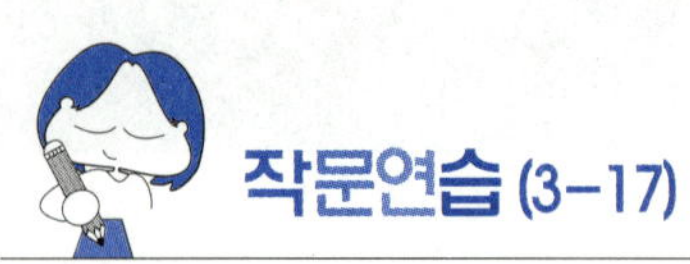
작문연습 (3-17)

1. 천둥소리와 함께 비가 쏟아지기 시작했다. <전치사 부사+1형식동사+주어>
➡

2. 길가를 따라 많은 가게가 있었다. <전치사구+be동사+주어>
➡

3. 사태는 그러하였다. <주격보어+be동사+주어>
➡

4. 그들을 섬기고 있는 우리들은 모두 바보다. <주격보어+be동사+주어>
➡

5. 파괴가 너무 심해서 남쪽 지역이 회복하는데는 수십 년이 걸렸다.
　<주격보어+be동사+주어>
➡

6. 날이 어두워 져서야 그들은 휴식을 취했다. <ONLY+부사절, 조동사+주어+조동사>
➡

7. 대부분의 뱀들은 위험에 처에 있을 때만 사람을 공격한다.
　<ONLY+부사절, 조동사+주어+조동사>
➡

8. 나는 그가 돌아와서야 비로소 나의 실수를 알아챘다. <not until~, 조동사+주어+본동사>
➡

9. 그 생각이 그의 가슴을 스치는 순간에 차가 멈췄다.
<scarcely+조동사+주어+본동사+when ~>
➡

10. 결코 나는 그런 아름다운 장면을 보지 못했었다. <never+조동사+주어+본동사>
➡

11. 그런 다행한 결과를 가져오리라고는 꿈에도 생각지 못했다.
<never+조동사+주어+본동사>
➡

12. 그의 얼굴을 나는 좋아하지 않는다. <목적어+주어+동사>
➡

13. 당신은 그것을 휴식이라고 불렀다. <목적보어+주어+동사>
➡

14. 그는 부자이지만 부지런하다. <형용사+as+주어+be동사>
➡

15. 만약 내가 부자라면 나는 그들 전부의 힘이 되어 줄 수 있을 텐데.
<가정법접속사 "if"의 생략>
➡

서수와 기수

- 서수와 명사는 "the＋서수＋명사"의 형태로 쓰인다.
- 이때 서수는 "순서의 개념"을 나타낸다.
- 기수와 명사는 "무관사 명사＋기수"로 만난다.
- 이때의 기수는 "편의 개념"이다.
- 한편, "무관사 명사＋기수"가 순서의 개념을 가지면 "the＋서수＋명사"로 쓰일 수 있다.

예문

ⓐ We have just finished **the second chapter**.

우리는 막 제 2과를 끝냈다

ⓑ I have just finished **lesson two**.

나는 막 제2과를 끝냈다

ⓒ I have just finished **the second lesson**.

나는 막 제2과를 끝냈다

ⓓ You should go to **gate seven**.

당신은 7번 출구로 가야 합니다

해설

ⓐ the second chapter → the＋서수＋명사

ⓑ lesson two → "무관사 명사＋기수"

ⓒ lesson two (순서의 개념)＝the second lesson

ⓓ gate seven → 순서의 개념이 아니라 편의의 개념이므로 "the＋서수＋명사"로 쓸 수 없다.

6. 비교급 및 최상급 Pattern

- 비교급 문장은 비교를 하는 "비교주체와 비교대상"이 있고, 주체와 대상에 대한 비교 형태를 나타내는 "비교공식"과 비교의 정도를 나타내는 "비교중점"으로 구성되어 있다.
- 비교급 문장은 병렬문장이므로 비교주체와 비교대상은 "문법구조"가 같고, 비교하는 내용이 "상호 연관"이 있어야 한다.
- 한편, 비교중점으로는 "명사, 형용사, 부사"가 쓰인다.
- 비교공식에는 "기본공식" "관용어구 비교공식"이 있다.

ⓐ She is **as** beautiful **as** her younger sister.

　그녀는 그녀의 동생만큼 아름답다

ⓑ She is **taller than** her younger sister.

　그녀는 그녀의 동생보다 더 키가 크다

ⓒ She is **more** beautiful **than** her younger sister.

　그녀는 그녀의 동생보다 더 아름답다

ⓓ She is **not as (so)** beautiful **as** her younger sister.

　그녀는 그녀의 동생만큼 아름답지 않다

ⓔ She is **less** beautiful **than** her younger sister.

　그녀는 그녀의 동생보다 덜 아름답다

 패턴설명

● 기본공식에는 "동등비교, 우월비교, 열등비교"가 있다.

 패턴해설

ⓐ as＋원급＋as → 동등비교

ⓑ 원급＋er than → 우월비교

ⓒ more＋원급＋than → 우월비교

ⓓ not as (so)＋원급＋as → 열등비교

ⓔ less＋원급＋than → 열등비교

작문연습 (3-18)

1. 그녀는 그 사람만큼 친절하다.

➡

2. 네가 그녀를 알고 있는 만큼 나도 그녀를 잘 알고 있다.

➡

3. 오늘날에는 여성도 남성만큼이나 기계를 잘 다룬다.

➡

4. 이것은 저것의 2배의 크기이다.

➡

〈우월비교〉

5. 나는 그보다 2인치나 키가 크다.

➡

6. 이 그림은 저 그림보다 더 아름답다.

➡

7. 그는 관대하기보다는 친절하다.

➡

〈열등비교〉

8. 그녀는 그 사람만큼 친절하지 못하다.

➡

9. 전날만큼 춥지도 않았으며, 그리고 공기는 싱그러웠다.

➡

10. 그녀는 이전보다 말랐다.

➡

ⓐ I took **the larger of two** apples.

　　나는 두 개의 사과 중 더 큰 것을 집었다

ⓑ He became **more and more** eloquent towards the end of his speech.

　　그의 연설은 끝 부분에 달하자 더욱 더 웅변조로 변했다

ⓒ I like her **all the better for** her kindness.

　　나는 그녀의 친절 때문에 오히려 더 그녀를 좋아한다

ⓓ This is **the same** watch **that** I lost.

　　이것은 내가 분실한 바로 그 시계이다

ⓔ This is **the same** watch **as** I lost.

　　이것은 내가 분실한 시계와 같은 종류의 시계이다

ⓕ It takes **more than** an hour.

　　한 시간 이상 걸린다

ⓖ I **would rather** have died **than** refused.

　　거절하느니 보다는 오히려 죽는게 나았었다

ⓗ It is a poem **rather than** a picture.

　　그것은 한 장의 그림이라기 보다는 한 편의 시다

● 중요 숙어 공식에는 "양자비교" "점진비교" "all the better for" "the same＋명사＋that~" "the same＋명사＋as~" "more than＋수사" "would rather (a) than (b)" "(a) rather than (b)" 등이 있다.

ⓐ the large of two apples → the＋비교급＋of＋two ~ (양자비교)

ⓑ more and more → 비교급＋and＋비교급 (점진비교)

ⓒ all the better for ~ → ~ 때문에 오히려 더

ⓓ the same ~ that → 똑같은 것

ⓔ the same ~ as → 같은종류

ⓕ more than＋수사 → 수사 앞에 붙여 "~이상" (over)의 의미

ⓖ would rather (a) than (b) → (b) 하느니 오히려 (a)하는 편이 낫다

ⓗ (a) rather than (b) → (b)라기 보다는 오히려 (a)이다

1. 나는 두 개의 사전 중 더 큰 것을 집었다.
➡

2. Dick은 두 사람 중 더 공손하게 행동한다.
➡

3. 아이들은 점점 더 흥분했다.
➡

4. 사태는 점점 더 악화되어 가고 있었다.
➡

5. 나는 그 사람의 결점 때문에 오히려 더 그를 좋아한다.
➡

6. 그는 5년 전에 내가 본 것과 같은 옷을 입고 있었다.
➡

7. 그는 당신과 같은 언어로 말한다.
➡

8. 그들은 여기서 10년 이상을 살았다.
➡

9. 나는 그와 함께 가느니 오히려 집에 있는게 더 낫겠다.
➡

10. 그는 선생이라기보다는 오히려 학자이다.
➡

수치

설명

- 명사의 크기를 나타내는 것을 수치라고 한다.
- 명사의 크기는 "부정관사 또는 단수 · 복수 개념이 있는 형용사＋기수＋기수－ 단수 단위명사＋(형용사)＋명사"로 표현한다.
- 한편, "부정관사 또는 단수 · 복수 개념이 있는 형용사＋기수＋단위명사＋형용사"의 형태는 서술어로 쓰여지거나 명사 뒤에 위치한다. 이때 기수가 복수이면 "단위명사는 복수"가 된다.

예문

ⓐ I need a **two-inch wooden peg** and **two four-inch chips**.

나는 한 개의 2인치 나무못과 두 개의 4인치 나뭇조각이 필요하다

ⓑ This is a **three-inch-long chip**.

이것은 한 개의 3인치 길이의 나뭇조각이다

ⓒ There are **two three-inch-long** chips.

두 개의 3인치 길이의 나뭇조각들이 있다

ⓓ She is **five years old**.

그녀의 나이는 다섯 살이다

해설

ⓐ a two－ inch wooden peg → "관사＋기수－단수 단위명사"

two four－ inch chips → "기수＋기수－ 단수 단위명사"

ⓑ a three－ inch－ long chip → "관사＋기수－ 단수 단위명사＋형용사"

ⓒ two three－ inch－ long → "기수＋기수－ 단수 단위명사＋형용사"

ⓓ five years old → "기수＋복수 단위명사＋형용사" (보어로 쓰임)

ⓐ He ran **as quickly as he could**.

그는 가능한 한 빨리 뛰었다

ⓑ She is **as happy as (happy) can be**.

그녀는 더할 나위 없이 행복하다

ⓒ He was **as busy as a bee**.

그는 벌처럼 바빴다

ⓓ She is **as happy as anything**.

그녀는 더할 나위 없이 행복하다

ⓔ He ran **as quickly as possible**.

그는 가능한 한 빨리 뛰었다

ⓕ Mother is **as busy as ever (before)**.

어머니는 그 어느 때 보다 바쁘다

패턴설명

- "as+형용사·부사+as ~"의 형태로 쓰인다.
- 이때 "as+형용사·부사+as" 뒤에는 "S+can (could)" "(주어)+동사" "(원급)+ can be·could be" "명사" "대명사" "형용사" "부사"의 모양이 올 수 있다.

패턴해설

ⓐ as quickly as he could → as+원급+as+주어+could

ⓑ as happy as (happy) can be → as+원급+as+(원급)+can be

ⓒ as busy as a bee → as+원급+as+명사

ⓓ as happy as anything → as+원급+as+대명사

ⓔ as quickly as possible → as+원급+as+형용사

ⓕ as busy as ever → as+원급+as+부사

 **작문연습 (3-20)**

<as+ (주어)+동사>
1. 그는 지금까지 내가 알고 지내 온 사람 중에 어느 누구 못지 않게 훌륭한 선생이다.
➡

2. 나는 내가 할 수 있는 한 열심히 일했다.
➡

3. 그는 이제까지 살았던 그 어느 누구 못지 않게 현명한 사람이다.
➡

<as+ (형용사)+can be>
4. 그는 귀머거리처럼 그렇게 귀가 먹었다.
➡

5. 그녀는 얼굴이 몹시 창백했다.
➡

6. 가을에 하늘은 더할 나위 없이 푸르다.
➡

<as+대명사·형용사·부사>
7. 이 도구는 대단히 쓸모가 있다.
➡

8. 그는 가능한 빨리 달렸다.
➡

9. 어머니는 여전히 바쁘시다.
➡

<as+명사>
10. 이 빵은 돌처럼 딱딱하다.
➡

ⓐ He is **as tall as, if not taller than**, you.

그는 당신보다는 아니더라도 그래도 당신만큼은 키가 크다

ⓑ She is **none the wiser because** she read many books.

그녀가 책을 많이 읽는다고 그녀가 더 현명한 것은 아니다

ⓒ A whale is **no more** a fish **than** a horse is (a fish).

말이 물고기가 아닌 것은 고래가 물고기가 아닌 것과 같다

ⓓ He is **not so much** a novelist **as** a poet.

그는 소설가 라기 보다는 시인이다

ⓔ He is **not more** kind **than** you are.

그는 당신만큼은 친절하지 않다

ⓕ He is **not less** smart **than** his younger brother.

그는 그의 동생 못지 않게 똑똑하다

ⓖ He is **no less** smart **than** his younger brother.

그는 그의 동생 못지 않게 똑똑하다

ⓗ He has **not less than** ten dollars.

그는 적어도 10불은 가지고 있다

ⓘ I have **not more than** ten dollars.

나는 기껏해야 10불밖에는 없다

ⓙ He gave me **no less than** ten dollars.

그는 나에게 10불이나 주었다.

ⓚ He is **no more than** a puppet.

그는 다만 허수아비일 뿐이다.

● 부정어를 사용한 관용적인 비교는 다음과 같이 매우 다양하다.

ⓐ (a) 비교급＋if not＋비교급 (b) → (a)는 (b)만큼은 아니더라도 그래도 그 만큼은

ⓑ none the 비교급 because(for)~ → ~하기 때문에 반듯이…하는 것은 아니다

ⓒ (a) is no more (b) than (c) is (d) → (c)가(d)가 아닌것은 (a)가 (b)가 아닌것과 같다

ⓓ not so much (a) as (b) → (a)라기 보다는 오히려 (b)이다

ⓔ not more (a) than (b) → (b) 만큼은 (a)하지 못하다

ⓕ not less (a) than (b) → (b)에 못지 않게 (a)하다

ⓖ no less (a) than (b) → (b) 못지 않게 (a)하다

ⓗ not less than → 적어도 (at least)

ⓘ not more than → 기껏해야 (at most)

ⓙ no less than → ~와 같은(마찬가지의), …나 다름없는, (수ㆍ양이) …만큼이나 (as much as)

ⓚ no more than → 다만, 겨우(only)

1. 옷의 스타일은 색깔보다는 아니더라도 그래도 색깔만큼은 다양하다.
➡

2. 그녀가 예쁘다고 해서 그녀가 더 행복한 것은 아니다.
➡

3. 내가 위대한 작가가 아닌 것은 그가 유명한 배우가 아닌 것과 같다.
➡

4. 그녀는 나를 싫어 했다기 보다는 오히려 미워했다.
➡

5. 나는 자네만큼은 미치지 않았다.
➡

6. 그는 그의 형과 마찬가지로 미남이다.
➡

7. 그는 그의 형 못지 않게 미남이다.
➡

8. 그는 적어도 5불은 가지고 있다.
➡

9. 나는 기껏해야 5불밖에는 없다.
➡

10. 그는 나에게 50불이나 주었다.
➡

11. 그는 거짓말쟁이에 불과하다.
➡

ⓐ I **prefer** spring **to** fall.

　　나는 가을 보다 봄이 더 좋다

ⓑ I much **prefer** playing in the open air **to** reading indoors.

　　나는 집에서 독서하기 보다 밖에서 놀기가 훨씬 좋다

ⓒ I much **prefer** to play in the open air **rather than** (to) read indoors.

ⓓ He is **senior to** her.

　　그는 그녀 보다 손위다

패턴설명

- "prefer" 나 "~ior" 로 끝나는 단어는 "than" 대신에 "to" 를 쓴다.
- "prefer" 는 "prefer＋명사＋to＋명사" 또는 "prefer＋동명사＋to＋동명사" 또는 "prefer＋to do＋rather than＋(to) do" 의 형태로 비교급을 만든다.
- "~ior" 로 끝나는 단어에는 "anterior, posterior, junior, senior, superior, inferior, major, minor, interior, exterior" 등이 있다.

패턴해설

ⓐ prefer spring to fall → prefer＋.명사＋to＋명사

ⓑ prefer playing ~ to reading → prefer＋동명사＋to＋동명사

ⓒ prefer＋동명사＋to＋동명사＝ prefer＋부정사＋rather than＋부정사

ⓓ superior → "~ior" 로 끝나는 단어

작문연습 (3-22)

1. 그녀는 고기보다 생선을 좋아한다.
➡

2. 나는 타는 것 보다 걷는 것이 좋다.
➡

3. 그는 아무일도 하지 않는 것 보다는 일하는 것을 좋아한다.
➡

4. 외국산 차는 풍미 면에서 국산 것 보다 떨어진다.
➡

5. 그는 나보다 세 살 손위이다.
➡

6. 이것이 그것보다 훨씬 뛰어나다.
➡

7. 호랑이를 고양이와 비교해 볼 수 는 없다.
➡

8. 우리는 종종 인생을 항해에 비유한다.
➡

ⓐ She is **the tallest** (girl) among other girls.

그녀는 다른 소녀들 가운데 가장 키가 크다

ⓑ He is one of **the greatest statesmen** in Korea.

그는 한국에서 가장 훌륭한 정치가 중의 한 사람이다

ⓒ She is **the most beautiful** (girl) in the class.

그녀가 반에서 가장 아름답다

ⓓ This is **the least expensive method** that I know.

이것이 내가 아는 가장 비용이 싸게 드는 방법이다

ⓔ Chicago is **the second largest city** in the U.S.

시카고는 미국내 도시 중 두 번째로 큰 도시이다

ⓕ I like tennis **best (most)**.

나는 테니스를 가장 좋아한다

ⓖ Mary is **kinder than any other** girl (the other girls) in the class.

메리는 반에 있는 그 어느 소녀 보다 친절한 소녀이다

ⓗ **Nothing** is **as** important **as** trade.

아무것도 무역만큼 중요한 것은 없다

ⓘ In Korea, **no** city is **more** populous **than** Seoul.

한국에서 서울만큼 인구가 많은 도시는 없다

패턴설명

- 최상급은 "the 단음절+est+(명사)" 또는 "the most · best · least · worst+형용사+(명사)"의 형태로 표현한다.
- 최상급 뒤에는 "among, in, of" 등의 전치사가 오기도 하는데, 이들 전치사 뒤에 나오는 내용은 "최상급에 대한 대상"으로 볼 수 있다.
- 한편, "best"나 "most"는 부사로써 최상급을 나타낼 수 있다.
- 이외에, 비교급이 최상급의 의미를 나타내기도 한다.

패턴해설

ⓐ the tallest (girl) → "the 단음절+est (명사)" 최상급

ⓑ the greatest statesmen → "the 단음절+est+명사" 최상급

ⓒ the most beautiful girl → "the most+원급+명사" 최상급

ⓓ the least expensive method → "the least+원급+명사" 최상급

ⓔ the second largest city → 최상급 앞에 "서수"가 붙기도 한다

ⓕ best (most) → 부사로서의 최상급

ⓖ ~ than any other+단수명사 (the other+복수명사)) → 비교급으로서의 최상급

ⓗ nothing ~as ~as → 비교급으로서의 최상급

ⓘ no ~more ~ than → 비교급으로서의 최상급

1. 이 호수가 세계에서 가장 큰 호수이다.
➡

2. 부산은 한국내 도시 중 두 번째로 큰 도시이다.
➡

3. 그는 반에서 가장 총명하다.
➡

4. 그녀는 사무실에서 가장 중요하지 않은 사람이다.
➡

5. 축구는 한국에서 가장 인기 있는 스포츠 가운데 하나다.
➡

6. 나는 야구를 가장 좋아한다.
➡

7. 메리는 반에 있는 모든 소녀보다 친절한 소녀이다.
➡

7. 가정법 Pattern

- 가정법 문장은 기본적으로 〈조동사＋동사〉에 좌우된다.

ⓐ He **should pass** the exam.

그는 시험에 합격해야 했다

ⓑ He **should have passed** the exam.

그는 시험에 합격했어야 했다

ⓒ **But for** water, nothing could exit.

물이 없었더라면, 아무것도 존재할 수가 없다

ⓓ **Without** your help, I could have failed.

너의 도움이 없었더라면, 나는 실패했었을 것이다

ⓔ We **should be** better to accompany you.

우리가 너와 함께 했더라면 더 잘 할 수 있을 텐데

ⓕ We **should have been** better to accompany you.

우리가 너와 함께 했더라면 더 잘 할 수 있었을 텐데

 **패턴설명**

- 단문에서 〈조동사 과거형＋동사원형〉이 "현재사실에 반대"를, 〈조동사 과거형＋have＋~p.p.〉가 "과거사실에 반대"를 나타내면 가정법 문장이 된다.
- 이때, 〈would → 의지·무의지〉를, 〈should → 의무·당연성〉을, 〈could → 가능성〉을, 〈might → 추측〉을 나타낸다.
- 주절의 내용이 가정법인 경우에 가정법 시제와 쓸 수 있는 전치사는 "but for"와 "without"가 있다.
- 주절의 내용이 가정법이고, 나머지 말이 동작으로 오는 경우에, 대개 "to do~"가 온다.

 **패턴해설**

ⓐ should pass → 현재사실에 반대

ⓑ should have passed → 과거사실에 반대

ⓒ But for → 가정법 시제와 같이 쓸 수 있는 전치사

ⓓ Without → 가정법 시제와 같이 쓸 수 있는 전치사

ⓔ should be better to do ~ → "현재사실에 반대" 가정법+to do~

ⓕ should have been better to do~ → "과거사실에 반대" 가정법+to do~

1. 분별 있는 사람이라면 그런 짓을 하지 않을 것이다. <현재사실에 반대>
➡

2. 진정한 친구라면 우리를 배반하지 않았었을 것이다. <과거사실에 반대>
➡

3. 물이 없었으면, 우리는 살수 가 없다. <현재사실에 반대>
➡

4. 두 개이상의 지레가 없었으면, 우리는 그것을 옮기지 못했었을 것이다.
  <과거사실에 반대>
➡

5. 산소가 없었으면, 모든 동물은 오래 전에 사라졌을 것이다. <과거사실에 반대>
➡

6. 내가 당신에게 도움이 되었다면 기뻤을 것이다. <현재사실에 반대>
➡

7. 당신이 그것을 말하지 않는 편이 좋았었을 것이다. <과거사실에 반대>
➡

개념이 확실한 부정형용사

설명

- "개념이 확실한 부정형용사"에는 "each, every, either, neither, both" 등이 있다.
- "each, every, either, neither" 뒤에는 "단수명사"가 오고, "both" 뒤에는 "복수명사"가 온다는 것이 키 포인트이며, 그 외에 중요한 사항은 아래 예문을 통해서 알아본다.

예문

ⓐ **Each** person is paid.

각 사람이 급료를 받았다

ⓑ **Every** town is ruined.

모든 도시가 파괴되었다

ⓒ **Either** one is fine.

둘 중의 어느 것이든 좋다

ⓓ There is shops on **either** side of the street.

길 양편에 가게들이 있다

ⓔ **Neither** one is good.

둘 다 어느 것이든 좋지 않다

ⓕ **Both** parties are wrong.

양쪽이 다 잘못이다

해설

ⓐ "each＋단수명사"인데, 이때의 단수명사는 "개별개념의 명사"(person)가 쓰인다.

ⓑ "every＋단수명사"인데, 이때의 단수명사는 "집합개별개념의 명사"(town)가 쓰인다.

ⓒ "either＋단수명사," 하지만 해석에 유의한다. 이 경우는 "둘 중의 하나"의 의미.

ⓓ 이 경우는 "둘 다"의 의미.

ⓔ "neither＋단수명사"이며, neither는 "둘 다 아니다"의 뜻.

ⓕ "both＋복수명사"

> ⓐ They <u>could see</u> me, **but** they <u>doesn't come</u> to the meeting.
>
>   그들은 나를 만날 수 있었는데, 그러나 그들은 회의에 참석하지 않았다
>
> ⓑ They <u>could have seen</u> me, **but** they <u>didn't come</u> to the meeting.
>
>   그들은 나를 만날 수 있었는데, 그러나 그들은 회의에 참석하지 않았었다
>
> ⓒ She <u>would go</u> with you **except (that)** she <u>doesn't have</u> time.
>
>   그녀가 시간이 있다면 그녀는 너와 함께 갔었을 것이다
>
> ⓓ She <u>would have gone</u> with you **except (that)** she <u>didn't have</u> time.
>
>   그녀가 시간이 있었다면 그녀는 너와 함께 갔었을 것이다

 **패턴설명**

- 주절의 동사가 "현재사실에 반대"(= 조동사 과거형 + 동사원형)를 나타내는 가정법이 오면, "but (except)" 뒤에는 "현재동사"가 온다.
- 주절의 동사가 "과거사실에 반대"(= 조동사 과거형 + have + ~p.p.)를 나타내는 가정법이 오면, "but (except)" 뒤에는 "과거동사"가 온다.

 **패턴해설**

ⓐ 현재사실에 반대, but S + 현재동사
ⓑ 과거사실에 반대, but S + 과거동사
ⓒ 현재사실에 반대 + except S + 현재동사
ⓓ 과거사실에 반대 + except S + 과거동사

 **작문연습 (3-25)**

1. 그가 살이 좀 찔텐데, 그는 많이 먹지 않는다. <but+현재사실에 반대>
➡

2. 회사가 번영을 했었을 텐데, 그들은 자본이 부족 했었었다. <but+과거사실에 반대>
➡

3. 나는 빨간 드레스를 입었을 텐데, 드레스 앞면에 얼룩이 묻었었다.
<except that+현재사실에 반대>
➡

4. 그녀는 떠났었을 텐데, 시간이 없었었다. <except that+과거사실에 반대>
➡

ⓐ **I'd rather (that)** you <u>went</u> home now.

나는 네가 이제 가주면 좋겠다

ⓑ **I'd rather (that)** she <u>had stayed</u> at home.

나는 그녀가 집에 있어 주기를 바랬었다

ⓒ **I wish (that)** he <u>would join</u> us.

나는 그가 우리와 합석하기를 바랬다

ⓓ **I wish (that)** he <u>had joined</u> us.

나는 그가 우리와 합석해 주었을 것을 바랬다

 패턴설명

- "I'd rather (that)+주어+과거시제~"는 "현재사실에 반대"를, "I rather (that)+주어+과거완료시제~"는 "과거사실에 반대"를, 나타내는 가정법이다.
- "I wish (that)+주어+과거시제~"는 "현재사실에 반대"를, "I wish (that)+주어+과거완료시제~"는 "과거사실에 반대"를, 나타내는 가정법이다.

 패턴해설

ⓐ I'd rather (that) you+과거동사 → 현재사실에 반대

ⓑ I'd rather (that) she+과거완료 → 과거사실에 반대

ⓒ I wish (that) he+과거동사 → 현재사실에 반대

ⓓ I wish (that) he+과거완료 → 과거사실에 반대

 ## 작문연습 (3-26)

1. 당신이 여기에 오늘보다는 내일 오는 편이 나았다. <I'd rather+현재사실에 반대>
➡

2. 그가 그것에 대해서 나에게 말하지 않은 편이 나았었다.
<I'd rather+과거사실에 반대>
➡

3. 내가 다시 젊어졌으면 한다. <I wish+현재사실에 반대>
➡

4. 내가 어렸을 적에 좀 더 부지런 했었으면 한다. <I wish+과거사실에 반대>
➡

ⓐ **It's time (that)** he <u>went</u> to bed.

이제 그는 잠자리에 들 시간이다

ⓑ **It's about time (that)** we <u>were going</u>.

가야만 할 시간이다

 **패턴설명**

- "It's time (that)+주어+과거시제~"는 "현재사실의 반대"를 나타내는 가정법이다.

 **패턴해설**

ⓐ It's time (that) he+과거동사 → 현재사실에 반대
ⓑ It's about time (that) we+과거동사 → 현재사실에 반대

 **작문연습 (3-27)**

---

1. 이젠 네가 집에 가야 할 시간이다.

➡

2. 이제 당신은 아내를 얻고 안정을 해야할 그런 시기이다.

➡

3. 이제 나는 나의 장래에 대해서 계획을 마련해야할 시기이다.

➡

<table><tr><td>**5**</td><td>as if (though) 가정법 pattern</td></tr></table>

ⓐ He looks **as if (though)** he <u>saw</u> a ghost.

그는 마치 유령이라도 본 것 같은 얼굴을 하고 있다

ⓑ He looked **as if (though)** he <u>had seen</u> a ghost.

그는 마치 예전에 유령이라도 본 것 같은 얼굴을 하고 있다

패턴설명

- "주어＋<u>현재동사</u>＋as if (though)＋주어＋<u>과거시제</u>~"는 "현재사실에 반대"를,
- "주어＋<u>과거동사</u>＋as if (though)＋주어＋<u>과거완료시제</u>~"는 "과거사실에 반대"를 나타내는 가정법이다.

패턴해설

ⓐ He＋현재동사＋as if he＋과거동사 → 현재사실에 반대

ⓑ He＋과거동사＋as though＋he＋과거완료 → 과거사실에 반대

작문연습 (3-28)

1. 마치 그는 모든 것을 아는 것처럼 언제나 얘기한다. 〈현재사실에 반대〉

➡

2. 마치 그녀는 수퍼우먼 처럼 행동한다. 〈현재사실에 반대〉

➡

3. 마치 그는 이상한 곳에 있다가 온 사람처럼 보였다. 〈과거사실에 반대〉

➡

> ⓐ If you **had listened** to me <u>then</u>, we **wouldn't be** in trouble <u>now</u>.
> 당신이 그때 내 말을 들었더라면, 우리는 지금 이처럼 문제에 부딪치지는 않았을 것이다
> ⓑ If I **had taken** your advice (then), I **should be** happier (now).
> 만약 내가 당신의 충고를 받아 들었더라면 지금 더 행복할 텐데

 **패턴설명**

- "If＋주어＋had＋~p.p. ~ (과거부사), 주어＋<u>조동사 과거형＋동사원형</u>~ (현재부사)" 를 "if-혼합시제" 가정법이라고 한다.
- 이때, "if-절"은 "과거의 원인" 주절은 "현재의 결과"를 나타낸다.

 **패턴해설**

ⓐ ~had listened then, ~wouldn't be now → if-혼합시제 가정법
ⓑ ~had taken (then), ~should be (now) → if-혼합시제 가정법

 **작문연습** (3-29)

1. 만약 그때 내가 당신의 충고를 따랐더라면, 나의 형편이 지금 나았을 것이다.
➡

2. 만약 내가 더 열심히 공부를 했었더라면, 나는 좋은 점수를 받았을 것이다.
➡

3. 만약 우리가 당신의 말을 들었더라면, 우리는 위험에 처해있지 않았었을 것이다.
➡

ⓐ If he **be** healthy, I **will take** him everywhere.

　그가 건강하다면, 나는 그를 어디든지 데려 갈 텐데

ⓑ If he **were** a bird, he **would fly** to you.

　그가 새였다면, 그는 너에게 날아 갈 수 있었을 텐데

ⓒ If it **had** not **been** for your help, I **could** not **have succeeded**.

　너의 도움이 없었더라면, 나는 성공하지 못했을 것이다

ⓓ If it **should rain** tomorrow, I **would** not **start**.

　내일 비가 오지 않을 것 같지만 온다면, 나는 떠나지 않을 것이다

ⓔ If I **were to be** young again, I **would be** a teacher.

　틀림없이 아니겠지만 내가 다시 젊어진다면, 나는 교사가 될 것이다

 패턴설명

- "if-가정법"은 다음과 같다:
- "가정법 현재" → "현재 또는 미래에 대한 불확실한 일이나 의심"
- "가정법 과거" → "현재사실에 대한 가정"
- "가정법 과거완료" → "과거사실에 대한 가정"
- "가정법 미래" → "미래사실에 대한 가정"을 나타낸다.
- 가정법 미래에서 "조동사 과거형＋동사원형"은 "가능성이 있는 가정"이나, "were to do"는 "가능성이 희박한 가정"을 나타낸다.

 패턴해설

ⓐ If S＋동사원형 (현재동사), S＋조동사현재형＋동사원형 → 가정법 현재

ⓑ If S＋과거동사, S＋조동사과거형＋동사원형 → 가정법 과거

ⓒ If S＋과거완료, S＋조동사과거형＋have＋~p.p. → 가정법 과거완료

ⓓ If S＋조동사과거형＋동사원형, S＋조동사과거형＋동사원형 → 가정법 미래

ⓔ If S＋were to do, S＋조동사과거형＋동사원형 → 가정법 미래

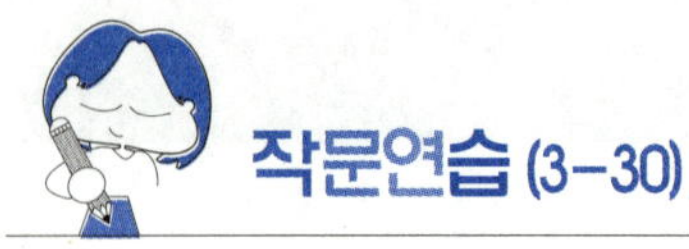

작문연습 (3-30)

1. 만약 내일 날씨가 좋다면, 우리는 쇼핑을 하러 외출을 할 것이다. <가정법 현재>
➡

2. 만약 내가 당신의 입장이었다면, 나는 그 사람 곁을 떠났을 것이다. <가정법 과거>
➡

3. 만약 경찰이 좀 더 일찍 왔었드라면, 그는 그 사고를 볼 수 있었을 것이다.
<가정법 과거완료>
➡

4. 내일 날씨가 좋을 것 같지는 않지만 좋다면, 나는 낚시를 하러 갈 것이다.
<가정법 미래 → 가능성이 있는 가정>
➡

5. 틀림없이 아니겠지만 John이 사직을 하고 그리고 Henry가 John의 자리를 맡도록 선출이 된다면, 우리는 좀 더 활발한 리더십을 가지게 될 것이다.
<가정법 미래 → 가능성이 없는 가정>
➡

- 주절에서 긍정문 형태로 어떤 사람이나 사물이 무언가를 한다는 사실을 나타내고, 이어서 또 하나의 사람이나 사물이 같은 일을 한다는 사실을 덧붙여서 말하고자 할 때 쓰는 패턴이다.

ⓐ She <u>is</u> happy, and **so is he**.

그녀는 행복하다, 그리고 그 역시 그렇다

ⓑ We <u>went</u> shopping yesterday, and **so did she**.

우리는 어제 쇼핑을 하러 갔다, 그리고 그녀 역시 그렇다

ⓒ He <u>has</u> a sense of humor, **so does she**.

그는 유모가 있다, 그리고 그녀 역시 그렇다

ⓓ He <u>has seen</u> her, and **so have you**.

그는 그녀를 만났었다, 그리고 너 역시 그렇다

 패턴설명

● 주절에서 긍정문 형태로 어떤 사람이나 사물이 무언가를 한다는 사실을 나타내고, 이어서 또 하나의 사람이나 사물이 같은 일을 한다는 사실을 덧붙여서 말하고자 할 때 "so"를 쓰는 경우가 있는데, 이를 "긍정동의문"이라고 한다.

● 이때 주절의 동사에 따라 다음과 같이 긍정 동의문에 동사가 달라진다 : "be 동사 → be 동사" "일반동사 (have 동사 포함) → do" "조동사 → 조동사"로 바뀐다.

 패턴해설

ⓐ ~is~, and so is he → "be" 동사는 "be" 동사로

ⓑ ~went~, and so did she → 일반동사는 "do" 동사로

ⓒ ~has~, and so does she → "have" 동사도 역시 "do" 동사로

ⓓ ~has seen~, and so have you → 조동사는 조동사로

작문연습 (3-31)

1. Alice는 학생이다. 나 역시 그렇다.
➡

2. 그녀의 남편은 의사이다. 그녀 역시 그렇다.
➡

3. 그들은 내일 낚시하러 갈 예정이다. 나 역시 그렇다.
➡

4. 그녀는 오렌지를 좋아한다. 그 역시 그렇다.
➡

5. 존은 극장에 갔다, 그리고 그의 형 역시 그랬다.
➡

6. 나는 당신과 같이 갈 수 있다. 그녀 역시 그렇다.
➡

7. 만약 메리가 가기를 원하면, 나도 갈 것이다.
➡

ⓐ She <u>isn't</u> happy, and **neither is he**.

그녀는 행복하지 않다, 그리고 그 역시 그렇지 못하다

ⓑ We <u>didn't go</u> shopping yesterday, and **neither did she**.

우리는 어제 쇼핑을 가지 않았다, 그리고 그녀 역시 가지 않았다

ⓒ He <u>hasn't</u> a sense of humor, and **neither does she**.

그는 유머가 없다, 그리고 그녀 역시 그렇지 않다

ⓓ He <u>hasn't seen</u> her yet, and **neither have you**.

그는 그녀를 아직 만나 보지 못했다, 그리고 너 역시 그렇지 못하다

패턴설명

- 주절에서 부정문 형태로 어떤 사람이나 사물이 무언가를 한다는 사실을 나타내고 이어서 또 부정의 형태로 하나의 사람이나 사물이 같은 일을 한다는 사실을 덧붙여서 말하고자 할 때 "neither"를 쓰는 경우가 있는데, 이를 "부정동의문"이라고 한다.
- 이때 주절의 동사에 따라 다음과 같이 부정 동의문에 동사가 달라진다.
- "be 동사 → be 동사" "일반동사 (have 동사 포함) → do" "조동사 → 조동사"로 바뀐다.

패턴해설

ⓐ ~isn't~, and neither is he → "be" 동사는 "be" 동사로

ⓑ ~didn't go~, and neither did she → 일반동사는 "do" 동사로

ⓒ ~hasn't~, and neither does she → "have" 동사 역시 일반동사로

ⓓ ~hasn't seen~, and neither have you → 조동사는 조동사로

 **작문연습 (3-32)**

1. 그는 대학원생이 아니다. 그녀 역시 그렇지 않다.
➡

2. Frank는 어제 여기에 없었다. 나 역시 그렇지 않았다.
➡

3. 나는 노래 부르기를 좋아하지 않는다. 그녀 역시 그렇지 않다.
➡

4. 당신은 그들과 합석할 필요가 없다. 나 역시 그렇지 않다.
➡

5. 나는 그런 긴 줄에서 기다리기를 원한다고 생각하지 않는다. 나 역시 그렇지 않다.
➡

6. 그들은 내일까지는 떠나지 못할 것이다. 나 역시 그렇지 못할 것이다.
➡

7. Jamie는 오늘 오후에 영화 구경을 가지 않을 것이다. 그녀의 오빠 역시 그렇지 않다.
➡

8. 그의 누이는 요리를 할 줄 모른다. 나의 누이 역시 그렇지 않다.
➡

개념이 불확실한 부정형용사

– "개념이 불확실한 부정형용사"에는 "any, some, no, all, most" 등이 있다.

– 이들 부정형용사 뒤에는 "단수명사"와 "복수명사"가 모두 올 수 있다.

– 한편, 여기서 말하는 단수명사는 "불가산명사"를 말한다.

예문

ⓐ **Any money** isn't left.

어떤 돈도 남아 있지 않다

ⓑ **Some students** are still here.

일부 학생들은 여전히 남아있다

ⓒ **All life** is worth living.

모든 인생은 살만한 가치가 있다

ⓓ **All students** are present.

학생들 모두 출석했다

ⓔ **Most boys** like dogs.

대부분의 소년들은 개를 좋아한다

ⓕ **Most friendship** is feigning.

대개의 우정은 겉치레이다

해설

ⓐ "any + 단수명사"

ⓑ "some + 복수명사"

ⓒ "All + 단수명사"

ⓓ "All + 복수명사"

ⓔ "Most + 복수명사"

ⓕ "Most + 단수명사"

9. 의문문

- 상대에게 질문을 던질 때 쓰는 문장이다.
- 의문문에는 〈Yes · No〉를 묻는 질문, 〈의문사〉를 묻는 질문, 〈부가 의문문〉이
  있다.

ⓐ **Are** you busy now?

    당신은 지금 바쁩니까?

ⓑ **Did** she write this letter?

    그녀가 이 편지를 썼습니까?

ⓒ **Have** you ever **been** to America?

    당신은 미국을 방문해 본 적이 있습니까?

ⓓ **Can** you speak English?

    당신은 영어를 할 줄 아십니까?

 패턴설명

- "be 동사" "do 동사" "have 동사" "조동사"로 유도되는 질문은 "yes · no"를 요구하는 질문들이다.
- 이때 "be동사로 묻는 질문"은 〈주어에 중점〉이 있고, "do동사로 묻는 질문"은 〈주어의 동작 또는 주어의 동작과 그 대상에 중점〉이 있고, "have동사는 완료형"으로써 〈경험 · 완료 · 계속 · 결과에 중점〉이 있고, "조동사로 묻는 질문"은 〈부탁 · 요구 · 권고 · 예의 등 특정한 상황〉에 중점을 두고있다.

 패턴해설

ⓐ be동사 → "주어에 중점"이 있다

ⓑ do동사 → "주어의 동작 또는 주어의 동작과 그 대상에 중점"이 있다

ⓒ have동사 (완료시제) → "경험 · 완료 · 계속 · 결과에 중점"이 있다

ⓓ 조동사 → "부탁 · 요구 · 권고 · 예의 등 특정한 상황에 중점"이 있다

작문연습 (3-33)

1. 오늘이 화요일입니까?
➡

2. 오늘이 6월23일 입니까?
➡

3. 이것은 면세입니까?
➡

4. 이것은 세탁할 수 있는 것입니까?
➡

5. 이 자리는 주인이 있습니까?
➡

6. 이 문은 잠겨 있습니까?
➡

7. 이 근처에 버스 정류장이 있습니까?
➡

8. 이 근처에 우체통이 있습니까?
➡

9. 김 선생님입니까?
➡

10. 관광객인 가요?
➡

11. 중국인입니까?
➡

12. 다른 수화물을 가지고 있습니까?
➡

13. 신고할 것이 있습니까?
➡

14. 다른 무늬는 있습니까?
➡

15. 그것이 적절한 가격이라고 생각합니까?
➡

16. 이 헤어스타일이 나에게 어울린다고 생각합니까?
➡

17. 이 열차는 Los Angeles에 갑니까?
➡

18. 이 버스는 Williams에 정차합니까?
➡

19. 스포츠를 좋아합니까?
➡

20. 거리 쪽으로 향해있는 방을 좋아합니까?
➡

21. 단 것을 좋아하지 않습니까?
➡

22. 생선을 좋아하지 않습니까?
➡

<have 동사 (완료시제)>
23. 당신은 부산에 가보신 적이 있습니까?
➡

24. "Titanic" 영화를 보신 적이 있습니까?
➡

25. 당신은 무엇을 할 것인지 결정했습니까?
➡

26. 이미 소포를 부치셨나요?
➡

27. 최근에 관리검사가 있었습니까?
➡

28. 힐 박사에 대한 소식을 들으셨습니까?
➡

29. 이번 분기에 판매량이 6% 올랐다고 적혀 있는 곳을 보셨어요?
➡

30. 벌써 짐을 다 샀습니까?
➡

31. 좀 더 천천히 말해 주시겠습니까?
➡

32. 맛있는 것을 좀 추천해 주시겠습니까?
➡

33. Carnegie Hall로 가는 길을 가르쳐 주시겠습니까?
➡

34. 25센트 우표 5장을 주시겠습니까?
➡

35. 디저트는 어떻습니까?
➡

36. 라이터를 빌려주시겠습니까?
➡

37. 지하철을 타고 싶습니까?
➡

38. 연필로 써도 됩니까?
➡

39. 모레 방문해도 됩니까?
➡

40. Mrs. Smith와 통화할 수 있습니까?
➡

41. 거기에 지할철로 갈 수 있습니까?
➡

42. 예약할 수 있습니까?
➡

43. 나와 함께 가지 않겠습니까?
➡

44. 좀 더 오래 계시지 않겠습니까?
➡

45. 크림과 설탕을 넣어 주지 않겠습니까?
➡

ⓐ **When** did he come here?

그는 여기에 언제 왔습니까?

ⓑ **Where** does he live?

그는 어디에 살고 있습니까?

ⓒ **Who** answered this question?

누가 이 질문에 대답을 했습니까?

ⓓ **What** is your name?

당신의 이름은 무엇입니까?

ⓔ **How** do you get to the work?

직장에 무엇을 타고 가십니까?

ⓕ **Why** did she go to the station?

그녀가 왜 정거장에 갔습니다?

ⓖ **What color** do you like?

당신은 무슨 색을 좋아하십니까?

ⓗ **Which shoes** are yours?

어느 구두가 당신의 것입니까?

ⓘ **Whose car** is it?

이것은 누구의 자동차입니까?

ⓙ **How quickly** can you drive?

당신은 얼마나 빨리 운전을 할 수 있습니까?

ⓚ **How old** are you?

당신의 나이는?

ⓛ **How many books** do you have?

당신은 얼마나 많은 책을 갖고 있습니까?

 패턴설명

- 의문사를 묻는 질문에는 기본적으로 "wh-의문사" "what · which · whose +명사" "how +부사, how +형용사, how +형용사+명사" 가 있다.
- 의문사로 묻는 질문은 "각 의문사에 중점" 에 있다.

 패턴해설

〈wh-의문사〉

ⓐ 의문사 "when"을 묻는 질문

ⓑ 의문사 "where"를 묻는 질문

ⓒ 의문사 "who"를 묻는 질문

ⓓ 의문사 "what"을 묻는 질문

ⓔ 의문사 "how"를 묻는 질문

ⓕ 의문사 "why"를 묻는 질문

〈what · which · whose +명사〉

ⓖ 의문사 "what+명사"를 묻는 질문

ⓗ 의문사 "which+명사"를 묻는 질문

ⓘ 의문사 "whose+명사"를 묻는 질문

〈how +부사 · how +형용사 · how +형용사+명사〉

ⓙ 의문사 "how+부사"를 묻는 질문

ⓚ 의문사 "how+형용사"를 묻는 질문

ⓛ 의문사 "how+형용사+명사"를 묻는 질문

<Wh-의문사>

1. 누구를 찾고 있습니까? 〈전화에서〉
➡

2. 누구십니까? 〈전화에서〉
➡

3. 이 거리(이름)는 무엇입니까?
➡

4. 이번 주말에 무엇을 할 계획이십니까?
➡

5. 이 사업계획(project)에 대해 어떻게 생각하십니까?
➡

6. 점심에 무엇을 드시겠습니까?
➡

7. 여자친구 생일을 위해서 무엇을 보냈습니까?
➡

8. 언제 음악회가 시작합니까?
➡

9. 언제 가게문이 열립니까?
➡

10. 언제 그는 비행기로 귀국할 겁니까?
➡

11. 언제 그것이 준비되겠습니까?
➡

12. 관광 안내소는 어디에 있습니까?
➡

13. 어디에서 버스를 탈 수 있습니까?
➡

14. 어디에서 전화를 걸고 있습니까?
➡

15. 이 문제에 대해서 어떻게 생각하십니까?
➡

16. 직장에는 무엇을 타고 가십니까?
➡

17. 어떻게 김포공항에 갑니까?
➡

<what · which · whose + 명사>
18. 어떤 드레스가 좋겠습니까?
➡

19. 무슨 영화를 보시겠습니까?
➡

20. 어떤 종류의 기념품이 좋겠습니까?
➡

21. 세계 무역센터는 어느 쪽 방향입니까?
➡

22. 어느 비행 편을 탈 겁니까?
➡

23. 뉴욕에 가려면 어느 비행 편을 타면 됩니까?
➡

24. 저것은 누구의 기념비입니까?
➡

25. 저건 누구의 책들입니까?
➡

<how+부사 · how+형용사 · how+형용사+명사>
26. 이 컴퓨터를 얼마나 빨리 수리해 줄 수 있습니까?
➡

27. 요금은 얼마입니까?
➡

28. 택시로 힐튼까지 가는데 얼마나 걸립니까?
➡

30. 며칠을 보내려고 합니까?
➡

31. 돈이 얼마나 필요 하십니까?
➡

설명

- 앞서 설명한 바와 같이 "개념이 불확실한 부정형용사" 뒤에는 "단수명사(=불가산명사)"와 "복수명사"가 온다.
- 그런데, "no" 뒤에 오는 단수명사는 "불가산명사" 뿐만 아니라 "가산명사"도 온다는데 유의한다.
- 또, "no+명사"는 "not any~" 또는 "not a~"의 의미와 같다.
- "almost all" 또는 "nearly all"은 "most"의 의미와 같다.

예문

ⓐ I have **no money** on me.

나는 가진 돈이 한푼도 없다

ⓑ **No man** is without his faults.

누구나 결점이 없는 사람은 없다

ⓒ **No people** were able to come to the party.

아무도 파티에 올 수 없었다

ⓓ I have **not any money** on me.

나는 가진 돈이 한푼도 없다

ⓔ **Most people** take their vacations in the summer.

대부분의 사람들은 여름에 휴가를 간다

해설

ⓐ no money → no+단수명사(=불가산명사).

ⓑ no man → no+단수명사(=가산명사).

ⓒ no people → no+복수명사

ⓓ not any money → no money

ⓔ most=almost all=nearly all

> ⓐ It's raining outside, **isn't it?**
>
> ⓑ She <u>has</u> two sons, **doesn't she?**
>
> ⓒ You won't be leaving soon, **will you?**
>
> ⓓ <u>Be quite</u>, **will you?**
> 조용히 해, 그래 줄래?
>
> ⓔ <u>Put off</u> your hat, **won't you?**
> 모자를 좀 벗어 주세요, 그렇게 하지 않겠습니까?
>
> ⓕ <u>Let's not talk</u> about that now, **shall we?**
> 그것에 대해서는 지금 얘기하지 맙시다, 그래 주실래요?

 패턴설명

- 주절의 동사가 긍정이면 "부가 의문문은 부정"을, 주절의 동사가 부정이면 "부가 의문문은 긍정"을 쓴다.
- 이때에 주절의 동사에 따라 다음과 같이 부가의문문의 동사가 달라진다 : 즉, "be 동사 → be 동사"로, "일반동사 (have 동사 포함) → do"로, "조동사 → 조동사"로 바뀐다.
- 한편, 명령문은 "will you?"로 받으나, 권유를 나타낼 때에는 "won't you?"로 받는다. 그런데, "Let's…"로 시작하는 간접 명령문에서의 부가 의문문은 "shall we?"를 쓴다.

 패턴해설

ⓐ ~is~, isn't it? → "be" 동사는 "be" 동사로

ⓑ ~has~, doesn't she? → 일반동사 (have 동사 포함)는 "do" 동사로

ⓒ ~won't be~, will you? → 조동사는 조동사로

ⓓ 명령문 → will you?로

ⓔ 명령문 (권유) → won't you?로

ⓕ 간접 명령문 → shall we?로

작문연습 (3-35)

1. 그건 좋은 생각입니다, 그렇지 않습니까?
➡

2. 비가 온 다음에는 아주 눅눅하게 됩니다, 그렇지 않습니까?
➡

3. 당신은 그 사건에 대해서 나의 부모에게 말할 것입니다, 당신은 그렇지 않습니까?
➡

4. 우리는 전체의 장을 읽어야 했습니다, 우리는 그렇지 않았나요?
➡

5. 음식이 남아 있지 않습니다, 남아 있나요?
➡

6. 그녀는 좀처럼 당신에게 전화를 하지 않습니다, 그녀가 전화를 하나요?
➡

7. 그녀는 결코 정시에 오지 않는다, 그녀는 정시에 오는 가요?
➡

8. 조심해, 그렇게 할래?
➡

9. 커피 좀 들지, 그렇게 하지 않을래?
➡

10. 기차로 가지요, 우리 그럴 까요?
➡

작문연습 어휘연구 및 모범답안

1. MAIN MESSAGE PATTERN (단문)

[1] 1형식 : 주어가 하는 동작이 강조되는 표현

〈1〉 S + V (1−1)

1. spring (명) 봄 ; come (동) 오다
2. wind (명) 바람 ; blow/blew/blown (동) 불다
3. hurry (동) 서두르다 ; must … (조) 해야만 한다
4. sun (명) 해 ; rise/rose/risen (동) 뜨다
5. semester (명) 학기 ; begin (동) 시작하다
6. come/came/come (동) 오다
7. sun (명) 해 ; shine/shone/shone (동) 빛나다
8. it (대) 날씨 등을 나타낼 때 쓴다 ; snow (동) 눈이 내리다
9. we (대) 우리 ; all (부) 모두 ; breathe (동) 숨쉬다 ; drink (동) 마시다 ; eat (동) 먹다
10. whether (접) ~인지 아닌지 ; start (동) 출발하다 ; now (부) 지금 ; later (부) 후에 ; matter (동) 문제가 되다

1. Spring **has come**.
2. The wind **blew**.
3. We **must hurry**.
4. The sun **rose**.
5. The semester **began**.
6. They **came**.
7. The sun **was shining**.
8. It **was snowing**.
9. We all **breathe, drink, and eat**.
10. Whether we start now or later **doesn't matter**.

1. come in (=step in) (동) 안으로 들어오다

2. stay in (동) 안에서 머물다 ; all day long (부) 하루 종일

3. light (명) 불 ; just (부) 방금 ; go out (동) 외출하다

4. come out (동) 안에서 밖으로 나오다

5. step out (=go out) (동) 나가다

6. stand up (동) 일어서다

7. birthday (명) 생일 ; come up (동) 다가오다

8. meeting (명) 회의 ; break up (동) 해산하다 ; at five (전치사구) 5시에

9. computer (명) 컴퓨터 ; break down (동) 고장 나다

10. wave (명) 파도 ; settle down (동) 가라앉다

11. look on (동) 관찰하다

12. hold on (동) (전화 등을) 끊지 않고 기다리다

13. hat (명) 모자 ; blow off (동) 날아가다

14. fog (명) 안개 ; clear off (동) 걷히다

15. paint (명) 페인트 ; come off (동) 벗겨지다

16. wound (명) 상처 ; heal over (=heal up) (동) 아물다

17. could (조) ⋯할 수 있다 ; get through (동) ~를 통과하다

〈1형식동사+in〉

1. She **came in**.

2. I **stayed in** all day long.

〈1형식동사+out〉

3. The light just **went out**.

4. He didn't **come out**.

5. They just **stepped out**.

〈1형식동사+up〉

6. He **stood up**.

7. Her birthday **is coming (up)**.

8. The meeting **broke up** at five.

〈1형식동사+down〉

9. My computer **broke down**.

10. The waves **settled down**.

4

11. He **looked on**.

12. Can you **hold on**?

13. My hat **blew off**.

14. The fog **cleared off**.

15. The paint **came off**.

16. The wound **healed over**.

17. We couldn't **get through**.

〈3〉 S+V+부사 (1-3)

1. Airline pilot (명) 비행기 조종사 ; score (동) 점수를 내다 ;
   on psychological tests (전치사구) 심리시험에 있어서

2. medicine (명) (먹는) 약 ; really (부) 정말로 ; work (동) 효과가 있다 ;
   for a cold (전치사구) 감기에

3. thesis (명) 논문 ; read (동) 읽다 ; easily (부) 쉽게

4. students (명) 학생들 ; do (동) …를 하다 ; on the test (전치사구) 시험에

5. go back (동) 돌아가다

6. step aside (동) 옆으로 비켜서다

7. get home late (동) 늦게 집에 오다 ; from work (전치사구) 직장에서부터 ;
   last night (부) 지난 밤

8. wind (명) 바람 ; blow (동) 불다 ; hard (부) 세차게

9. Reds (명) 붉은 악마 ; get together (동) 모이다 ; again (부) 다시

10. turn right (동) 오른쪽으로 돌다 ; at the corner (전치사구) 코너에서

11. rose (명) 장미 ; come along (동) 다가오다, 진행되다, 진척되다 ; how (접) 어떤 방법으로

12. already (부) 이미 ; travel (동) 여행하다 ; thousands of miles (부) 수천 마일

13. jump (동) 점프하다 ; two meters (부) 2 미터

14. meeting (명) 회의 ; last (동) 계속하다, 지속하다 ; two hours (부) 2시간

15. temperature (명) 온도 ; rise (동) 올라가다 ; 10 degrees (부) 10도

16. go (동) 가다 ; upstairs (부) 2층에, 위층에

17. talk (동) 이야기하다 ; face to face (부) 얼굴을 맞대고

1. Airline pilots **must score well** even on psychological tests.

2. This medicine really **works well** for a cold.

3. This thesis **reads easily**.

4. All the students **did well** on the test.

5. We must **go back**.

6. Could you **step aside**?

7. **I got home late** from work last night.

8. The wind **blew hard**.

9. The Reds **got together** again.

10. **Turn right** at the corner.

11. How **are** your roses **coming along**?

12. He **has** already **traveled** <u>thousands</u> of miles.

13. He **jumped** <u>two meters</u>.

14. The meeting **lasted** <u>two hours</u>.

15. The temperature **rose** <u>10 degrees</u>.

16. She **went** <u>upstairs</u>.

17. We **talked** <u>face to face</u>.

〈4〉 S＋V＋전치사구 · 준동사 · 접속사 S＋V～(1-4)

1. school (명) 학교 ; close (동) 닫다 ; already (부) 이미 ;
   for the summer (전치사구) 여름방학을 맞이하여

2. go (동) 가다 ; on (by) foot (전치사구) 걸어서

3. lightening (명) 번개 ; rarely (부) 좀처럼 …하지 않다 ; strike (동) 치다 ; twice (부) 두 번 ;
   in the same place (전치사구) 한 장소에서

4. go (동) 가다 ; upstairs (부) 이층에 ; after a meal (전치사구) 식사 후에

5. rain (동) 비가 내리다 ; cats and dogs (부) 억수같이 ;
   for an hour (전치사구) 한 시간 동안

6. arrive (동) 도착하다 ; home (부) 집에 ; at last (전치사구) 마침내

7. **stand** (동) 차지하다 ; **first** (부) 첫 번째 ; **in one's class** (전치사구) 자기 반에서

8. **simply** (부) 단순하게, 도저히 ; **stay** (동) 머무르다 ; **indoors** (부) 안에서 ;
   in such fine weather (전치사구) 그와 같은 좋은 날씨에

9. **dog** (명) 개 ; **cat** (명) 고양이 ; **lie** (동) 눕다 ;
   side by side (부) 나란히 ; **in the shade** (전치사구) 그늘에서

10. **look up** (동) 올려다 보다 ; **from the book** (전치사구) 책에서 눈을 떼고

11. **some** (형) (사람, 사물) 얼마간의 ; **people** (명) 사람들 ;
    come (동) 오다; **across the yard** (전치사구) 마당을 가로질러

12. **drop** (동) 떨어지다, 탈락하다 ; **out of college** (전치사구) 대학으로부터

13. **go** (동) 가다; **to bed** (전치사구) 침실로; **late** (부) 늦게

14. **drive** (동) 운전하다 ; **to work** (전치사구) 직장으로

15. **fall in love** (동) 사랑에 빠지다

16. **arrive** (동) 도착하다 ; **home** (부) 집에 ; **at last** (전치사구) 마침내

17. **stand** (동) 차지하다 ; **first** (부) 첫 번째 ; **in one's class** (전치사구) 자기 반에서

18. **simply** (부) 단순하게, 도저히 ; **stay** (동) 머무르다 ; **indoors** (부) 안에서 ;
    in such fine weather (전치사구) 그와 같은 좋은 날씨에

19. **dog** (명) 개 ; **cat** (명) 고양이 ; **lie** (동) 눕다 ;
    side by side (부) 나란히 ; **in the shade** (전치사구) 그늘에서

10. **look up** (동) 올려다 보다 ; **from the book** (전치사구) 책에서 눈을 떼고

11. **some** (형) (사람, 사물) 얼마간의 ; **people** (명) 사람들 ;
    come (동) 오다 ; **across the yard** (전치사구) 마당을 가로질러

12. **drop** (동) 떨어지다, 탈락하다 ; **out of college** (전치사구) 대학으로부터

13. **go** (동) 가다 ; **to bed** (전치사구) 침실로 ; **late** (부) 늦게

14. **drive** (동) 운전하다 ; **to work** (전치사구) 직장으로

15. **fall in love** (동) 사랑에 빠지다

16. **stand up** (동) 일어서다 ; **see** (동) 보다 ; **better** (부) 더 좋게

17. **someone** (대) 누군가 ; **call** (동) 방문하다 ; **see** (동) 보다, 만나다

18. **die** (동) 죽다 ; **hear** (동) 듣다, 들리다, 전해 듣다 ; **alive** (형) 살아있는

19. **women** (명) 여성들 ; **go too far** (동) 지나치다 ;
    lose (동) 잃다, 지다, 낭비하다 ; **weight** (명) 무게, 중량, 체중

20. **come to do** (관용어 표현) …를 알게 되다 ; **see** (동) 보다 ; **wrong** (형) 잘못된

21. **fail to** (관용어 표현) …하지 못하다 ; **swimmer** (명) 헤엄치는 사람 ;
    reach (동) 도착하다 ; **shore** (명) 해안

22. **stand to do** (관용어 표현) …할 입장에 처해있다 ; **lose** (동) 잃다 ;
    a large amount of money (명) 엄청난 액수의 돈

23. **seem to do** (관용어 표현) …처럼 보이다 ; **name** (명) 이름 ;

24. **leave** (동) 떠나다 ; **after** … (접) 후에 ; **come** (동) 오다

25. get up (동) 자리에서 일어나다 ; before (접) …전에 ; sun (명) 해 ; rise (동) 뜨다
26. girl (명) 소녀 ; run (동) 뛰다 ; until (접) …까지 ; out of breath (전치사구) 숨이 차 있는
27. go (동) 가다 ; even (부) 조차도 ; even if (접) … 할지라도 ; rain (동) 비가 내리다
28. act (동) 행하다 ; as if (접) 마치 …처럼 ; own (동) 소유하다 ; place (명) 장소

<주어+1형식동사+전치사~>

1. Peter's school has already closed <u>for the summer</u>.
2. I'll go <u>by foot</u>.
3. Lighting rarely strikes twice <u>in the same place</u>.
4. They went upstairs <u>after a meal</u>.
5. It was raining cats and dogs <u>for an hour</u>.
6. She arrived home <u>at last</u>.
7. Mr. Kim stands first <u>in his class</u>.
8. We simply can't stay indoors <u>in such fine weather</u>.
9. A dog and a cat were lying side by side <u>in the shade</u>.
10. He looked up <u>from the book</u>.

<관용어 표현>

11. <u>Across the yard</u> came some people.
12. He dropped <u>out of college</u>.
13. I go <u>to bed</u> late.
14. She drives <u>to work</u>.
15. He fell <u>in love</u>.

<주어+1형식동사+준동사~>

16. She stood up <u>to see better</u>.
17. Someone has visited <u>to see you</u>.
18. He died <u>without having heard his mother alive</u>.
19. Women go too far <u>in losing their weight</u>.

<관용어 표현>

20. I came <u>to see that he was wrong</u>.
21. The swimmer failed <u>to reach the shore</u>.
22. We stands <u>to lose a large amount of money</u>.
23. I seem <u>to have heard his name</u>.

24. I'll leave <u>after he comes</u>.

25. They got up <u>before the sun rose</u>.

26. The girl ran <u>until she was out of breath</u>.

27. He'll go <u>even if it rains</u>.

28. He acts <u>as if he owned the place</u>.

〈5〉 S+be 동사+(부사 · 전치사구 · 준동사 · 접속사 S+V+~) (1-5)

1. in (부) 안에

2. out (부) 밖에

3. over there (부) 바로 저기에

4. friend (명) 친구 ; here (부) 여기에

5. book (명) 책 ; look for (동) 찾다

6. others (명) 다른 사람들

7. house (명) 집 ; near the station (전치사구) 정거장 가까이

8. plan (명) 계획 ; town (명) 마을 ; on page 23 (전치사구) 23페이지에

9. girlfriend (명) 여자친구 ; by him (전치사구) 그의 옆에

10. always (부) 늘 ; with you (전치사구) 너와 함께

11. at that time (전치사구) 그 때에 ; at college (전치사구) 대학에 다닐 때

12. nobody (대) 아무도 ; help+O+out (동) 돕다

13. in the recreation room (전치사구) 레크레이션 룸에 ;
    play (동) 놀이하다 ; ping-pong (명) 탁구

14. before (접) 전에 ; join (동) 합석하다 ; company (명) 회사 ;
    at the CBA Corporation (전치사구) CBA 회사에 근무한

15. everything (대) 모든 것 ; as (접) …한 바와 같이 ; leave (동) 남겨두다 ; it (대) 그것

16. house (명) 집 ; on fire (전치사구) 불타고 있는

1. He is **in**.

2. They are all **out**.

3. They are <u>over there</u>.

4. Your friend is here.

5. The book that you're looking for is <u>here</u>.

6. Others are <u>there</u>.

7. My house is <u>near the station</u>.

8. The plan of the town is <u>on page 23</u>.

9. His girlfriend was <u>by him</u>.

10. I always will be <u>with you</u>.

11. At that time, I was <u>at college</u>.

12. Nobody was there <u>to help me out</u>.

13. She is in the recreation room <u>playing ping-pong</u>.

14. <u>Before I came to this company</u>, I was <u>at the CBA corporation</u>.

15. Everything was <u>as he had left it</u>.

16. We weren't all there <u>when the house was on fire</u>.

〈6〉 There + 동사 + 명사 (1-6)

1. too much (부) 너무 많은 ; idle (형) 실없는 ; gossip (명) 소문

2. a large crowd of people (명) 한 무리의 사람

3. still (부) 여전히 ; many (형) 많은 ; thing (명) 것 ; worth (형) 가치 있는 ; fight for (동) 싸우다

4. fire (명) 화재 ; on (부) …하는 중 ; last night (부) 지난 밤

5. light (명) 불, 전등 ; in the house (전치사구) 집안에 ; off (부) (계속되고 있는 것이) 끊어져

6. place (명) 장소 ; like (전) ~와 같은 ; home (명) 집, 고향

7. thirty-one days (명) 31일 ; in January (전치사구) 1월에

8. doubt (명) 의심 ; about (전) ~에 관하여 ; it (대) 그것

9. chance (명) 기회 ; go abroad (동) 해외에 가다

10. still (부) 여전히 ; time (명) 시간 ; see (동) 보다 ; movie (명) 영화

11. sufficient (부) 충분한 ; reason (명) 이유 ; satisfy (동) 만족하다

12. no one (대) 아무도 ; love (동) 사랑하다 ; one's own country (명) 조국

13. someone (대) 누군가 ; wait for (동) 기다리다 ; see (동) 보다, 만나다

14. used to be (동) …하곤 했다 (과거의 규칙적인 습관) ; library (명) 도서관

15. stand (동) …에 있다 ; castle (명) 성 ; hill (명) 언덕

16. follow (동) …의 뒤를 잇다 ; long (형) 긴 ; period (명) 기간 ;
    peace (명) 평화 ; prosperity (명) 번영, 번창

17. know (동) 알다 ; how far (접) 얼마나 멀리 ;
    science (명) 과학 ; develop (동) 발전하다 ;

in the future (전치사구) 앞으로
18. account for (동) 설명하다 ; taste (명) 맛, 취향

1. There was <u>too much idle gossip</u>.

2. There was <u>a large crowd of people</u>.

3. There are still <u>many things</u> worth fighting for.

4. There was a fire <u>on</u> last night.

5. There were lights <u>off</u> in the house.

6. There is no place <u>like home</u>.

7. There are thirty-one days <u>in January</u>.

8. There is no doubt <u>about it</u>.

9. There will be a chance <u>for you to go abroad</u>.

10. There is still time <u>for us to see a movie</u>.

11. There is sufficient reason <u>for him to be satisfied</u>.

12. There is no one <u>who doesn't love his own country</u>.

13. There is someone <u>who is waiting for you to see</u>.

14. There <u>used to be</u> a library here.

15. There <u>stands</u> a castle on the hill.

16. There <u>followed</u> a long period of peace and prosperity.

17. There is <u>no knowing how far science will develop in the future</u>.

18. There is <u>no accounting for taste</u>.

1. seem (동) …처럼 보이다 ; as if (접) 마치 …처럼 ; see (동) 보다 ; somewhere (부) 어디선가
2. seem (동) …처럼 보이다 ; do (동) 하다
3. seem (동) …처럼 보이다 ; several (형) 여러 개의 ; opinion (명) 의견 ; on the matter (전치사구) 그 문제에 대해
4. matter (동) 문제가 되다 ; how long (접) 얼마나 오래 ; live (동) 살다 ; how (접) 어떻게
5. only (부) 단지 ; remain (동) 남다 ; wish (동) 바라다 ; both of you (명) 둘 ; happiness (명) 행복
6. appear (동) 겉으로 보기에는 ; day (명) 날 ; never (부) 결코 ; end (동) 끝나다
7. happen (동) 우연히 일어나다 ; in (부) …안에 ; visit (동) 방문하다
8. follow (동) 따르다 ; blame (동) 비난하다
9. happen (동) 우연히 일어나다 ; in London (전치사구) 런던에
10. weather (명) 날씨 ; improve (동) 개선하다 ; soon (부) 곧
11. seem (동) …처럼 보이다 ; love (동) 사랑하다
12. appear (동) 겉으로 보기에는; guilty (형) 죄가 있는 ; from the evidence (전치사구) 증거로 미루어 보아 ;

1. **It** seems to me **as if I saw him somewhere**.
2. And **it** seemed **that he did**.
3. **It** seems **that there are several opinions on the matter**.
4. **It** matters **not how long we live, but how** (we live).
5. **It** only remains **that I wish both of you happiness**.
6. **It** appeared **that the day would never end**.
7. **It** happened **that we were not in when she visited**.
8. **It** doesn't follow **that he is to be blamed**.
9. **It** happened **that I was not in London**.
10. **It** would seem **that the weather is improving soon**.
11. **It** seems to me **that he loves her**.
12. **It** appears **that he is guilty** from the evidence.

[2] 2형식: 주어를 설명하는 표현

〈1〉 S+be+형용사·명사 (1-8)

1. alike (형) 서로가 닮은 ; exactly (부) 매우
2. centimeter (명) 센티미터 ; tall (형) 키가 큰
3. old (형) ~살(세)의, 나이 먹은
4. badly-off (형) 궁색한
5. day (명) 낮 ; long (형) 긴 ; warm (형) 따뜻한 ; in spring (전치사구) 봄에는
6. honest (형) 정직한 ; rich (형) 부자인
7. turn down (동) 거절하다 ; unlikely (형) 있을 수 없는
8. swimming (명) 수영 ; good (형) 좋은 ; exercise (명) 운동
9. athletic meet (명) 운동회 ; big (형) 큰 ; success (명) 성공
10. uncle (명) 아저씨 ; a heavy smoker (명) 담배를 많이 피우는 사람
11. agriculture (명) 농업 ;
    one of the most important industries (명) 가장 중요한 산업중에 하나 ;
    in our country (전치사구) 우리 나라에서
12. good (형) 좋은 ; day (명) 날 ; free from (형용사구) …로부터 자유로운 ; wind (명) 바람
13. whether (접)~인지 아닌지 ; agree (동) 동의하다 ;
    a different matter (another matter) (명) 별개의 문제

<be+형용사>

1. They are exactly **alike**.
2. She is 170 centimeters **tall**.
3. I'm twenty-years **old**.
4. He is **badly-off**.
5. In Spring, the days are **long and warm**.
6. He is honest, but he isn't **rich**.
7. That he will turn down (=refuse) it is **unlikely**.

<be+명사>

8. Swimming is **a good exercise**.
9. Our athletic meet was **a big success**.
10. Our uncle is **a heavy smoker**.
11. Agriculture is **one of the most important industries** in our country.

12. It is **a good day** free from wind.

13. Whether he will agree or not is **a different matter**.

1. issue (명) 쟁점 ; of no importance (전치사구) 중요치 않은
2. part of our house (명) 우리 집의 일부 ;
   of the 15th-century style (전치사구) 15세기 식의 스타일
3. shoe (명) 구두 ; of my size (전치사구) 내 크기인
4. in good shape (전치사구) 몸매가 예쁜
5. everything (대) 모든 것 ; in good order (arranged well) (전치사구) 정돈이 잘되 있는
6. memory (명) 기억 ; in the wrong (at fault) (전치사구) 잘못 되 있는
7. vending machine (명) 자동판매기 ; out of service (전치사구) 고장난
8. we all (대) 우리 모두는 ; out of breath (전치사구) 숨이 차있는
9. on vacation (전치사구) 휴가중인
10. at that time (전치사구) 그때 ; on a cruise (전치사구) 배로 여행중인
11. these (대) 이들, 이것들 ; on sale (전치사구) 판매중인
12. this (대) 이것 ; on the house (전치사구) 서비스인
13. accomplishment (명) 성취 ; beneath one's ability (전치사구) 능력 아래에 있는
14. poem (명) 시 ; above (beyond) me (전치사구) 나의 능력을 벗어난
15. the Giants (명) 미국 야구 메이저리그의 한 팀 ; game (명) 경기 ;
    behind the Dodgers (전치사구) 다저스 보다 뒤 처진
16. letter (명) 편지 ; for you (전치사구) 너를 위한
17. who (접) 누가 ; it (대) 그것은 ; for someone (전치사구) …를 위해
18. problem (명) 문제 ; simple (부) 도저히, 단순하게
    over one's head (전치사구) 이해를 넘어, 알 수 없는
19. over eighty (전치사구) 80살이 넘은
20. off the point (전치사구) 주제를 벗어난
21. off work (전치사구) 일을 하지 않는
22. button (명) 단추 ; off your coat (전치사구) 코트에서 떨어진
23. like brothers (전치사구) 형제처럼
24. such (형) 그러한 ; behavior (명) 행동 ; like him (전치사구) 그와 같은
25. interest rate (명) 이자율 ; one percent (부) 1 퍼센트
26. computer (명) 컴퓨터
27. game (명) 게임

1. The issue is **of no importance**.
2. Part of our house is **of the 15th-century style**.
3. These shoes are not **of my size**.

4. She is **in good shape**.
5. Everything is **in good order**.
6. Your memory is **in the wrong** (at fault).

7. The vending machine is **out of service**.
8. We were all **out of breath**.

9. we're **on vacation**.
10. At that time, I was **on a cruise**.
11. These are **on sale**.
12. This is **on the house**.

13. His accomplishment is **beneath his ability**.
14. This poem is **above me** (beyond me).
15. The Giants are 3 games **behind the Dodgers**.

16. This letter is **for you**.
17. **Who** is it **for**?

18. This problem is simply **over my head**.
19. She is **over eighty**.

20. That is **off the point**.
21. He is **off work**.
22. A button is **off your coat**.

23. They are **like brothers**.

24. Such behavior is **like him**.

25. The interest rate is one percent **up**.

26. The computer is **down**.

27. The game is **over**.

〈3〉 S+be+준동사 (분사 · to do · 동명사) (1–10)

1. house (명) 집 ; rent (동) 임대하다
2. blame (동) 비난하다
3. object (명) 목적, 목표 ; help (동) 돕다
4. know (동) 알다 ; like (동) 좋아하다
5. work (명) 일 ; repair (동) 수리하다 ; computer (명) 컴퓨터
6. job (명) 직업 ; sell (동) 팔다 ; book (명) 책
7. one of the things (명) 한가지 일 중에 하나 ; husband (명) 남편 ; like (동) 좋아하다
   take out (동) 치우다
8. boss (명) 보스 ; demanding (형) 요구하는
9. mistaken (형) 틀린, 오해한, 잘못 생각한
10. bag (명) 가방 ; missing (형) 없어진, 분실한
11. part (명) 부분 ; parcel (명) 소포 ; damaged (형) 파손된
12. pleased (형) 즐거운 ; come to (동) …에로 오다 ; birthday party (명) 생일 파티
13. some (형) 일부, 몇몇 ; customer (명) 고객 ; confused (형) 혼돈한 ;
    about the return policy (전치사구) 환불정책에 대해
14. view (명) 광경 ; pleasing (형) 즐거움을 주는
15. game (명) 경기 ; exciting (형) 흥분한, 손에 땀을 쥐게 하는

1. This house is **to rent**.

2. He is **to be blamed**.

3. My object is **to help you**.

4. To know her is **to like her**.

5. His work is **repairing the computers**.

6. His job is **selling the books**.

7. One of the things my husband doesn't like is **taking out the garbage**.

8. The boss is too **demanding**.

9. He was **mistaken**.

10. My bag was **missing**.

11. Part of the parcel was **damaged**.

12. I will be very **pleased** (glad, happy) if you come to my birthday party.

13. Some customers are **confused** about the return policy.

14. The view is **pleasing**.

15. The game was very **exciting**.

〈4〉 S＋be＋접속사 S＋V～(1–11)

1. trouble (명) 문제 ; shop (명) 가게 ; closed (형) 닫은
2. suggestion (명) 제안 ; plant (동) 심다 ; tree (명) 나무 ; in the street (전치사구) 거리에
3. problem (명) 문제 ; doctor (명) 의사 ; village (명) 마을
4. question (명) 문제 ; when (접)~할 때 ; how (접) 어떻게 ; carry＋O＋out (동)~를 실행하다
5. reason (명) 이유 ; live (동) 살다 ; in a very remote place (전치사구) 매우 먼 곳에
6. what (접)~하는 것 ; used to be (동) (과거에) …하곤 하다
7. this (대) 이것은 ; where (접) 어디에 ; work (동) 일하다
8. that (대) 그것은 ; what (대)~하는 것 ; say (동) 말하다
9. what (접)~하는 것 ; look for (동) 찾다

1. The trouble is **that all the shops are closed**.

2. My suggestion is **that we plant more trees in the street**.

3. The problem is **that there is no doctor in this village**.

4. The question is **when and how we should carry it out**.

5. The reason is **that I live in a very remote place**.

6. She is not **what she used to be**.

7. This is **where I work**.

8. That is **what I'm saying**.

9. Is this **what you're looking for**?

1. free (형) 자유스러운 ; use (동) 쓰다, 이용하다, 사용하다 ; book (명) 책, 장서
2. train (명) 기차 ; scheduled (형) 예정된 ; arrive (동) 도착하다 ; on time (전치사구) 정각에
3. angry (형) 화난 ; find (동) 우연히 발견하다, 알다 ; off the team (전치사구) 팀에서 벗어난
4. student (명) 학생들 ; pleased (형) 기쁜, 즐거운 ;
   find (동) 우연히 발견하다, 알다 ; examination (명) 시험
5. afraid (형) 두려워하여 ; go (동) 가다
6. positive (형) 명확한, 확신하고 있는 ; whether (접) ~인지 아닌지
7. clear (형) 밝은, 투명한 ; where (접) 어디에 ; go (동) 가다

〈형용사+to do〉

1. You are free **to use my book**s.
2. The train is scheduled **to arrive on time**.

〈형용사+~ing〉

3. He was angry **in finding that he was off the team**.
4. The students were pleased **in finding that there would be no examination tomorrow**.

〈S+V+형용사?~P.P.+접속사 S+V+~〉

5. I'm afraid **that I must be going**.
6. I'm not positive **whether she was Miss Lee or not**.
7. We're not clear **where she has gone**.

1. sentence (명) 문장 ; sound (동) …처럼 들리다 ; very (부) 매우 ; poor (형) 어색한
2. bill (명) 청구서 ; fall (동) 떨어지다 ; due (형) 마감이 된
3. long-cherished (형) 오랫동안 마음에 품어온 ; dream (명) 꿈 ;
   come (동) 오다 ; true (형) 사실로 ; at last (전치사구) 마침내
4. become (동) …이 되다 ; quite (부) 아주 ; industrious (형) 부지런한
5. if (접) 만약에 ; keep (동) 유지하다 ; quiet (형) 조용한 ; get (동) …을 얻다 ; well (형) 건강한 ;
   in a week or two (전치사구) 일 이주 후에
6. picture (명) 그림 ; look (동) 보이다 ; all the more (부) 더욱 ;
   beautiful (형) 아름답게 ; when (접)~때 ; look at (동) 쳐다보다 ; at a distance (전치사구) 멀리서

1. This sentence **sounds** very <u>poor</u>.

2. The bill **fell** <u>due</u>.

3. My long-cherished dream **has come** <u>true</u> at last.

4. He **has become** quite <u>industrious</u>.

5. If you **keep** <u>quiet</u>, you will **get** <u>well</u> in a week or two.

6. This picture **looks** all the more <u>beautiful</u> when we look at a distance.

〈7〉 S+일반동사+전치사구 (1-14)

1. ship (명) 배 ; go (동) 가다 ; out of sight (전치사구) 시력에서 벗어난

2. get (동)손에 넣다, 잡다, …을 알다, …을 …되게 하다 ;
   out of bed (전치사구) 잠자리에서 벗어난 ; early (부) 일찍

3. machine (명) 기계 ; prove (동) 입증하다 ; of no use (전치사구) 쓸모없는

4. go (동) 가다 ; on a diet (전치사구) 다이어트 중인

5. sound (동) …한 소리가 나다 ; up a tone (전치사구) 한 톤이 높은

6. go far (동) 지나치다 ; far (부) 훨씬 ; beyond me (전치사구) 나의 능력을 벗어난 ;
   in learning (전치사구) 학문 면에서

1. The ship **has gone** <u>out of sight</u>.

2. He **got** <u>out of bed</u> early.

3. This machine **proved** <u>of no use</u>.

4. She **went** <u>on a diet</u> last week.

5. This piano **sounds** <u>up a tone</u>.

6. He **has gone** far <u>beyond me</u> in learning.

〈8〉 S+일반동사+준동사 (=분사) (1-15)

1. keep (동) 어떤 상태를 유지하다 ; crying (분) 외치는, 울부짖는

2. raining (분) 비가 내리는 ; for a week (전치사구) 일주일 동안

3. go+~ing (관용어 표현) …하러 가다

4. ride (동) 타다 ; bike (명) 자전거 ; this coming weekend (부) 다가오는 이번 주말에

5. intoxicated (분) 술 취한

6. get caught in the rain (관용어 표현) 비를 만나다 ;
   on one's way home (전치사구) 집에 오는 도중에

7. get stuck (관용어 표현) 곤경에 빠지다 ; in a traffic jam (전치사구) 교통정체에 있는

8. seem (동) 보이다 ; delighted (분) 기쁜

9. look (동) 보이다 ; tired (형) 피곤한

10. on the phone (전치사구) 통화중에 ; sound (동) 들리다 ; preoccupied (분) 정신이 팔려있는

11. all (형) 모든 ; plan (명) 계획 ; come (동) 오다 ; unsolved (분) 해결되지 않은

12. warning (명) 경고 ; go (동) 가다 ; unheeded (분) 주의를 기울이지 않은

13. run (동) 뛰다 ; naked (분) 벌거벗은 ; out of the bath (전치사구) 욕실에서 나가는

14. knot (명) 매듭 ; come (동) 오다, …하기에 이르다 ; untied (분) 묶이지 않는

<keep+~ing>

1. She **kept** <u>crying</u>.

2. It **kept** <u>raining</u> for a week.

<go+~ing>

3. They **went** <u>shopping</u>.

4. We'll **go** <u>riding a bike</u> this coming weekend.

<get+~P.P.>

5. They **got** <u>intoxicated</u>.

6. I **got** <u>caught</u> in the rain on my way home.

7. We **got** <u>stuck</u> in a traffic jam.

<기타동사+~P.P.>

8. She **seemed** <u>delighted</u>.

9. You **look** <u>tired</u>.

10. On the phone, she **sounded** <u>preoccupied</u>.

11. All the plan **can come** <u>unsolved</u>.

12. His warning **went** <u>unheeded</u>.

13. She **ran** <u>naked</u> out of the bath.

14. The knot **came** <u>untied</u>.

〈9〉 S+일반동사+명사 (1-16)

1. story (명) 이야기 ; adventure (명) 모험 ; make (동) …이 되다 ;
   fascinating (형) 매혹적인 ; reading (명) 독서

2. from that time (전치사구) 그 때부터 ; turn (동) …이 되다 ;
   a different man (another man) (명) 딴 사람

3. become (동) ···이 되다 ; famous (형) 유명한 ; movie star (명) 배우

4. one of my best friend (명) 가장 친한 친구

5. make (동) ···이 되다 ; handsome (형) 멋진 ; couple (명) 커플

1. The story of his adventures **makes** <u>a fascinating reading</u>.

2. From that time, he **turned** <u>a different man</u> (another man).

3. She **became** <u>a famous movie star</u>.

4. He **became** <u>my best friend</u>.

5. Peter and Eva **make** <u>a handsome couple</u>.

〈10〉 S＋일반동사＋like＋명사 (1-17)

1. smell (동) 냄새나다 ; rose (명) 장미

2. sound (동) 들리다 ; nice (형) 좋은 ; guy (명) 남자

3. taste (동) 맛이 나다 ; chicken (명) 치킨

4. feel (동) 느끼다 ; drink (명) 마실 것, 음료, 주류

5. feel (동) 느끼다 ; snow (명) 눈

6. see (동) 보다, 구경하다 ; movie (명) 영화

7. rain (명) 비 ; last (동) 지속하다

8. look (동) 보이다 ; snow (동) 눈이 내리다

9. busy (형) 바쁜

〈like+명사〉

1. It **smells like** <u>roses</u>.

2. He **sounds like** <u>a nice guy</u>.

3. It **tastes like** <u>chicken</u>.

4. I **feel like** <u>a drink</u>.

5. It **feels like** <u>snow</u>.

〈like+~ing〉

6. He **didn't feel like** <u>seeing a movie</u>.

7. The rain **looks like** <u>lasting</u>.

〈like+접속사+S+V+~〉

8. It **looks like** <u>that it will snow today</u>.

9. It **looks like** <u>that you're busy</u>.

1. live (동) 살다 ; saint (명) 성인
2. noun (명) 명사 ; function (동) 기능을 하다 ; object (명) 목적어
3. book (명) 책 ; count (동) 간주하다 ; masterpiece (명) 걸작
4. appear (동) …처럼 보이다 ; Hamlet (명) 햄릿
5. rank (동) …로 평가되다, 차지하다 ; high (부) 높은, 지위가 높은 ; critic (명) 비평가
6. serve (동) …로 일하다 ; manager (명) 지배인 ; store (명) 가게

1. He **lived** as a saint.
2. This noun **functions** as an object.
3. The book **counts** as a masterpiece.
4. He **appeared** as Hamlet.
5. He **ranked** high as a critic.
6. He **had served** as manager in the store.

1. attempt (명) 시도 ; prove (동) 입증하다 ; successful (형) 성공한
2. faithful (형) 충실한 ; to the last (전치사구) 끝까지
3. blue (형) 푸른 ; whale (명) 고래 ; grow (동) 자라다 ; meter (명) 미터 ; long (형) 긴
4. Optimist (명) 낙관주의자 ; tend (동) …하는 경향이 있다 ; healthy (형) 건강한 ; happy (형) 행복한
5. cynic (명) 냉소적인 사람
6. spectator (명) 구경꾼
7. truthful (형) 진실한 ; friend (명) 친구
8. few (형) 거의 없는 ; suffer from (동) ~로부터 고생하다;
   cold (명) 감기 ; this winter (부) 금년 겨울
9. enjoy (동) 즐기다 ; party (명) 파티
10. depressed (분) 의기소침한
11. unmarried (분) 결혼하지 않은 ; through all her life (전치사구) 평생을 통해
12. disappointed (분) 실망한
13. embarrassed (분) 난처한, 당황한
14. happen (동) 우연히 일어나다 ; in the office (전치사구) 사무실에
15. in no hurry (전치사구) 서두르지 않는 ; pay back (동) 갚다 ;
    borrowed (분) 빌린 ; money (명) 돈

1. Their attempt **proved to be** successful.
2. He **remained to be** faithful to the last.
3. The blue whale can **grow to be** 27 meters long.
4. Optimists **tend to be** healthier and happier.

5. He **remained to be** a cynic.
6. We cannot **remain to be** a spectator.
7. He **proved to be** a truthful friend.

8. Few people **seem to be** suffering from a cold this winter.
9. You **seem to be** enjoying the party.

10. She **appeared to be** depressed.
11. She **remained to be** unmarried through all her life.
12. She **seemed to be** disappointed.
13. He **seemed to be** embarrassed.

14. She **happened to be** in the office.
15. He **seems to be** in no hurry to pay back his borrowed money.

〈13〉 S+1형식동사+형용사 · 명사 · ~ing · ~p.p. (1–20)

1. lie (동) 눕다 ; sleepless (형) 잠을 이루지 못하는
2. marry (동) 결혼하다 ; old (형) 나이든
3. fall down (동) 넘어지다 ; unconscious (형) 무의식 속의
4. arrive (동) 도착하다 ; dead (부) 완전히, 전적으로 ; penniless (형) 무일푼의
5. come back (동) 돌아오다 ; home (부) 집 ; millionaire (명) 백만장자
6. part (동) 헤어지다 ; the best (friend) of friends (명) 친구 중에 가장 친한 친구
7. live (동) 살다 ; die (동) 죽다 ; bachelor (명) 독신자
8. sit (동) 앉다 ; watch (동) 지켜보다 ; bird (명) 새 ; on the shore (전치사구) 물가에
9. men (명) 남자들 ; stand (동) 서다 ; together (부) 함께 ;
   in the yard (전치사구) 마당에 ; say (동) 말하다 ; crazy (형) 미친

10. go away (동) 멀리 가다 ; quite (부) 아주 ; satisfied (분) 만족한
11. fall down (동) 빠지다 ; tired (분) 피곤한

<S+V+형용사>

1. She lay **sleepless**.

2. He married **old**.

3. He fell down **unconscious**.

4. They arrived in Seoul dead **penniless** (broke).

<S+V+명사>

5. He came back home **a millionaire**.

6. They parted **the best (friend) of friends**.

7. He lived and died **a bachelor**.

<S+V+~ing>

8. They sat **watching the birds** on the shore.

9. The men stood together in the yard **saying that he must be crazy**.

<S+V+~P.P.>

10. He went away quite **satisfied**.

11. She fell down **tired**.

〈14〉 가주어 · 진주어 (1~21)

1. possible (형) 가능한 ; master (동) 통달하다 ; within two or three years (전치사구) 2, 3년 내에

2. sometimes (부) 때때로 ; good (형) 좋은 ; alone (형) 홀로, 외로이

3. difficult (형) 어려운 ; for the children (전치사구) 자녀가 ; always (부) 항상 ;
   live up to (동)~의 의지대로 살다 ; expectation (명) 기대 ; parents (명) 부모

4. etiquette (명) 에티켓 ; man (명) 남자 ; remove (동) 벗다 ;
   hat (명) 모자 ; speak (동) 말하다 ; lady (명) 숙녀

5. bad (형) 나쁜 ; habit (명) 습관 ; read (동) 읽다 ;
   newspaper (명) 신문 ; while (접) ~하는 동안 ; eat (동) 먹다

6. bad (형) 나쁜 ; manners (명) 태도 ; yawn (동) 하품하다 ;
   in another's face (전치사구) 다른 사람 앞에서

7. foolish (형) 멍청한 ; seek (동) 구하다 ; fish (명) 고기 ; tree (명) 나무

8. unwise (형) 현명하지 못한 ; take (동) 잡다 ; chance (명) 기회 ; circumstance (명) 환경

9. pity (명) 유감 ; miss (동) 놓치다 ; such a golden opportunity (명) 절호의 기회

10. no wonder (명) 조금도 이상하지 않음 ; pass (동) 통과하다 ;
    entrance examination (명) 입학시험 ; at the first attempt (전치사구) 단번에
11. try to do (동) ~을 노력하다 ; keep up (동) 유지하다 ; old friendship (명) 옛 우정
12. talk about (동) ~관해 이야기하다 ; something (대) 무엇인가 ; unpractical (형) 비실용적인

<It+be+형용사·명사+to do~>

1. **It** is possible **to master English** within two or three years.
2. Sometimes it is good **to be alone**.
3. **It** is difficult for the children always **to live up to the expectation of their parents**.
4. **It** is an etiquette for man **to remove his hat** when (he is) speaking to a lady.
5. **It** is a bad habit **to read a newspaper** while (we're) eating.
6. **It** is a bad manner **to yawn** in another's face.

<It+be+형용사·명사+~ing>

7. **It** is foolish **seeking a fish** on a tree.
8. **It** is unwise your **taking a chance** under any circumstances.

<It+be+형용사·명사+접속사+S+V+~>

9. **It** is a pity **that you have missed such a golden opportunity**.
10. **It** is no wonder **that he has passed the entrance examination** at the first attempt.

<It+be+no use+~ing>

11. **It**'s no good **trying to keep up the old friendship**.
12. **It**'s no use **talking about something unpractical**.

[3] 3형식 : 주어가 하는 동작과 그 동작의 대상이 강조되는 표현

〈1〉 S+V+명사 · 대명사 (1-22)

1. marry (동) 결혼하다
2. love (동) 사랑하다 ; our own country (명) 조국
3. few (형) 별로 없는 ; know (동) 알다 ; Russian (명) 러시아어

4. even (부) ~조차도 ; science (명) 과학 ; create (동) 창조하다 ;
   something (대) 유 ; out of nothing (전치사구) 무에서

5. never (부) 결코 ∼하지 않다 ; forger (동) 잊다 ; kindness (명) 신세 ;
   as long as (접) ∼하는 한 ; live (동) 살다

6. get (동) 걸리다 ; cold (명) 감기

7. gain (동) 얻다 ; much (형) 많은 ; weight (명) 무게

8. lose (동) 잃다 ; appetite (명) 식욕

9. make (동) 일으키다 ; trouble (명) 문제 ; school (명) 학교

10. take (동) 하다 ; step (명) 수단 ; avoid (동) 피하다 ; trouble (명) 문제

11. kindness (명) 친절 ; show (동) 보이다 ; way (명) 방법

12. nerve (명) 신경 ; come (동) 오다 ; uninvited (형) 초대받지 않은

13. habit (명) 버릇 ; talk to (동) …와 이야기 하다

14. the least (부) 가장 적게 ; idea (명) 생각, 의견 견해 ;
    become (동) …이 되다 ; teacher (명) 교사

〈1〉 S+V+명사?대명사 (1-22)

1. Mr. Kim married **Miss Lee**.

2. We should love our **own country**.

3. Few Koreans know **Russian**.

4. Even science cannot create **something** out of nothing.

5. I shall never forget **your kindness** as long as I live.

6. I got a cold.

7. She has gained much weight.

8. I have lost an appetite.

9. He doesn't make trouble in school.

10. We should take steps to avoid troubles.

11. He had **the kindness** to show me the way.

12. He had **the nerve** to come uninvited.

13. She has **a habit** of talking to herself.

14. I did not have **the least idea** of becoming a teacher.

〈2〉 S+V+one's 명사 (one's+way) (1-23)

1. break (동) 부수다 ; heart (명) 마음 ; disappointed (분) 실망한 ; love (명) 사랑

2. father (명) 아버지 ; breath (동) 숨쉬다

3. do one's best (관용어 표현) 최선을 다하다 ; persuade (동) 설득하다

4. earn one's living (관용어 표현) 생계를 꾸리다 ; writing (명) 집필

5. hold one's tongue (관용어 표현) 잠자코 있다 ; meeting (명) 회의 ; all the way (부) 내내

6. entirely (부) 전적으로 ; lose his temper (관용어 표현) 화나다

7. make up my mind (관용어 표현) 결심하다 ; marry (동) 결혼하다

8. feel one's way toward ⓑ (관용어 표현) ⓑ 에 대해서 신중히 하다 ;
   accomplishment (명) 성취 ; plan (명) 계획

9. fight one's way in ⓑ (관용어 표현) ⓑ 에 대해서 활로를 개척하다 ; life (명) 인생

10. pay one's way through ⓑ (관용어 표현) ⓑ 까지 자기가 경비를 지불하다 ; college (명) 대학

11. river (명) 강물 ; find one's way into ⓑ (관용어 표현) ⓑ 까지 나아가다 ;

12. see one's way to ⓑ (관용어 표현) ⓑ 에 대해서 할 수 있다고
    생각하다 ; allow (동) 허락하다 ; rent (동) 임대하다 ; house (명) 집

<S+V+one's 명사>

1. She **broke** <u>her heart</u> from disappointed love.

2. Father **breathed** <u>his last</u> this morning.

3. We **did** <u>our best</u> to persuade her.

4. He **earns** <u>his living</u> by writing.

5. He **held** <u>his tongue</u> during the meeting all the way.

6. He entirely **lost** <u>his temper</u> with me.

7. I **made up** <u>my mind</u> not to marry her.

<S+V+one's way+전치사~>

8. He **was feeling his way** <u>toward</u> the accomplishment of his plan.

9. He **fought his way** <u>in life</u>.

10. He **paid his way** <u>through</u> college.

11. These rivers **find their way** <u>into</u> the lake.

12. I'm sorry, but I don't **see my way** <u>to</u> allowing you to rent the house.

〈3〉 S+V+재귀대명사 (1-24)

1. history (명) 역사 ; repeat (동) 반복하다

2. disgrace (동) 품위를 손상시키다

3. hurt (동) 다치다 ; take (동) …를 취하다 ; care (명) 조심

4. indulge oneself in ~ (관용어 표현) ~에 몰두하다 ; gambling (명) 도박

5. devote oneself to ~ (관용어 표현) ~에 헌신하다 ; study of English (명) 영어공부

6. pride oneself on ~ (관용어 표현) ~을 자랑하다 ; skill in cooking (명) 요리솜씨

7. confine oneself to ~ (관용어 표현) ~에 틀어박히다 ;
   all tsrough the week (전치사구) 일주일 내내

8. express oneself in ~ (관용어 표현) 생각한 바를 말하다

9. diet (동) 식이요법 하다 ; death (명) 죽음

10. shout (동) 소리치다 ; hoarse (형) 목이 쉰

<S+V+재귀대명사>

1. History repeats **itself**.

2. She disgraced **herself**.

3. He will hurt **himself** if he doesn't take care.

<S+V+ⓐ+전치사+ⓑ>

4. He <u>indulged</u> **himself** <u>in</u> gambling.

5. He <u>devoted</u> **himself** <u>to</u> the study of English.

6. She <u>prides</u> **herself** <u>on</u> her skill in cooking.

7. I <u>confined</u> **myself** <u>to</u> my home all through the week.

8. He <u>expressed</u> **himself** <u>in</u> good English.

<S+V+재귀대명사+결과>

9. She dieted **herself** <u>to death</u>.

10. He shouted **himself** <u>hoarse</u>.

〈4〉 S+V+준동사 (부정사 · 동명사) (1-25)

1. decide (동) 결심하다 ; buy (동) 사다 ; another (형) 하나 더

2. manage (동) 경영하다 ; earn (동) 벌다 ; living (명) 생활

3. pretend (동) ~하는 척하다 ; hear (동) 듣다

4. want (동) 원하다 ; doctor (명) 의사

5. all (형) 모든 ; men (명) 사람들 ; desire (동) 바라다 ; happy (형) 행복한

6. refuse (동) 거절하다 ; put down (동) 진정시키다

7. learn (동) 배우다 ; careful (형) 주의 깊은

8. enjoy (동) 즐기다 ; having her in one's arms (동명사) 팔로 안는 것

9. could not help ~ing (관용어 표현) ~하지 않을 수 없다

10. only (부) 오직 ; fear (동) 걱정하다 ; a good helper (명) 좋은 조력자

11. excuse (동) 용서하다 ; my being late (동명사) 내가 늦은 것

12. narrowly (부) 간신히 ; escape (동) 모면하다 ;
being killed (동명사) 죽는 것 ; in the accident (전치사구) 사고로

13. stop (동) 멈추다 ; to talk (부정사) 이야기하는 것

14. talking (동명사) 이야기하는 것

15. begin (동) 시작하다 ; laugh (동) 웃다

16. continue (동) 계속하다 ; speak of (동) ~에 관해 이야기하다 ;
history (명) 역사 ; for half an hour (전치사구) 한 시간동안

17. be planning to do (동) ~할 계획하다 ; take a trip (관용어 표현) 여행하다 ;
to the west coast (전치사구) 서쪽으로

18. hate (동) 싫어하다 ; stay (동) 머물다 ; in one place (전치사구) 한 장소에서 ; long (부) 오래도록

19. like (동) 좋아하다 ; reading novels (동명사) 소설 읽는 것

20. renovating (동명사) 수리하는 것

21. to be mended (부정사) 수선하는 것

1. He decided **to buy another**.

2. I managed **to earn my living**.

3. She pretended not **to hear him**.

4. She wanted **to be a doctor**.

5. All men desire **to be happy**.

6. He refused **to be put down**.

7. You must learn **to be careful**.

8. He did not even enjoy **having her** in his arms.

9. She could not help **smiling**.

10. I only fear not **being a good helper**.

11. They didn't excuse **my being late**.

12. He narrowly escaped **being killed** in the accident.

13. He stopped **to talk**.

14. He stopped **talking**.

15. He began **to laugh**.

16. He continued **to speak of history** for half an hour.

17. We are planning **to take a trip** to the west coast.

18. She hates **to stay long** in the same place.

19. I like **reading novels**.

20. Our house deserves to **be renovated** (= renovating).

21. My computer needs to **be mended** (= mending).

〈5〉 S+V+접속사 S+V+~ (1-26)

1. wonder (동) 궁금하다 ; why (접) 왜 ; come (동) 오다
2. think (동) 생각하다 ; great (형) 큰, 훌륭한 ; statesman (명) 정치가
3. few (형) 별로 없는 ; people (명) 사람들 ; know (동) 알다 ;
   how important (접) 얼마나 중요한 ; time (명) 시간
4. parents (명) 부모 ; disapprove (동) 반대하다 ; do (동) 하다
5. just (부) 방금 ; learn (동) 알다 ; what (접) 무엇인가 ; to be alone (부정사구) 혼자 있는 것
6. know (동) 알다 ; where (접) 곳 ; the hell (부) 도대체 ; go (동) 가다
7. often (부) 종종 ; hesitate (동) 망설이다 ; do (동) 하다
8. confess (동) 자백하다 ; read (동) 읽다
9. say (동) 말하다 ; tolerate (동) 참다
10. suggest (동) 제안하다 ; follow (동) 따르다 ; advice (명) 충고
11. order (동) 명령하다 ; watch (동) 보다 ; on weekdays (전치사구) 주중에

1. I wonder **why he hasn't come**.

2. We think **that he is a great statesman**.

3. Very few people know **how important time is**.

4. My parents disapprove **whatever I do**.

5. He has just learned **what it is to be alone**.

6. I did not know **where the hell to go**.

7. He often hesitates **what to do**.

8. He confessed <u>to me</u> **that he hadn't read it**.

9. She said <u>to me</u> **that she could not tolerate it**.

10. I <u>suggest</u> that they **follow** my advice.

11. Father <u>ordered</u> that we not **watch** television on weekdays.

〈6〉 S＋자동사＋부사＋전치사＋O (1-27)

1. take up with (동) ~와 친해지다 ; man (명) 남자 ; live (동) 살다 ; next door (부) 이웃에

2. look forward to (동) ~를 학수고대하다 ; meet (동) 만나다

3. water (명) 물 ; come up to (동) ~에 이르다 ; knee (명) 무릎

4. look back on (동) 회상하다 ; past (명) 과거

5. have to (조) …해야만 한다 ; make up for (동) 보충하다 ; lost time (명) 잃어버린 시간

6. put up with (동) (고통 따위를) 참다 ; headache (명) 두통

7. set out for (동) 출발하다 ; without delay (전치사구) 지체 없이

8. speak ill of (동) 나쁘게 말하다 ; others (대) 다른 사람들

1. She **took up with** the man who lived next door.

2. I am **looking forward to** meeting you.

3. The water **came up to** the knees.

4. She **looked back on** the past.

5. He had to **make up for** lost time.

6. I cannot **put up with** my headache.

7. They **set out for** Japan without delay.

8. Don't **speak ill of** others.

〈7〉 S＋be＋형용사 · ~p.p.＋전치사＋O (1-28)

1. be respectful of (동) 존경하다 ; courage (명) 용기

2. become aware of (동) ~를 깨닫게 되다 ; personal (형) 개인적인 ; limitation (명) 한계

3. get married to (동) ~와 결혼생활을 하다

4. be satisfied with (동) ~에 대해 만족하다 ; the hours (명) 근무시간

5. be well known as (동) ~로 잘 알려지다 ; political (형) 정치적인 ; cartoonist (명) 만화가

6. be bored with (동) ~에 염증을 느끼다 ; math (명) 수학 ;
   throughout his college life (전치사구) 대학생활을 통해서

7. be released from (동) ~로부터 해제되다 ; contract (명) 계약 ; contact (동) 연락하다

1. We**'re respectful of** his courage.

2. He **became** more **aware of** his personal limitations.

3. He **has got married to** her for over ten years.

4. She **was satisfied with** the hours.

5. He **is well known as** a political cartoonist.

6. He **was bored with** math throughout his college life.

7. When you**'re released from** your contract, please contact us.

1. have a special liking for (동) ～를 특히 좋아하다

2. make a good impression on (동) ～에게 좋은 인상을 주다

3. make friends with (동) ～와 친구가 되다 ; neighbour (명) 이웃 ; yet (부) 아직, 여전히

4. take advantage of (동) 이용하다 ; opportunity (명) 기회

5. give way to (동) ～에게 자리를 내어주다 ;
   steam train (명) 증기 기관차 ; electric train (명) 전기 기관차

6. give birth to (동) 아이를 낳다 ; boy (명) 사내아이

7. pay attention to (동) ～에 주의를 기울이다 ; say (동) 말하다

8. take delight in (동) ～를 즐기다 ; see (동) 보다 ; people (명) 사람들 ; dance (동) 춤추다

1. He **has a special liking for** a cat.

2. She **made a good impression on** him.

6. Have you **made friends with** your new neighbours yet?

4. He should **take advantage of** the opportunity.

5. Steam trains **gave way to** electric trains.

6. She **gave birth to** a boy yesterday.

7. Don't **pay attention to** what he says.

8. I **take delight in** seeing people dancing.

1. endow ⓐ+with ⓑ (동) 〈ⓐ에게 ⓑ를 부여하다〉 ; nature (명) 자연, 하늘 ;
   wit (명) 기지 ; intelligence (명) 지성

2. remind+ⓐ+of ⓑ (동) 〈ⓐ에게 ⓑ를 상기시키다〉 ; dead (형) 죽은 ; sister (명) 누이

3. change+ⓐ+into ⓑ (동) 〈ⓐ를 ⓑ로 바꾸다〉 ;
   magician (명) 마술가 ; scarf (명) 스카프 ; rabbit (명) 토끼

4. prohibit ⓐ from ⓑ (동) 〈ⓐ가 ⓑ하지 못하게 하다〉

5. prevent+ⓐ+from ⓑ (동) 〈ⓐ에게 ⓑ를 하지 못하게 하다〉 ;
   heavy snow (명) 폭설 ; go out (동) 외출하다

6. scold+ⓐ+for ⓑ (동) 〈ⓐ에게 ⓑ에 대해서 야단치다〉 ; carelessness (명) 부주의

7. impose+ⓐ+on ⓑ (동) 〈ⓐ에게 ⓑ를 부과하다〉 ;
   customs (명) 세관 ; tax (명) 세금 ; property (명) 재산

8. waste+ⓐ+on ⓑ (동) 〈ⓐ를 ⓑ에 대해 낭비하다〉 ; energy (명) 정력 ; unpractical (형) 비실용적인

9. change ⓐ into ⓑ (동) 〈ⓐ를 ⓑ로 바꾸다〉

10. deprive ⓐ of ⓑ (동) 〈ⓐ에게 ⓑ를 빼앗다〉 ; government (명) 정부 ; freedom (명) 자유

11. excuse ⓐ for ⓑ (동) 〈ⓐ에 ⓑ한 것을 용서하다〉

12. send ⓐ for ⓑ (동) 〈ⓐ에게 ⓑ를 부르러 보내다〉 ; doctor (명) 의사

13. inform ⓐ of ⓑ (동) 〈ⓐ에게 ⓑ를 알리다〉 ; meeting (명) 회의 ; hold (동) 열리다

14. tell (동) 말하다 ; fact (명) 진상 ; case (명) 사건, 사례

15. give (동) 주다 ; interview (명) 인터뷰 ; reporter (명) 신문기자

16. beg (동) 구걸하다 ; money (명) 돈

17. call (동) 부르다 ; taxi (명) 택시

18. make (동) 만들다 ; all of us (명) 우리 모두

19. propose (동) 신청하다 ; marriage (명) 결혼

20. explain (동) 설명하다 ; policy (명) 정책 ; inevitable (형) 피할 수 없는

21. present (동) 주다 ; humble (형) 겸손한 ; apology (명) 사과

22. grateful (형) 고마운 ; opportunity (명) 기회

23. opposition (명) 반대 ; immediate (형) 즉각의 ; inquiry (명) 조사 ;
    behavior (명) 행동 ; police (명) 경찰

〈기본형〉

1. Nature <u>has endowed</u> her <u>with</u> wit and intelligence.

2. She <u>reminds</u> me <u>of</u> my dead sister.

3. The magician <u>changed</u> the scarf <u>into</u> a rabbit.

4. My father <u>prohibited</u> me <u>from</u> driving a car.

5. Heavy snow <u>prevented</u> us <u>from</u> going out.

6. Mother <u>scolded</u> me <u>for</u> my carelessness.

7. The customs <u>imposed</u> taxes on my property.

8. Don't <u>waste</u> your energy <u>on</u> something unpractical.

9. He <u>changed</u> a five-dollar bill <u>into</u> five singles.

10. The government <u>deprived</u> us <u>of</u> our freedom.

11. Please <u>excuse</u> me <u>for</u> being late.

12. He <u>sent</u> me <u>for</u> a doctor.

13. Jane <u>informed</u> me <u>of</u> the meeting to be held tomorrow.

〈S+수여동사+O+전치사~〉

14. He <u>told</u> all the facts of the case to me.

15. He <u>gave</u> an interview to a reporter.

16. He <u>begged</u> money <u>of</u> me.

17. He <u>called</u> a taxi <u>for</u> me.

18. She <u>made</u> coffee <u>for</u> all of us.

〈S+착각동사+O+to~〉

19. He <u>proposed</u> marriage to Sara.

20. I <u>explained</u> <u>to him</u> that the policy was inevitable.

21. please <u>present</u> my humble apologies <u>to</u> him.

〈S+동사구+O+전치사~〉

22. <u>I'm grateful to</u> you <u>for</u> this opportunity.

23. The opposition <u>has called for</u> an immediate inquiry <u>into</u> the behavior of the police.

〈10〉 S+동사+전치사+O (1-31)

1. long for (동) 간절히 바라다
2. husband (명) 남편 ; die of (동) ~병으로 죽다 ;
   consumption (명) 폐병 ; a little while ago (부) 얼마전
3. come across (동) 우연히 마주치다 ;
   high school teacher (명) 고교은사 ; be shopping (동) 쇼핑하다 ;
   in a department store (전치사구) 백화점에서
4. always (부) 항상 ; dream of (동) 꿈꾸다 ; become (동) ~이 되다 ;
   conductor (명) 지휘자 ; orchestra (명) 오케스트라
5. call on (동) ~을 방문하다 ; teacher (명) 선생님
6. consent to (동) 찬성하다 ; suggestion (명) 제안
7. go on (동) ~를 계속하다 ; talking (명) 이야기
8. fail in (동) 실패하다 ; persuade (동) 설득하다
9. stick to (동) 고수하다 ; original position (명) 원래의 입장

1. He **longed for** her.

2. Her husband **died of** consumption a little while ago.

3. I **came across** my high school teacher when I was shopping in a department store.

4. I had always **dreamed of** becoming the conductor of an orchestra.

5. He **called on** his teacher.

6. I cant **consent to** the suggestion.

7. He **went on** talking.

8. I **failed in** persuading him.

9. He **stuck to** his original position.

〈11〉 S＋동사＋부사＋O (1-32)

1. put＋O＋on (동) 신다, 입다

2. had better (조) …하는 편이 좋겠다 ; take＋O＋off (동) 벗다 ; overcoat (명) 코트

3. shake＋O＋off (동) 쓸어내다

4. clean＋o＋out (동) 말끔히 청소하다 ; place (명) 장소

5. look＋O＋through (동) 간파하다

6. go＋O＋through (동) 겪다 ; hardship (명) 곤란

7. doctor (명) 의사 ; give＋O＋up (동) 포기하다 ; sister (명) 누이

8. continual (형) 계속적인 ; wet (형) 젖은 ; weather (명) 날씨 ; get＋O＋down (동) 침울해지다

9. stick it to (동) (시간적으로) 버티다 ; any longer (부) 더 이상

10. leave＋O＋behind (동) 남기고 죽다 ; fortune (명) 재산

11. you (대) 당신, 여러분 ; keep＋O＋away (동) 가까이 하지 못하게 하다 ; children (명) 자녀 ; from the fire (전치사구) 불로 부터

12. take＋O＋hard (동) …을 힘겹게 받아드리다 ; death (명) 죽음 ;

13. take＋O＋home (동) …로 집에 오다 ; bus (명) 버스

1. **Put** your shoes **on**.

2. You'd better **take** your overcoat **off**.

3. She **shook** the snow **off**.

4. I **cleaned** the place **out**.

5. We **looked** him **through**.

6. He **went** many hardships **through**.

7. The doctor **gave** my sister **up**.

8. This continual wet weather **is getting** me **down**.

9. I can't **stick** it **out** any longer.

10. He **left** a large fortune **behind** (him).

11. You should **keep** your children **away** from the fire.

12. He **took** her death **hard**.

13. She **took** a bus **home**.

〈12〉 S+완전자동사+O (동족어 · 유사어) (1-33)

1. dream (동) 꿈꾸다 ; strange (형) 이상한 ; last night (부) 지난 밤

2. smile (동) 미소 짓다 ; ugly (형) 추악한

3. live (동) 살다 ; over again (부) 되풀이해서

4. sing (동) 노래를 부르다 ; beautiful (형) 아름다운

1. He <u>dreamed</u> **a strange dream** last night.

2. She <u>smiled</u> **an ugly smile**.

3. I would not <u>live</u> **my life** over again.

4. She always <u>sings</u> **a beautiful song**.

〈13〉 가주어 · 진주어/가목적어 · 진목적어 (1-34)

1. surprise (동) 놀라다 ; hear (동) 듣다 ; win (동) 이기다 ; race (명) 경주

2. take (동) 걸리다 ; several (형) 몇몇의 ; distinguish ⓐ from ⓑ (동) ⓐ와 ⓑ를 구별하다 ;
   cultured pearl (명) 양식진주 ; genuine pearl (명) 자연진주

3. weeks (명) 여러 주 ; assort (동) 분류하다 ; agglomeration (명) 더미 ;
   miscellaneous items (명) 잡동사니 ; collect (동) 모으다 ; on his trip (전치사구) 여행길에

4. say (동) 말하다 ; dead (형) 죽은

5. great (형) 위대한 ; statesman (명) 정치가

6. alleged (분) 주장된 ; work (동) 일하다 ; enemy (명) 적

7. owe ⓐ to ⓑ (동) 〈ⓐ는 ⓑ에 덕분이다〉 ; parents (명) 부모 ;
   keep (동) 유지하다 ; healthy (형) 건강한

8. owe ⓐ to ⓑ (동) 〈ⓐ는 ⓑ에 덕분이다〉 ; alive (형) 살아있는

9. leave ⓐ to ⓑ (동) 〈ⓐ를 ⓑ에 맡기다〉 ; conscience (명) 양심 ;
   decide (동) 결정하다 ; choose (동) 고르다

10. answer for (동) 책임지다 ; honest (형) 정직한

11. care about (동) 걱정하다 ; whether (접) ~인지 아닌지 ;

approve (동) 찬성하다, 승인하다

12. agree about (동) 동의하다 ; do (동) …하다 ; work (명) 일, 직업

1. **It** surprised me **to hear that Bill had won the race**.

2. **It** takes several years for you **to distinguish cultured pearls from genuine ones**.

3. **It** took weeks **to assort the agglomeration of miscellaneous items** (that) he had collected on his trip.

4. **It** is said **that she is dead**.

5. **It** is said **that he is a great statesman**.

6. **It** is alleged **that he had worked for the enemy**.

7. We owe **it** to our parents **to keep ourselves healthy**.

8. I owe **it** to my wife **that I'm still alive**.

9. We will leave **it** to your conscience **to decide which to choose**.

10. I will answer for **it that this man is honest**.

11. I don't care about **it whether he approves (or not)**.

12. They couldn't agree about **it who should do the work**.

[4] 4형식: 주어가 하는 동작의 대상이 두 개 오는 표현

〈1〉 S+V+IO+DO (명사 · 대명사) (1-35)

1. teacher (명) 선생님 ; tell (동) 말하다 ;
the answer to the question (명) 그 질문에 대한 대답

2. give (동) 주다 ; aspirin (명) 아스피린

3. offer (동) 제공하다 ; job (명) 일자리, 직업

4. send (동) 보내다 ; a box of sweets (명) 사탕 한 박스

5. show (동) 보여주다 ; thing (명) 일, 것

6. be willing to do (조) 기꺼이 ~하다 ; lend (명) 빌려주다

7. buy (동) 사다

8. pass (동) 건네주다 ; salt (명) 소금

9. bring (동) 가지고 오다 ; a cup of coffee (명) 커피 한 잔

10. spare (동) 나누어주다 ; some time (명) 약간의 시간 ; this Saturday (부) 이번 주 토요일

11. offer (동) 임명하다 ; the Minister of Education (명) 교육장관

12. get (동) 사다 ; ticket (명) 표

13. get (동) 얻다, 획득하다 ; anything else (대) 그 밖에 것

14. make+O+up (동) 쌓다 ; a parcel of books (명) 책 한 꾸러미

15. give+O+back (동) 돌려주다 ; freedom (명) 자유

1. The teacher <u>told</u> them **the answer** to the question.

2. <u>Give</u> him **aspirin**.

3. He <u>offered</u> her **a job**.

4. He <u>sent</u> her **a box of sweets**.

5. He won't <u>show</u> you **a thing**.

6. I'm willing to <u>lend</u> you **the money**.

7. Father <u>bought</u> me **a new computer**.

8. Could you <u>pass</u> me **the salt**?

9. Please <u>bring</u> me **a cup of coffee**.

10. Could you <u>spare</u> me **some time** this Saturday?

11. He <u>is offered</u> **the Minister of Education**.

12. Will you get me a ticket?

13. Can I get you anything else?

14. He <u>made</u> me <u>up</u> **a parcel of books**.

15. They <u>gave</u> the people <u>back</u> **their freedom**.

〈2〉 S+V+IO+DO (접속사+S+V+∼) (1-36)

1. ask (동) 묻다 ; secretary (명) 비서 ; whether (접) ∼인지 아닌지 ;
   director (명) 감독 ; back (부) 돌아 온 ; before (접) 전에

2. tell (동) 말하다 ; come (동) 오다 ; today (부) 오늘

3. warn (동) 경고하다 ; turmoil (명) 소동 ; begin (동) 시작하다

4. tell (동) 말하다 ; what this is 이것이 무엇인지

5. persuade (동) 설득하다 ; look forward to (동) ~하기를 학수고대하다 ; see (동) 보다, 만나다
6. satisfy (동) 만족하다 ; do (동) ~하다 ; work (명) 일 ; well (부) 잘

1. We <u>asked</u> the secretary **whether the director would be back before five O'clock**.
2. I <u>told</u> you **that I would come today**.
3. I must <u>warn</u> you **that the turmoil has only begun**.
4. Please <u>tell</u> me **what this is**.
5. He <u>persuaded</u> himself **that he was looking forward to seeing her**.
6. I <u>satisfied</u> myself **that he could do the work well**.

〈3〉 S+V+IO+DO (접속사+to do) (1-37)

1. show (동) 보여주다 ; operate (동) 작동하다
2. tell (동) 말하다 ; find (동) 찾다
3. show (동) 안내하다 ; go (동) 가다
4. policeman (명) 경찰관 ; inform (동) 알려주다 ;
   admission ticket (명) 입장권 ; ball park (명) 야구장
5. bank (명) 은행 ; manager (명) 경영자 ; advise (동) 충고하다 ;
   invest (동) 투자하다 ; money (명) 돈

1. I <u>showed</u> them **how to operate it**.
2. I'll <u>tell</u> you **how to find them**.
3. He'll <u>show</u> you **where to go**.
4. A policeman <u>informed</u> me **where to get the admission ticket to the ball park**.
5. Your bank manager will <u>advise</u> you **where to invest your money**.

[5] 5형식 : 주어가 하는 동작의 대상과 그 대상을 설명하는 말이 오는 표현

〈1〉 S+V+O+OC (명사) (1-38)

1. call (동) 부르다, 전화를 걸다 ; genius (명) 천재
2. appoint (동) 임명하다 ; manager (명) 지배인
3. entitle (동) …에게 칭호를 주다 ; Sultan (이슬람교에서의) 황제, 군주
4. make (동) 만들다. …이 되다 ; aviation (명) 항해 ; profession (명) 전문직업
5. name (동) …에 이름을 붙이다 ; ship (명) 배
6. have (동) …이 되다 ; cook (명) 요리사 ; before long (=soon) (부) 곧

1. We call him **a genius**.
2. We appointed him **manager**.
3. They entitled him **Sultan**.
4. I made aviation **my profession**.
5. The ship was named **'Mayflower.'**
6. I'll have him **a good cook** before long.

〈2〉 S+V+O+OC (형용사) (1-39)

1. please (조) 제발, 미안하지만 ; get (동) (식사를) 준비하다 ; ready (형) 준비가 된
2. wrong (형) 잘못된
3. make (동) …하게 하다 ; everything (대) 모든 것 ; clear (형) 맑은, 분명한, 명백한
4. see (동) 보다. …와 만나다 ; ablaze (형) (활활) 타오르는, 화염에 쌓여서
5. like (동) 좋아하다 ; coffee (명) 커피 ; weak (형) 약한
6. coat (명) 코트 ; keep (동) 유지하다 ; warm (형) 따뜻한
7. have (동) …되게 하다 ; room (명) 방 ; clean (형) 깨끗한 ; tidy (형) 정돈된

1. Please get the coffee **ready**.
2. Don't get me wrong.
3. It makes everything **clear**.
4. We saw the apartment **ablaze**.
5. I like my coffee **weak**.
6. This coat will keep you **warm**.

7. I had my room **clean and tidy**.

1. allow (동) 허락하다 ; have a vacation (관용어 표현) 휴가를 갖다

2. want (동) 원하다 ; meet (동) 만나다 ; not~any more (부) 더 이상 ~하지 않다

3. beg (동) 빌다, 구하다, 청하다 ; go (동) 가다

4. encourage (동) 격려하다. 고무시키다 ; rant (동) 큰 소리로 떠들다

5. force (동) 억지로 시키다 ; speak (동) 이야기하다

6. wait for (동) …를 기다리다 ; return (동) 돌아오다

7. be going to (조) …할 예정이다 ; keep (동) …으로 하여두다 ; wait (동) 기다리다 ;
   all day long (부) 하루 종일

8. find (동) 찾아내다 ; water (동) 물을 주다 ; a young apple tree (명) 어린 사과나무 ;
   in east garden (전치사구) 동쪽 정원에서

9. listen to (동) ~를 듣다 ; band (명) 밴드 ; play (동) 연주하다 ; in the park (전치사구) 공원에서

10. want (동) 원하다 ; report (명) 보고서 ; type (동) 타이프 치다

11. only (부) 단지 ; want (동) 원하다 ; go (동) 가다

〈S+V+O+to do〉

1. Mr. White allowed him **to have a vacation** for two weeks.

2. I want you not **to meet her** any more.

3. She begged me **to go**.

4. You encouraged him **to rant**.

5. He forced himself **to speak**.

6. I'll wait here for her **to return**.

〈S+V+O+~ing〉

7. Are you going to keep me **waiting** all day long?

8. He found his father **watering a young apple tree** in east garden.

9. We listened to the band **playing** in the park.

〈S+V+O+~P.P.〉

10. He wanted his report **typed**.

11. He only wanted her **gone**.

〈4〉 S+사역동사 · 지각동사+O+OC (1-41)

1. believe (동) 믿다
2. play (동) 연주하다 ; in one's house (전치사구) ~의 집에서
3. think (동) 생각하다 ; so (부) 그렇게
4. feel (동) 느끼다 ; young (형) 젊은 ; again (부) 다시
5. keep (동) 간직하다. 간수하다
6. must (조) …해야만 하다 ; hair (명) 머리 ; cut (동) 자르다
7. blood pressure (명) 혈압 ; take (동) 재다 ; in the hospital (전치사구) 병원에서
8. handbag (명) 핸드백 ; steal (동) 훔치다
9. composition (명) 작문 ; revise (동) 교정하다 ; teacher (명) 교사
10. make myself heard (관용어 표현) 내 목소리를 들리게 하다 ;
    crowd (명) 군중 ; microphone (명) 확성기
11. sleep (동) 잠자다
12. see (동) 보다 ; hold (동) (껴) 안다, 사로잡다
13. feel (동) 느끼다 ; cheek (명) 뺨 ; grow (동) 자라다 ;
    red (형) 붉은 ; with sudden anger (전치사구) 갑자기 화가 치밀어
14. hear (동) 듣다 ; door (명) 문 ; open (동) 열리다
15. hear (동) 듣다 ; at last (전치사구) 마침내
16. watch (동) 지켜보다 ; cross (동) 건너가다 ; pavement (명) 포장도로
17. see (동) 보다 ; stroll along (동) 거닐다
18. smell (동) 냄새가 난다 ; burning (분) 타고 있는
19. help (동) 돕다 ; carry (동) 나르다 ; luggage (명) 가방 ; to the station (전치사구) 정거장까지

<S+사역동사+O+동사원형>

1. You can't have him **believe it**.
2. I won't have him **play the piano** in my house.
3. What makes you **think** so?
4. They made me **feel young** again.
5. Let her **keep the money**.

<~p.p.>

6. I must have my hair **cut**.
7. I had my blood pressure **taken** in the hospital yesterday.
8. She has had her handbag **stolen**.
9. I have this composition **revised** by my teacher.

10. I couldn't make myself **heard** by the crowd without the microphone.

11. I can't <u>have</u> them **sleeping** in my house.

12. He <u>was seen</u> **holding** her.

13. I <u>felt</u> my cheeks **grow red** with sudden anger.

14. He <u>heard</u> a door **open**.

15. I heard my name **called** at last.

16. I <u>watched</u> them **crossing** the pavement.

17. I saw a man **strolling along**.

18. I smell something **burning**.

19. Shall I <u>help</u> you **carry** luggage to the station?

〈5〉 S+생각·판단동사+O+OC (to be~) (1-42)

1. think (동) 생각하다 ; always (부) 항상 ; easy (형) 편한 ; talk to (동) …와 대화하다

2. think (동) 생각하다 ; foreign-made article (명) 외국상품 ;
   superior (형) 우수한 ; home product (명) 국내 상품

3. consider (동) 심사숙고하다 ; innocent (형) 무죄의

4. feel (동) 느끼다 ; position (명) 입장 ; unsafe (형) 불안한

5. find (동) (우연히) 찾아내다, 발견하다 ; place (명) 장소, 곳 ;
   busy (형) 바쁜, 분주한, 사람의 왕래가 빈번한 ; street (명) 거리, 가로

6. consider (동) 심사숙고하다 ; scholar (명) 학자

7. acknowledge (동) 인정하다 ; the greatest artist (전치사구) 최고의 예술가

8. think (동) 생각하다 ; rather (부) 오히려, 어느 쪽인가 하면 ; odious (형) 밉살스러운

9. all (형) 모든 ; executive (명) 회사 중역 ; company (명) 회사 ;
   report (동) 보고하다 ; a best man (명) 가장 적합한 사람 ; for the job (전치사구) 그 일에

10. think (동) 생각하다 ; get into debt (동) 빚에 빠지다

11. acknowledge (동) 인정하다 ; beat (동) 이기다 ; to be beaten (부정사) 지다

12. think (동) 생각하다 ; laboratory (명) 실험실

1. I **had** always **thought** her **to be easy** to talk to.
2. Many of the people **think** all foreign-made articles **to be superior** to the home products.
3. Do you consider him **to be innocent**?
4. He **felt** his position **to be unsafe**.

5. They **found** the place **to be a busy street**.
6. I consider him **to be a scholar**.
7. He is acknowledged **to be the greatest artist** in Korea.
8. We thought him **to be** rather **an odious young man**.
9. All the executives of the company reported him to be the best man for the job.

10. I think many people **to be getting into debt**.
11. He acknowledged himself **to be beaten**.
12. I think him **to be in the laboratory**.

〈6〉 S+간주동사+O+OC 〈as~〉 (1-43)

1. think of (동) 생각해 내다 ; a man of promise (명) 유망한 사람
2. look upon (동) ~로 간주하다 ; up and coming (형) 장래가 촉망되는 ; scholar (명) 학자
3. describe (동) 설명하다 ; the best poet (명) 최고의 시인
4. treat (동) 취급하다
5. had better (조) …하는 편이 좋겠다 ; treat (동) 취급하다 ; word (명) 말 ; joke (명) 농담
6. regard (동) 간주하다 ; argument (명) 논쟁 ; quite (부) 아주 ; logical (형) 논리적인
7. characterize (동) 특징짓다 ; energetic (형) 활동적인 ;
   intelligent (형) 지적인 ; rather than (비교급) …라기 보다는 오히려
8. accept (동) 받아드리다 ; quite (부) 아주 ; natural (형) 자연적인
9. consider (동) 심사숙고하다 ; foreigner (명) 외국인 ; have (동) 가지다 ;
   ideal (형) 이상적인 ; combination (명) 조화 ; climatic (형) 기후의 ; condition (명) 상태
10. think of (동) 생각해 내다 ; author (명) 작가 ;
    struggle with (동) 버둥거리다 ; poverty (명) 가난
11. still (부) 여전히 ; think of (동) 간주하다 ; matter (명) 문제 ; solved (분) 해결된

44

1. He <u>is thought</u> of **as a man of promise**.

2. He <u>is looked on</u> **as one of the up and coming scholars**.

3. We <u>described</u> him **as the best poet**.

4. Don't <u>treat</u> me **as a child**.

5. You had better <u>treat</u> his words **as a joke**.

6. We <u>regard</u> his argument **as quite logical**.

7. I shall <u>characterize</u> him **as energetic rather than intelligent**.

8. We <u>accept</u> it **as quite natural**.

9. Korea <u>is considered</u> **as having an ideal combination of climatic conditions**.

10. He <u>thought</u> of all authors **as struggling** with poverty.

11. We still <u>don't think of</u> the matter **as solved**.

〈7〉 가목적어 · 진목적어 (1-44)

1. no one (대) 아무도 ; consider (동) 심사숙고하다 ; wise (형) 현명한 ; buy (동) 사다 ; land (명) 토지

2. think (동) 생각하다 ; honorable (형) 명예로운 ; ask (동) 묻다, 청하다 ; marry (동) 결혼하다

3. deem (동) 생각하다 ; great (형) 큰, 커다란, 위대한 ; honor (명) 영광 ;
present (형) 참석한, 출석한 ; at this grand meeting (전치사구) 성대한 연예에

4. find (동) 찾아내다, 알다 ; difficult (형) 어려운, 곤란한 ; pay (동) 지불하다 ;
high rent (명) 비싼 집세 ; with so small income (전치사구) 적은 수입으로

5. find (동) 알다 ; pleasant (형) 즐거운 ; walk (동) 걷다 ; in the rain (전치사구) 빗속에서

6. think (동) 생각하다 ; dangerous (형) 위험한 ; alone (형) 홀로

7. think (동) 생각하다 ; possible (형) 가능한 ; here (부) 여기에

8. take it for granted (동) 당연히 여기다 ; join ⓐ in ⓑ (동) ⓐ 와 ⓑ에 함께 하다 ;
the fishing trip (명) 낚시질

1. No one consider **it** wise for you **to buy the land**.

2. He didn't think **it** honorable **to ask me to marry him**.

3. I should deem **it** a great honor **to be present** at this grand meeting.

4. He'll find **it** difficult **to pay the high rent** with so small an income.

5. I sometimes find **it** pleasant **walking in the rain**.

6. We think **it** dangerous **your going there alone**.

7. I think **it** possible **that she will be here again**.

8. We took **it** for granted **that you would join us in our fishing trip yesterday**.

1. make (동) 마련하다 ; ready (형) 준비가 된 ; table for the refreshments (명) 다과회를 베풀 식탁
2. make (동) …하게 하다 ; clear (형) 분명한, 명백한 ; fact (명) 사실, 진상
3. possible (형) 가능한 ; success (명) 성공
4. go (동) 가다 ; bird (명) 새
5. shoot (동) 쏘다 ; dead (형) 죽은
6. kick (동) 차다 ; gate (명) 문 ; open (형) 열린
7. walk (동) 걷다 ; lame (형) 절름발이의

1. They made **ready** the table for the refreshments.

2. He made **clear** the fact.

3. She made **possible** our success.

4. We let **go** the birds.

5. She shot the man **dead**.

6. I kicked the gate **open**.

7. I walked myself **lame**.

2. 연결어 PATTERN (=장문)

[1] 전치사

〈1〉 단문의 요소 및 연결어 (2-1)

1. in the morning (전치사구) 아침에 ; the best time (명) 가장 좋은 시간 ; study (동) 공부하다
2. of a simple nature (전치사구) (성격 따위가) 단순한
3. find (동) 발견하다 ; alone (형) 홀로 ; in the corner (전치사구) 구석에
4. girl (명) 소녀 ; room (명) 방 ; younger sister (명) 누이동생
5. boy (명) 소년 ; with the trumpet (전치사구) 트럼펫을 들고 있는 ; son (명) 아들
6. carry (동) 나르다 ; basket (명) 바구니 ; full of ~ (형용사구) …로 가득 찬 ; flower (명) 꽃
7. have a look (동) 표정을 짓다 ; expressive of (형용사구) …을 나타내는 ;
   happiness (명) 행복
8. long (형) 긴 ; bridge (명) 다리 ; over the river (전치사구) 강 위에
9. look (동) 보이다 ; young (형) 젊은 ; for her age (전치사구) 나이에 비해

〈단문의 요소〉

1. **In the morning** is the best time to study.
2. He is **of a simple nature**.
3. I found her to be alone in the corner.

〈명사+전치사~〉

4. The girl **in the room** is my younger sister.
5. The boy **with the trumpet** is my son.

〈명사+형용사+전치사~〉

6. She was carrying <u>a basket</u> **full of flowers**.
7. He had <u>a look</u> **expressive of happiness**.

〈문장전체+전치사~〉

8. There is a long bridge **over the river**.
9. She looks young **for her age**.

1. persuade ⓐ of ⓑ (동) ⓐ 에게 ⓑ를 설득하다 ; truth (명) 진실 ; word (명) 말
2. good (형) 좋은 ; time (명) 시간
3. start (동) 출발하다 ; early (부) 일찍 ; with the intention (전치사구) 목적을 가지고 ; get (동) 얻다 ; good (형) 좋은 ; sea (명) 좌석
4. picture (명) 그림 ; own (형) 자신의 ; paint (동) 그리다
5. shoot (동) 쏘다 ; bird (명) 새 ; forbid (동) 금지하다

1. I persuaded him of **the truth of the words**.
2. I had **a good time of i**t.
3. He started early with **the intention of getting a good seat**.
4. **They are the pictures** of his own painting.
5. **The shooting of birds** is forbidden.

1. come (동) 오다 ; by foot (전치사구) 걸어서
2. train (명) 전철, 기차 ; go (동) 가다
3. sometimes (부) 때때로 ; seem (동) ～처럼 보이다 ; as though (접) 마치 ～처럼 ; every car (명) 모든 차량 ; head for (동) ～로 가다 ; airport (명) 공항
4. house (명) 집 ; face (동) ～을 향하다 ; towards the south (전치사구) 남쪽으로
5. rude (형) 무례한 ; point (동) 가리키다 ; person (명) 사람
6. walk (동) 걷다 ; arm in arm (부) 팔짱을 끼고 ; along the bank (전치사구) 강둑을 따라
7. bus stop (명) 버스 정거장 ; street (명) 길
8. take (동) 걸리다 ; train (명) 기차 ; go through (동) 통과하다 ; tunnel (명) 터널
9. study (동) 공부하다 ; late into the night (전치사구) 밤늦게 까지
10. run (동) 달리다 ; out of a house (전치사구) 집안에서 밖으로
11. story (명) 이야기 ; write (동) 쓰다 ; life (명) 인생
12. fence (명) 울타리 ; build (동) 짓다 ; yard (명) 마당
13. boat (명) 배 ; sail (동) 항해하다 ; up the river (전치사구) 강 상류로
14. find (동) 발견하다 ; valley (명) 계곡
15. drop (동) 떨어뜨리다 ; somewhere (부) 어딘가에 ; about here (전치사구) 이곳 근처에

1. He came to Seoul **from** Busan by foot.
2. Does this train go **to** the Seoul Station?
3. Sometimes it seems as though every car in San Juan were heading **for** the airport.
4. The house faces **towards** the south.
5. It is rude to point **at** a person.

6. We walked arm in arm **along** the bank.
7. The bus stop is **across** the street.
8. It takes 10 minutes for the train to go **through** the tunnel.

9. He studied late **into** the night.
10. He ran **out of** a house.

11. The story is written **around** her life.
12. A fence has been built **round** the yard.

13. The boat sailed **up** the river.
14. They were found **down** in the valley.

15. I dropped it somewhere **about** here.

〈4〉 위치 (2-4)

1. have (동) 가지다 ; blister (명) 물집 ; sole (명) 바닥 ; foot (명) 발
2. peasants's hut (명) 농부의 집 ; scatter over (동) 흩어지다 ; plain (명) 벌판
3. castle (명) 성 ; stand (동) 위치하다 ; hill (명) 언덕 ; valley (명) 계곡
4. marry (동) 결혼하다 ; beneath the station (전치사구) 지체가 낮은 사람
5. secretary (명) 비서
6. waterfall (명) 폭포 ; below the bridge (전치사구) 나리 아래에
7. name (명) 이름 ; come (동) 오다 ; before mine (전치사구) 내 이름 앞에
8. hide (동) 숨기다 ; below the curtain (전치사구) 커튼 뒤에

9. have (동) 보내다 ; day (명) 날, 하루 ; by the sea (전치사구) 바닷가에서

10. would like to do (동) …하기를 바라다 ; live (동) 살다 ; beside the sea (전치사구) 바닷가에서

11. sit (동) 앉다 ; next to his sister (전치사구) 누이 옆에

12. train (명) 기차 ; run (동) 운영하다

13. prize winner (명) 승자

14. stop (동) 멈추다 ; feet (명) 피트 ; door (명) 문

15. house (명) 집 ; lie (동) 놓이다 ; harbor (명) 항구

<위>

1. I have blisters **on** the sole of my foot.

2. Peasants'huts were scattered **over** the plain.

3. The castle stands on a hill **above** the valley.

<아래>

4. She married **beneath** the station.

5. He has three secretaries **under** him.

6. There is a waterfall **below** the bridge.

<앞 · 뒤>

7. Your name comes **before** mine.

8. He hid himself **behind** the curtain.

<옆 · 곁에>

9. We had a day **by** the sea.

10. I would like to live **beside** the sea.

11. He sat **next to** his sister.

<사이>

12. The train runs **between** Seoul and Busan.

13. She is **among** the prize winners.

<A 지점과 B 지점간의 위치>

14. He stopped five feet **from** the door.

15. Our house lies three miles **off** the harbor.

1. school (명) 학교 ; begin (동) 시작하다 ; end (동) 끝나다
2. be born (동) 태어나다 ; the first of June (명) 6월 1일
3. morning (명) 아침 ; the next day (명) 다음날 ; go (동) 가다
4. die (동) 죽다 ; a year before (부) 1년 전
5. arrive (동) 도착하다 ; here (부) 여기
6. leave (동) 떠나다 ; arrival (명) 도착
7. about (부) 막
8. let (동) ~하게 하다 ; know (동) 알다, 알게 하다 ; result (명) 결과
9. work (동) 일하다 ; project (명) 사업, 일, 계획
10. stay at (동) …에 머물다 ; weekend (명) 주말
11. phone (동) 전화하다 ; four times (부) 4번 ; the last half hour (명) 지난 30분
12. study (동) 공부하다 ; library (명) 도서관 ; the last two months (명) 지난 2개월
13. watch (동) 지켜보다 ; night (명) 밤
14. shop (명) 가게 ; open (형) 열려있는
15. many times (부) 여러 번 ; war (명) 전쟁

1. School begins **at** nine and ends **at** four.
2. She was born on the first of June **in** 1973.
3. **On** the morning of the next day, he went to Chicago.
4. He died a year **before** his father.
5. He will arrive here **within** an hour.
6. He left **after** my arrival.
7. She'll be here **in** about twenty minutes.
8. I'll let you know the result **by** Monday.
9. We worked on the project from March **till** July.
10. They stayed at the hotel **over** the weekend.
11. He has phoned four times **during** the last half hour.
12. He has been studying in the library every night **for** the last two months.
13. We had been watching him all **through** the night.
14. The shop will be open **from** 9 o'clock.
15. I had been there many times **since** the war.

1. change (동) 변경하다 ; plan (명) 계획 ; late (형) 늦은 ; arrival (명) 도착
2. bad (형) 나쁜, 바람직하지 않는 ; temper (명) 성미 ; avoid (동) 피하다
3. economic (형) 경제적인 ; depression (명) 침체 ;
   uncontrolled (분) 통제하지 못하는 ; inflation (명) 통화팽창, 물가상승
4. take (동) 간주하다 ; honest (형) 정직한 ; man (명) 사람
5. injured (분) 다친 ; own (형) 자기 자신의 ; carelessness (명) 부주의
6. die (동) 죽다 ; wound (명) 상처
7. die of (동) ~병으로 죽다
8. beside oneself (전치사구) 제정신을 잃은 ; joy (명) 기쁨
9. eye (명) 눈 ; glisten (동) 반짝이다 ; excitement (명) 흥분
10. angry (형) 화가 난 ; rudeness (명) 무례함
11. feel like (동) ~ing …하고 싶다 ; loss (명) 잃음, 상실, 사망

〈일반적인 이유〉

1. We changed our plans **because of** her late arrival.
2. **Owing to** his bad temper, most people avoid him.
3. Economic depressions are **due to** uncontrolled inflation.

〈인격? 능력〉

4. We take him **for** an honest man.

〈부주의〉

5. He got injured **through** his own carelessness.

〈질병? 사망〉

6. He died **from** a wound.
7. What did he die **of**?

〈신체〉

8. She was beside herself **for** joy.
9. His eyes glistened **with** excitement.

〈감정〉

10. He got angry **at** our rudeness.
11. She felt like crying **over** the loss of her son.

1. violet (명) 제비꽃 ; grow well (동) 자라다 ;
   temperate (형) 온화한, 온대성의 ; region (명) 지역 ; world (명) 세계
2. play (동) 놀다 ; yard (명) 마당
3. out (부) 밖에, 외부에 ; hallway (명) 홀, 복도
4. some (형) 몇몇 ; pencil (명) 연필
5. buy (동) 사다 ; store (명) 가게 ; over there (부) 저기에
6. sit (동) 앉다 ; window (명) 창문
7. student (명) 학생 ; Harvard (명) 하버드 대학교
8. find (동) 찾아내다, 발견하다 ; store (명) 가게 ;
   look for (동) 찾다 ; 4723 N. Lincoln Avenue (명) 4723 북쪽 링컨가
9. see (동) 보다 ; building (명) 건물 ; corner (명) 코너
10. knife (명) 칼

<in>

1. Violets grow well **in** temperate regions of the world.
2. The children are playing **in** the yard.
3. He is out **in** the hallway.
4. There are some pencils **in** the box.

<at>

5. I bought it **at** the store over there.
6. She sat **at** the window.
7. He is a student **at** Harvard.
8. You can find the store you'll looking for **at** 4723 N. Lincoln Avenue.

<on>

9. You'll see the building **on** the corner of Main street.
10. He had a knife **on** him.

1. efforts (명) 노력 ; fail (동) 실패하다
2. fault (명) 결점 ; great (형) 위대한
3. high price (명) 비싼 가격

4. maintain (동) 지속하다, 유지하다 ; conviction (명) 신념 ; opposition (명) 반대

5. against (전) 반하여

6. please (조) 제발, 미안하지만 ; push (동) 밀다 ; desk (명) 책상 ; wall (명) 벽

7. passenger (명) 승객 ; warn (동) 경고하다 ; pickpocket (명) 소매치기

〈다른 내용의 반대〉

1. **In spite of** all his efforts, he failed.

2. **With all** his faults, he is a great man.

3. **Notwithstanding** the high price, he bought the house.

〈against〉

4. He maintained his conviction **against** all opposition.

5. Are you for it or **against** it?

6. Please push the desks **against** the wall.

7. The passengers are warned **against** the pickpockets.

〈9〉 관계 (2-9)

1. want (동) 원하다 ; see (동) 보다, 만나다

2. give (동) 주다 ; lecture (명) 강의 ; economy (명) 경제

3. want (동) 원하다

4. key (명) 열쇠 ; door (명) 문

5. make a plan (동) 계획하다 ; future (명) 미래

1. What do you want to see him **about**?

2. He gave a lecture **on** Korean economy.

3. What do you want **with** me?

4. This is a key **to** the door.

5. We made a plan **in relation to** the future.

〈10〉 예외 (2-10)

1. clean (동) 깨끗하게 하다, 청소하다 ; bathroom (명) 화장실

2. do (동) …하다

3. no one (대) 아무도

4. support (동) 지탱하다, 지지하다, 원조하다

1. I have cleaned all the rooms **except** the bathroom.

2. Who could have done it **but** he!

3. We know no one **besides** him.

4. **Besides** his mother, he has a sister to support.

〈11〉 목적 (2-11)

1. write (동) (편지 따위를) 쓰다 ; advice (명) 충고, 조언

2. what (대) 무엇 ; work (동) 일하다

3. greedy (형) 탐하는 ; power (명) 힘, 권세

4. admittance (명) 인정, 허가 ; business (명) 직무, 사무, 용건

5. work on (동) …대해서 작업하다 ;
   joint (형) 공동의 ; research (명) 연구 ; project (명) 계획

1. I wrote a letter to him **for** advice.

2. What do you work **for**?

3. Don't be greedy **after** power!

4. No admittance **except** on business.

5. We are working **on** a joint research project.

〈12〉 결과 (2-12)

1. too (부) 지나치게 ; kind (형) 친절한 ; fault (명) 결점

2. invite (동) 초대하다 ; party (명) 파티 ; great (형) 큰 ; delight (명) 기쁨

3. break (동) 부수다 ; glass (명) 유리 ; piece (명) 조각

4. move (동) 움직이다 ; tear (명) 눈물 ; sad (형) 슬픈 ; story (명) 이야기

5. sleet (명) 진눈깨비 ; change (동) 바꾸다

1. She is too kind **to** a fault.

2. She invited him to the party, **to** his great delight.

3. He broke the glass **to** pieces.

4. She was moved **to** tears by a sad story.

5. Sleet changed **into** snow.

1. solve (동) 해결하다 ; problem (명) 문제 ; consult (동) …와 의논하다
2. commute (동) 통학하다 ; home (명) 집 ; school (명) 학교 ; subway (명) 지하철
3. appreciate (동) 고맙게 생각하다 ; receive (동) 받다 ; information (명) 정보 ; fax (명) 팩스
4. travel (동) 여행하다 ; country (명) 나라 ; foot (명) 발 ; summer (명) 여름
5. accompany (동) 반주하다 ; violin (명) 바이올린 ; piano (명) 피아노
6. first (형) 첫 ; news (명) 소식 ; receive (동) 받다 ; telephone (명) 전화
7. hear (동) 소리를 듣다 ; ear (명) 귀
8. learn of (동) ~를 알게 되다 ; position (명) 위치, 지역, 직책, 직장 ;
   newspaper advertisement (명) 신문광고

<by>

1. He solved the problem **by** consulting his brother.
2. They commute from home to school **by** subway.
3. I would appreciate receiving the information **by** fax.

<on>

4. He traveled across the country **on** foot during the summer.
5. She accompanied the violin **on** the piano.

<over · with · through>

6. The first news of it was received **over** the telephone.
7. We hear **with** our ears.
8. I learned of the position **through** a newspaper advertisement.

〈14〉 재료 (2-14)

1. drink (명) 음료 ; orange juice (명) 오랜진 쥬스 ; sugar (명) 설탕 ; water (물)
2. beer (명) 맥주 ; barley (명) 보리
3. poke + O+ up (동) 쑤시다 ; fire (명) 불, 불씨 ; blaze (명) 불길, 번쩍거림

1. The drink is made **of** orange juice, sugar, and water.
2. Beer is made **from** barley.
3. He poked the fire up **into** a blaze.

1. importance (형) 중요함, 중요성
2. stay (동) 머물다 ; hotel (명) 호텔 ; size (명) 크기 ; such (형) 그와 같은
3. coffee (명) 커피 ; good (형) 좋은 ; woman (명) 여인 ; child (명) 아이
4. lady (명) 숙녀 ; beautiful (형) 아름다운 ; brown (형) 갈색의 ; eye (명) 눈
5. eyeglasses (명) 안경
6. always (부) 항상 ; slipper (명) 슬리퍼

〈of〉

1. He isn't a man **of** no importance.

2. I'd like to stay at the hotel **of** such a size.

〈with〉

3. Coffee isn't good for a woman **with** child.

4. She is a lady **with** beautiful brown eyes.

〈in〉

5. The man **in** eyeglasses is Mr. Holt.

6. She was always **in** slippers.

1. be sold (동) 팔리다 ; dozen (명) 다스
2. much (부) 많은 ; charge (동) 부과되다 ; day (명) 하루
3. get (동) 얻다 ; room (명) 방 ; day (명) 하루
4. product (명) 생산품 ; sell (동) 팔다 ; discount (명) 할인 ; percent (명) 퍼센트
5. drive (동) 운전하다 ; speed (명) 속도 ; mile (명) 마일 ; per hour (부) 시간당
6. temperature (명) 온도 ; usually (부) 보통 ; stand (동) 있다 ;
   centigrade (명) 섭씨 ; shade (명) 그늘

1. Pencils are sold **by** the dozen in this store.

2. How much do you charge **by** the day?

3. We couldn't get a room **for** $20 a day in New York.

4. Those products are sold **at** a discount of 25 percent.

5. He drove his car **at** a speed of 80 miles per hour.

6. The temperature usually stands **at** 10 centigrade in the shade.

1. development (명) 발전 ; science (명) 과학 ; pace (명) 보조 ;
   life (명) 인생 ; grow (동) 자라다 ; swift (형) 빠른
2. buy (동) 사다 ; desk (명) 책상 ; office (명) 사무실
3. lacking (형) 부족한 ; courage (명) 용기
4. daughter (명) 딸 ; friend (명) 친구
5. miss (동) 놓치다 ; train (명) 기차 ; minute (명) 분, 순간

1. **With** the development of science, the pace of life grows swift.

2. I bought a new desk **for** the office.

3. He is lacking **in** courage.

4. She is the daughter **of** my friend.

5. I missed a train **by** a minute.

1. critic (명) 비평가 ; worst (형) 최악의
2. take (동) 취하다 ; money (명) 돈 ; force (명) 힘
3. write (동) 쓰다 ; composition (명) 작문
4. news (명) 소문 ; spread (동) 퍼지다
5. wish (동) 바라다 ; talk to (동) …에게 말을 걸다 ; private (형) 사적인
6. do (동) 하다 ; purpose (명) 목적
7. pass (동) 지나치다 ; interview (명) 인터뷰 ; difficulty (명) 곤란
8. accept (동) 받아들이다 ; statement (명) 진술 ; reserve (명) 자제, 제한

1. He will be a critic **at worst**.

2. He took the money from me **by force**.

3. I wrote this composition **for myself**.

4. The news spread **from mouth to mouth**.

5. I wish to talk to you **in private**.

6. He did it **on purpose**.

7. She passed the interview **with difficulty**.

8. I can't accept your statement **without reserve**.

[2] 준동사

(1) 부정사

1. live (동) 살다 ; suffer (동) 고생하다
2. meet (동) 만나다
3. return (동) 돌아가다 ; home (명) 집
4. star (명) 별 ; see (동) 보다 ; in the daytime (전치사구) 대낮에
5. decide (동) 결심하다 ; give up (동) 포기하다 ; plan (명) 계획
6. force (동) 강제로 …하게 하다 ; sign (동) 서명하다 ; paper (명) 서류
7. allow (동) 허락하다 ; smoke (동) 담배를 피우다

〈주어〉

1. **To live** is **to suffer**.

〈주격보어〉

2. I'm **to meet her** today.
3. He was **never to return** to his home.
4. No stars are **to be seen** in the daytime.

〈목적어〉

5. He decided **to give up the plan**.

〈목적보어〉

6. We forced him **to sign the paper**.
7. He allowed me to **smoke**.

1. look after (동) 돌보다
2. the last man (명) 마지막 사람 ; betray (동) 배신하다
3. nothing (대) 무
4. have (동) 가지고 있다 ; leg (명) 다리 ; stand (동) 서있다
5. give (동) 주다 ; chair (명) 의자 ; sit (동) 앉다

6. have (동) 가지다 ; money (명) 돈 ; buy (동) 사다

7. have (동) 가지다 ; complain (동) 불평하다

8. make a promise (동) 약속하다 ; marry (동) 결혼하다

9. chance (명) 기회 ; learn (동) 배우다

10. beginning (명) 시작, 초 ; department (명) 부서 ; hold (명) 열다 ; meeting (명) 회의 ; review (동) 검토하다 ; the previous month's progress (명) 지난달의 사업과정

〈주어+동사 관계〉

1. I have <u>no family</u> **to look after me**.
2. He is <u>the last man</u> **to betray his friends**.
3. There was <u>nothing</u> **to be had at that store**.

〈동사+목적어 관계〉

4. He didn't have <u>a leg</u> **to stand on**.
5. Please give me **a chair** <u>to sit in</u>.
6. I have **no money** <u>to buy it with</u>.
7. We have **nothing** <u>to complain of</u>.

〈동격 관계〉

8. He made a <u>promise</u> **to marry her**.
9. I have never had a <u>chance</u> **to learn the computer**.
10. At the beginning of the month, our department holds <u>a meeting</u> **to review the previous month's progress**.

〈3〉 연결어 Pattern – 형용사 수식 (2-21)

1. english (명) 영어 ; easy (형) 쉬운 ; learn (동) 배우다
2. difficult (형) 어려운 ; deal wits (동) 교제하다, 거래하다
3. question (명) 질문 ; difficult (형) 어려운 ; answer (동) 대답하다
4. sure (형) 확실한 ; come (동) 오다
5. anxious (형) 열망하는 ; buy (동) 사다 ; house (명) 집
6. water (명) 물 ; good (형) 좋은 ; drink (동) 마시다
7. good (형) 좋은 ; eat (동) 먹다
8. apt (형) …하기 쉬운 ; waste (동) 낭비하다 ; time (명) 시간
9. rich (형) 부자인 ; enough (형) 충분한 ; own (동) 소유하다 ; villa (명) 빌라, 별장

1. English is not **easy** <u>to learn</u>.

2. He is **difficult** for us <u>to deal with</u>.

3. His questions are **difficult** <u>to answer</u>.

4. They are **sure** <u>to come</u>.

5. She is **anxious** <u>to buy the house</u>.

6. This water is **good** <u>to drink</u>.

7. What is **good** <u>to eat</u> is good for you.

8. We are **too apt** <u>to waste time</u>.

9. He is **rich** <u>enough to own the villa</u>.

1. sit (동) 앉다 ; face to face (부) 얼굴을 맞대고 ;
   have a talk (동) 대화를 나누다 ; in secrecy (전치사구) 은밀히

2. make good use of (동) ~를 잘 이용하다 ;
   press (동) 누르다, …에게 강요하다 ; work (명) 일, 작업

3. meet (동) 만나다 ; dear (형) 귀여운, 그리운 ; the little brother and sister (명) 어린 남매 ;
   make a journey (동) 여행하다

4. take ⓐ to ⓑ (동) ⓐ를 ⓑ로 데리고 가다 ; stadium (명) 경기장 ;
   see (동) 보다 ; wrestling match (명) 레슬링 경기

5. shout (동) 외치다 ; at the top of onc's voicc (진치사구) 목청껏 ;
   make himself heard (농) 밀을 들리게 하다

6. go on (동) ~를 계속하다 ; working (명) 일 ;
   till late tonight (전치사구) 오늘밤 늦게까지 ; free (형) 자유로운

7. grow (동) 자라다 ; great (형) 위대한 ; pianist (명) 피아니스트

8. Madame Curie (명) 퀴리 부인 ; confine ⓐ to ⓑ → (동) ⓐ를 ⓑ에 감금하다 ;
   laboratory (명) 실험실 ; discover (동) 발견하다 ; radium (명) 라듐 ; useful (형) 유용한 ;
   element (명) 요소

9. open (동) 뜨다 ; on the bed of a hospital (전치사구) 어떤 병원 침대 위에

10. misfortune (명) 불행 ; fail in (동) ~에 실패하다 ; exam (명) 시험

11. glad (형) 즐거운 ; go (동) 가다

12. happy (형) 행복한 ; get (동) 얻다 ; position (명) 지위

13. tell (동) 말하다 ; lie (명) 거짓말 ; punish (동) 벌하다

14. see (동) 보다 ; believe (동) 믿다

15. spare (동) (고생 따위를) 시키지 않다 ; trouble (명) 고생, 근심 ; come (동) 오다

16. consider (농) 심사숙고하다 ; great (형) 큰 ; honor (병) 영광 ;

be called upon by (동) …부터 부름을 받다 ; Chairman (명) 위원장 ;
say (동) 말하다 ; something (대) 무언가 ; subject (명) 주제, 문제

1. She sat face to face with her daughter **to have a talk** in secrecy.

2. We should make good use of time so as not **to be pressed** by work.

3. **In order to meet their dear father,** the little brother and sister made a long journey from Keoje island to Seoul.

4. I'm going to take you to the Jang Chung Stadium tomorrow afternoon **to see a wrestling match** there.

5. He shouted at the top of his voice **in order to make himself heard by everybody** in the crowd.

6. I'll go on working till late tonight **so as to be free** tomorrow.

7. She grew up **to be a great pianist**.

8. Madame Curie had confined herself to her laboratory for several years **to discover radium** that was one of the most useful elements.

9. I opened my eyes **to find myself** lying on the bed of a hospital.

10. He had <u>the misfortune</u> **to fail** in the exam.

11. I should be glad **to go with you**.

12. I should be **happy to get the position**.

13. **To tell a lie again,** you'll be punished.

14. **To see it,** you would not believe it.

15. I shall wait here for him to return **to spare myself the trouble of coming** again.

16. I consider it a great honor to be called upon by Mr. Chairman **to say something** on the subject.

> 1. do justice (동) 판단하다 ; honest (형) 정직한 ; man (명) 사람
> 2. make worse (동) 악화되다 ; matter (명) 문제 ; begin (동) 시작하다 ; rain (동) 비 오다
> 3. strange (형) 이상한 ; say (동) 말하다 ; door (명) 문 ; open (동) 열리다 ; of itself (전치사구) 저절로
> 4. know (동) 알다 ; French (명) 불어 ; German (명) 독일어 ; mention (동) 언급하다
> 5. so to speak (부) 말하자면 ; walking dictionary (명) 걸어 다니는 사전

1. **To do him justic**e, he is an honest man.

2. **To make matters worse**, it began to rain.

3. **Strange to say**, the door opened of itself.

4. He knows French and German, **not to mention English**.

5. He is, **so to speak**, a walking dictionary.

(2) 동명사

〈1〉 단문의 요소 (2-24)

> 1. driving (동명사) 운전하는 것 ; city (명) 시내 ; dangerous (형) 위험한
> 2. wanting (동명사) 원하는 것 ; come (동) 오다 ; confirmed (분) 확인되다
> 3. favorite (형) 선호하는, 좋아하는 ; sport (명) 스포츠 ; fishing (동명사) 낚시하는 것 ; sea (명) 바다
> 4. hobby (명) 취미 ; listen to (동) 듣다 ; music (명) 음악
> 5. like (동) 좋아하다 ; being helped (동명사) 도움을 받는 것
> 6. soon (부) 곧 ; begin (동) 시작하다 ; feeling tired (동명사) 피곤을 느끼는 것
> 7. remember (동) 기억하다 ; seeing (동명사) 만난 것
> 8. having seen (동명사) 만난 적이 있는 것 ; before (부) 전에
> 9. be afraid of (동) ~를 두려워하다 ; going (동명사) 가는 것
> 10. be proud of (동) ~를 자랑하다 ; being learned (동명사) 배운 것
> 11. be sure of (동) ~를 확신하다 ; having been elected (동명사) 당선이 된 것
> 12. postpone (동) 연기하다 ; leaving (동명사) 떠나는 것

〈주어〉

1. **Driving** in the city is very dangerous.

2. **His wanting them to come** wasn't confirmed.

3. My favorite sport is **fishing** in the sea.

4. His hobby is **listening to music**.

5. I don't like **being helped** by them.

6. We soon began **feeling tired**.

7. I remember **seeing you**.

8. I remember **having seen you** before.

9. I'm not afraid of **my father's going** there.

10. He is proud of **being learned**.

11. I was sure of his **having been elected**.

12. He postponed **leaving**.

〈2〉 연결어 Pattern–명사 수식 (of+∼ing) (2-25)

1. plead (동) 변론하다 ; guilty (형) 유죄의, …에 죄를 범한 ; charge (명) 혐의 ;
   driving (동명사) 운전한 것 ; while (접) ∼하는 동안 ; intoxicated (분) 취한
2. regain (동) 되찾다, 회복하다 ; power (명) 기운, 힘 ; working (동명사) 일하는 것
3. shorthand (명) 속기 ; method (명) 방법;
   recording (동명사) 기록하는 것 ; word (명) 말 ; rapidly (부) 신속히
4. pleasure (명) 즐거움 ; speak to (동) …와 얘기하다
5. strange (형) 이상한 ; way (명) 방법 ; amuse (동) 즐겁게 하다
6. hoot (동) (올빼미가) 부엉부엉 울다 ; owl (명) 부엉이 ;
   break in upon (동) …를 훼방놓다 ; quiet (명) 고요 ; place (명) 장소
7. manufacturing (동명사) 제작하는 것 ; transportation equipment (명) 교통차량 ;
   rank as (동) 자리를 차지 하다 ; principal (형) 중요한 ; industry (명) 산업

1. He pleaded not guilty to <u>the charge</u> **of driving** while (he was) intoxicated.

2. He has regained <u>his power</u> **of working** (to work).

3. Shorthand is <u>a method</u> **of recording words** rapidly.

4. I have <u>the pleasure</u> **of speaking to you**.

5. He has <u>strange way</u> **of amusing himself**.

6. **The hooting of owl** broke in upon the quiet of the place.

7. **The manufacturing of transportation equipment** ranks as Michigan's

principal industry.

〈3〉 연결어 Pattern-형용사 수식 (in+~ing) (2-26)

1. busy (형) 바쁜 ; take some exercise (동) 운동을 하다
2. practice (명) 연습 ; most (부) 가장 ; important (형) 중요한 ;

   learn (동) 배우다 ; foreign (형) 외국의 ; language (명) 언어
3. go (동) 가다 ; there (부) 거기에 ; taxi (명) 택시 ; after all (부) 결국 ;

   bus (명) 버스 ; long (형) 오래 걸리는 ; come (동) 오다
4. happy (형) 행복한 ; think (동) 생각하다 ; fire (명) 난로 ; home (명) 집
5. really (부) 정말로 ; busy (형) 바쁜 ; get (동) 준비하다 ; in time (전치사구) 때에 맞춰

   new (형) 새로운 ; product (명) 생산품 ; exhibition (명) 전시회

1. She is <u>busy</u> **in taking some exercise**.

2. Practice is most <u>important</u> **in learning a foreign language**.

3. I went there by taxi after all because the bus was <u>long</u> **in coming**.

4. You'd be <u>happy</u> **in thinking** by the fire at home.

5. He has been really <u>busy</u> **in getting new products** in time for exhibition.

〈4〉 연결어 Pattern-Main Message 전체수식 (전치사+~ing) (2-27)

1. new (형) 새로운 ; arrive (동) 도착하다 ; just (부) 막, 방금 ;

   in time (전치사구) 때맞춰 ; staff (명) 직원 ; use (동) 사용하다 ;

   prepare (동) 준비하다 ; budget projections (명) 예산계획
2. understand (동) 이해하다
3. solve (동) 해결하다 ; matter (명) 문제
4. all his life (명) 평생 ; serve (동) 섬기다, …에 봉사하다 ; the poor (명) 가난한 사람들
5. be put in (동) …에 감금하다 ; brave (형) 용감한 ; man (명) 남자
6. be rewarded by (동) ~로부터 상을 받다
7. hot (형) 뜨거운 ; walking (동명사) 걷기 ; shiver (동) 떨다
8. solve (동) 해결하다 ; problem (명) 문제 ; process (동) 처리하다 ; information (명) 정보
9. drop out of school (동) 학교를 중퇴하다 ; go into (동) 투신하다 ; business (명) 사업

10. nowadays (부) 요즘 ; form (동) 형성하다 ; queue (명) 줄 ; board (동) 타다

11. feel (동) 느끼다 ; unhappy (형) 불행한 ; fly in a plane (동) 비행기를 타고 가다

12. do (동) 하다 ; something (대) 무언가 ; toward (전) ~향하여 ;
bring+O+about (동) 일어나게 하다

13. see (동) 보다 ; become (동) …이 되다 ; angry (형) 화난

1. The new computers arrived just in time for staff to use them **in preparing** the budget projections.

2. He has a hard time **in understanding** them.

3. They had difficulty **in solving** the matter.

4. He spent all his life **in serving** the poor.

5. They were put in prison **for speaking out** against the government.

6. The brave man was rewarded by the Mayor **for having saved** a child.

7. Though he was hot **from walking**, he shivered.

8. The computer solves problems **by processing** information.

9. **After dropping out** of school, he went into business.

10. Nowadays, most people form a queue **before boarding** a bus or a train.

11. She felt unhappy **about their flying** in an old DC-3.

12. I must do something **toward bringing** it about.

13. I never saw him **without becoming** angry.

〈5〉 관용어 표현 (2-28)

1. tell (동) 말하다 ; when (접) ~할 때 ; plane (명) 비행기 ; arrive (동) 도착하다

2. worry about (동) 걱정하다

3. plan (명) 계획 ; depend on (동) …에 달려있다 ; weather (명) 날씨

4. brush (동) …에 솔질하다 ; teeth (명) 치아 ; twice a day (부) 하루에 두 번

5. stop (동) 멈추다 ; love (동) 사랑하다

6. leave (동) 떠나다 ; office (명) 사무실 ; telephone (명) 전화 ; ring (동) 울리다

7. whatever (접) 무엇이든지 ; at all (부) (긍정문) 어쨌든, 하여간 ; do (동) …하다 ; well (부) 잘

1. **There is no telling** when the plane will arrive.

2. **It's no point worrying** about him.

3. **It goes without saying that** our plans depend on the weather.

4. I **am in the habit of brushing** my teeth twice a day.

5. I **cannot stop loving** her.

6. I **was on the point of leaving** the office when the telephone rang.

7. Whatever is **worth doing** at all, is **worth doing** well.

(3) 분사

1. story (명) 이야기 ; exciting (분) 흥미 있는

2. stand (동) 서다 ; lean (동) 기대다 ; against the wall (전치사구) 벽에 기대어

3. keep (동) 계속해서 …하다 ; rain (동) 비가 내리다 ; for a week (전치사구) 일주일 동안

4. steal (동) 훔치다

5. would like (＝want) (동) …를 하고 싶다 ; egg (명) 달걀 ; half (부) 반쯤 ; boil (동) 끓이다

6. hear (동) 듣다 ; call (동) 부르다

7. clock (명) 시계 ; go (동) 가다

〈주격보어〉

1. The story is very **exciting**.

2. He stood **leaning** against the wall.

3. It kept **raining** for a week.

〈목적보어〉

4. He had his money **stolen**.

5. I would like my eggs half **boiled**.

6. I heard her mother **calling** him Lewis.

7. I got the clock **going**.

1. wake (up) (동) 깨우다 ; sleeping (분) 잠자고 있는 ; baby (명) 아기

2. be awakened by (동) …에 의해서 잠이 깨다 ; barking (분) 짖어대는

3. waiter (명) 웨이터 ; give (동) 주다 ; rarely (부) 드물게 ; cooked (분) 요리가 된 ;
   steak (명) 스테이그

4. would like to do (동) …하기를 바라다 ; collected (분) 모아놓은 ; works (명) 작품 ;
   the Beatles (명사) 비틀즈

> 5. underground (형) 지하의 ; gold deposit (명) 금광층 ; usually (부) 대개 ;
>   be wedged in (동) …에 박혀있다 ; crack (명) 틈 ; buried (분) 묻힌 ; quartz slab (명) 석영판
> 6. boring / bored (분) 지루한 ; lecture (명) 강의 ; make (동) …하게 하다 ;
>   fall asleep (동) 잠자다

<~ing + 명사>

1. Don't wake up the **sleeping** <u>baby</u>.

2. I was awakened by a **barking** <u>dog</u>.

<~P. P. + 명사>

3. The waiter gave me a rarely **cooked** <u>steak</u>.

4. I'd like to have the **collected** <u>works</u> of the Beatles.

5. Underground gold deposits are usually wedged in the cracks of **buried** <u>quartz</u> <u>slabs</u>.

<~P. P. + 생물 / ~ing + 무생물>

6. The **boring** <u>lecture</u> made the **bored** <u>students</u> fall asleep.

〈3〉 연결어 Pattern-명사 수식 (2-31)

> 1. know (동) 알다 ; girl (명) 소녀 ; wear (동) 입다, 쓰다, 바르다 ; a red hat (명) 빨간 모자
> 2. look at (동) 쳐다보다 ; some bridegrooms (명) 일부 신랑들 ;
>   give (동) 주다 ; bride (명) 신부 ; a bunch of roses (명) 장미 꽃다발
> 3. lie (동) 놓여있다 ; on the table (전치사구) 책상 위에 ; belong to (동) …에 속하다
> 4. flower (명) 꽃 ; bring (동) 가지고 오다 ; pretty (형) 예쁜, 아름다운
> 5. house (명) 집 ; build (동) 짓다, 건축하다 ; with bricks (전치사구) 벽돌로
> 6. project (명) 계획안 ; be done (분) 행하다 ; division (명) 부서

<명사 + ~ing>

1. I know <u>the girl</u> **wearing a red hat**.

2. I was looking at <u>some bridegrooms</u> **giving their brides a bunch of roses** there.

3. <u>The pen</u> **lying** on the table belongs to me.

<명사 + ~P. P.>

4. <u>The red flower</u> **brought by the girl** was very pretty.

5. This is <u>the house</u> **being built** with bricks.

6. This is <u>the project</u> **done (having been done)** by our division.

1. greatest (형) 가장 큰 ; pleasure (명) 즐거움 ; talk with (동) 대화하다 ;
   friend (명) 친구 ; sit (동) 앉다 ; pub (명) 술집
2. twist (동) 비틀다 ; ankle (명) 발목 ; come down (동) 내려오다 ; stair (명) 계단
3. finally (부) 마침내 ; marry (동) 결혼하다 ; spend (동) 소비하다 ;
   a lot of (형) 많은 ; money (명) 돈
4. make a decision (동) 결정하다 ; be base on (동) ~에 근거하다 ;
   information (명) 정보 ; give (동) 주다

〈문장전체+~ing〉

1. His greatest pleasure was to talk with his friends **sitting in the pub**.

2. She twisted her ankle **coming down the stairs**.

3. He finally married her **spending a lot of money**.

〈문장전체+~P. P.〉

4. I made a decision **based on information (that)they gave to me**.

1. considering that …고려하면 ; young (형) 젊은 ; intelligent (형) 지적인
2. Seeing that …점에서 보면 ; life (명) 인생 ; short (형) 짧음 ; time (명) 시간 ; waste (동) 낭비하다
3. Granting that …라고 치면 ; wrong (형) 틀린 ; mind (명) 마음 ; apologize (동) 사과하다
4. Judging from …로 미루어 보면 ; appearance (명) 외관 ; rich (형) 부자
5. Judging from …로 미루어보면 ; hear (동) 듣다 ; birth (명) 탄생 ; high (형) 신분이 높은
6. give (동) 주다 ; further (부) 더욱이 ; explanation (명) 설명 ; matter (명) 문제
7. Strictly speaking 엄밀히 말해서 ; artist (명) 예술가 ; at all (부) 전혀

1. **Considering that he is young**, he is very intelligent.

2. **Seeing that life is short**, time shouldn't be wasted.

3. **Granting that I'm wrong**, I have no mind to apologize to him.

4. **Judging from his appearances**, he seems to be rich.

5. **Judging from** what I hear, he is a man of high birth.

6. He gave no further explanation **concerning the matter**.

7. **Strictly speaking**, he isn't an artists at all.

[3] 접속사

1. whether (접) ～인지 아닌지 ; come (동) 오다 ; himself (부) 스스로 ;
   immaterial (형) 중요하지 않는, 상관이 없는
2. go (동) 가다 ; matter (동) 문제가 되다
3. greatest (형) 최고의 ; wish (명) 바람 ; family (명) 가족 ; happy (형) 행복한
4. puzzle (명) 수수께끼 ; still (부) 여전히 ; mystify (동) 신비스럽게 하다 ;
   biologist (명) 생물학자 ; cell (명) 세포 ; become (동) …이 되다 ; embryo (명) 태아
5. try (동) 노력하다 ; hard (부) 열심히 ; find (동) 찾아내다, 발견하다 ; car (명) 자동차
6. nobody (대) 아무도 ; know (동) 알다 ; quickly (부) 빠르게 ;
   garbage (명) 쓰레기 ; remove (동) ～을 옮기다
7. tell (동) 말하다 ; go (동) 가다
8. noticeably (형) 눈에 띄는, 현저한 ; upset (형) 뒤집힌, 당황한 ;
   indignantly (부) 분연히 ; respond to (동) ...에 응답하다, 대답하다 ; question (명) 질문
9. be sure (동) ～을 확신하다 ; train (명) 기차 ; arrive (동) 도착하다 ; on time (전치사구) 제 시간에
10. be pleased (동) 기쁘다 ; decide (동) 결심하다 ; come (동) 오다

1. **Whether he will come himself or not** is immaterial to me.

2. **Where they went** does not matter.

3. My greatest wish is **that all my family may be happy**.

4. One of the puzzles still mystifying biologists is **how cells know what to become** in an embryo.

5. They tried hard to find **whose car it was**.

6. Nobody knows **how quickly the garbage can be removed**.

7. He didn't tell me **who was going with us**.

8. She was noticeably upset by **how indignantly he responded to her question**.

〈형용사 · ～P. P.의 목적어〉

9. I'm **sure** that the train will arrive on time.

10. I'm **pleased** you're decided to come.

<u>(2) 관계접속사</u>

1. inspector (명) 검시관 ; be going to do (조) ~할 예정이다 ; next year (부) 내년에
2. wife (명) 아내 ; professor (명) 교수 ; write (동) 쓰다 ;
   several papers (명) 여러 논문 ; issue (명) 문제, 쟁점 ; women (명) 여성들
3. luck (명) 행운 ; come (동) 오다 ; those who (대) ~하는 사람들 ; look for (동) 찾다
4. teacher (명) 교사 ; spend (동) 쓰다, 소비하다 ; enough (부) 충분한 ; time (명) 시간 ;
   class preparation (명) 수업준비 ; often (부) 종종 ;
   have difficulty ~ing (동) …하는데 애를 먹다; explain (동) 설명하다 ;
   new (형) 새로운 ; lesson (명) 학과, 수업
5. director (명) 감독 ; project (명) 사업, 계획안 ; graduate from (동) …를 졸업하다 ;
   Harvard University (명) 하버드 대학 ; plan (동) 계획하다 ; retire (동) 은퇴하다
6. man (명) 사람 ; be going to do (조) ~할 예정이다 ;
   nominate ⓐ for ⓑ (동) ⓐ를 ⓑ 후보로 지명하다 ; the office of treasurer (명) 재무관
7. pick up (동) 선정하다, 집다 ; man (명) 사람 ; think (동) 생각하다 ; honest (형) 정직한
8. dentist (명) 치과의사 ; child (명) 아이
   teeth (명) 치아 (tooth의 복수형) ; cause (동) 원인을 일으키다 ; problem (명) 문제
9. board (명) 이사회 ; be composed of (동) ~으로 구성되다 ;
   citizen (명) 시민 ; dedication (명) 분납, 헌신 ; evident (형) 분명한
10. brother (명) 형제 ; lawyer (명) 변호사 ; want (동) 원하다 ;
    become (동) …이 되다 ; judge (명) 판사

〈who + 동사〉

1. Helen is the inspector **who is going to China** next year.
2. Mr. Kim's wife, **who is a professor**, has written several papers on the issue of women.
3. Luck comes to those **who look for it**.
4. Teachers **who do not spend enough time on class preparation** often have difficulty explaining new lessons.
5. The director of the project, **who graduated from Harvard University**, is planning to retire next year.

〈whom + S + V + ~〉

6. Bryant is the man **whom we are going to nominate for the office of treasurer.**

7. I picked up a man **whom I thought to be honest**.

8. The dentist is with a child **whose teeth are causing some problems**.

9. The board was composed of citizens **whose dedication was evident**.

10. William, **whose brother is a lawyer**, wants to become a judge.

〈2〉 Which, which, of which+the 명사 (2-36)

1. horse (명) 말 ; win (동) 이기다 ; triple crown (명) 삼관왕 ; be named (동) ～으로 명명되다
2. old (형) 낡은 ; building (명) 건물 ; long (부) 오래도록 ;
   abandon (동) 포기하다 ; destroy (동) 파괴하다 ; fire (명) 불
3. adopt (동) 채택하다 ; plan (명) 계획 ; easily (부) 쉽게 ; be carried out (동) 실행되다
4. rum (명) 럼술 ; buy (동) 사다 ; smooth (형) 부드러운
5. picture (명) 그림 ; paint (동) …에 페인트칠하다, 그리다
6. give (동) 주다 ; part of one's property (명) ～의 재산에 일부 ;
   cherish (동) 마음에 품다 ; most (부) 가장
7. look at (동) 바라보다 ; mountain (명) 산 ; top (명사) 산봉우리, 꼭대기 ;
   be covered with (동) ～으로 덮여있다 ; snow (명) 눈
8. bird (명) 새 ; head (명) 머리 ; red (형) 빨간
9. sing (동) 노래를 부르다 ; song (명) 노래 ; title (명) 제목 ; know (동) 알다
10. a type of man (명) 타입의 사람 ; such (형) 그러한 ;
    education (명) 교육 ; be likely to do (동) ～할 것 같은 ; form (동) 형성하다
11. no longer (부) 더 이상 …하지 않다 ; timid (형) 겁 많은, 소심한 ;
    fellow (명) 놈, 남자 ; used to be (동) …하곤 했다 (과거의 규칙적인 습관)

1. The horse **which won the triple crown in 1973** was named Secretariat.

2. The old building, **which had long been abandoned**, was destroyed by fire.

3. We have adopted a plan **which can be easily carried out**.

4. This rum, **which I bought in the Virgin Islands**, is very smooth.

5. This is the picture **which I painted**.

6. He gave me that part of his property **which he had cherished most**.

7. Look at the mountain **of which the top (whose top) is covered with snow**.

8. This is the bird **of which the head is red**.

9. She sang a song the title **of which I didn't know**.

10. He is a type <u>of man</u> **which** such an education is likely to form.

11. He is no longer <u>the timid fellow</u> **which** he used to be.

〈3〉 That (2-37)

1. see (동) 보다 ; girl (명) 소녀 ; dog (명) 개 ; almost (부) 거의 ; be killed (동) 죽다 ; car (명) 자동차

2. buy (동) 사다 ; stereo (명) 스테레오 ; advertise (동) 광고하다 ; reduced price (명) 할인된 가격

3. be going to do (조) ~할 예정이다 ; think of ~ing (동) ~하는 것을 고려중이다

4. recognize (동) 알아보다, 인정하다 ; party (명) 파티

5. read (동) 읽다 ; the same (형) 같은 ; book (명) 책

6. the very thing (명) 바로 그것 ; want (동) 원하다

7. greatest (형) 가장 위대한 ; ever (부) 이제까지 ; live (동) 살다

8. actress (명) 여배우

9. tell (동) 말하다 ; all (대) 모든 것 ; know (동) 알다

10. glitter (동) 번쩍이다 ; gold (명) 금

11. nothing (대) 아무것 도 아님 ; in a hurry (선지사구) 서둘러서 ; do (동) 하다 ; slowly (부) 친친히

1. I saw <u>a girl and her dog</u> **that were almost killed by a car**.

2. We bought <u>the stereo</u> **that had been advertised at a reduced price**.

3. George is going to get <u>the house</u> **that we have been thinking of buying**.

4. He was <u>the only man</u> **that I can recognize at the party**.

5. He reads <u>the same books</u> **that we do**.

6. That's <u>the very thing</u> **that I wanted**.

7. Newton was one of <u>the greatest men</u> **that had ever lived**.

8. She is <u>the greatest actress</u> **that has ever lived**.

9. She told me <u>all</u> **that I knew**.

10. <u>All</u> **that glitters** is not gold.

11. <u>Nothing</u> should be done in a hurry **that can be done slowly**.

1. passenger (명) 승객 ; escape (동) 탈출하다 ; without (전) ～없이 ;
   serious (형) 심각한 ; injury (명) 상해
2. lend (동) 빌려주다 ; dictionary (명) 사전 ; good (형) 좋은
3. a dozen eggs (명) 달걀 한 꾸러미 ; bad (형) 상한
4. sell (동) 팔다 ; land (명) 땅 ; unprofitable (형) 이익이 없는
5. beyond (전) ～위에 ; mean (동) 의미하다 ; need (동) 필요하다 ; help (명) 도움
6. ask (동) 묻다 ; question (명) 질문 ; answer (동) 대답하다 ; in detail (전치사구) 상세하게
7. look (동) 보이다 ; happy (형) 행복한 ; really (부) 정말로
8. say (동) 말하다 ; know (동) 알다 ; fact (명) 사실, 진상 ; lie (명) 거짓말
9. say (동) 말하다 ; make (동) …하게 하다 ; angrier (형) 더 화나게

〈수량의 관계〉

1. There were few passengers, **who** escaped without serious injury.
2. I can lend you two dictionaries, **both of which** are very good.
3. I bought a dozen eggs, **half of which** were bad.
4. He sold his land, **which** was unprofitable.

〈주절전체가 선행사〉

5. This is beyond us, **which** means that we need your help.
6. I asked him a question, **which** he answered in detail.
7. She looked very happy, **which** she really was not.
8. She said that she knew the fact, **which** was a lie.
9. I said nothing, **which** made her angrier.

1. person (명) 사람 ; speak of (동) …에 관해서 이야기하다
2. need (동) 필요하다 ; something (대) 무언가 ; write (동) 쓰다
3. give (동) 주다 ; obtain (동) 얻다 ; valuable (형) 귀중한 ; information (명) 정보
4. biggest (형) 가장 큰 ; single (형) 유일한 ; hobby (명) 취미 ;
   spend (동) 쓰다, 소비하다 ; most (부) 대부분 ; time (명) 시간 ;
   energy (명) 에너지 ; gardening (동명사) 정원 가꾸기
5. build (동) 건축하다, 세우다 ; at the turn of the century (전치사구) 세기의 전환점에서
6. reason (명) 이유 ; hesitate (동) 망설이다

7. May (명) 5월 ; month (명) 달 ; see (동) 보다 ;

 the richest variety of flowers (명) 풍부한 다양한 꽃

8. way (명) 방법 ; get over (동) 극복하다 ; difficulty (명) 어려움

〈전치사+관계대명사〉

1. This is the person **of whom** I spoke.

2. I need something **with which** I can write.

3. He gave us a book, **from which** we obtained valuable information.

4. The biggest single hobby **on which** Americans spend most time, energy and money is gardening.

〈관계부사〉

5. The house (in which) **where** I live was built at the turn of the century.

6. This is the reason (for which) **why** we hesitate.

7. May is the month (on which) **when** we can see the richest variety of flowers.

8. There is only one way **by which** you can get over such a difficulty.

(3) 종속접속사

〈1〉 시간 (2-40)

1. dark (형) 어두운 ; arrive (동) 도착하다 ; village (명) 마을

2. look at (동) 바라보다 ; be reminded of (동) ~를 상기하다

3. dog (명) 개 ; act up (동) 사납게 굴다 ; postman (명) 우체부 ;

 come (동) 오다, 이르다 ; door (명) 문

4. idea (명) 생각 ; new (형) 새로운 ; machine (명) 기계 ; come to (동) ~에게 …이 떠오르다 ;

 drive to work (동) 운전해서 직장에 가다

5. get to (동) 도착하다 ; park (명) 공원 ;

 hope (동) 바라다 ; stop (동) 멈추다 ; rain (동) 비 오다

6. go out (동) 외출하다 ; allow (동) 허락하다 ; do so (동) 그렇게 하다

7. long (형) 오래된 ; see (동) 보다 ; movie (명) 영화 ; together (부) 함께

8. go (동) 가다 ; finish (동) 끝내다 ; breakfast (명) 아침식사

9. finish (동) 끝내다 ; work (명) 일 ; come (동) 오다

10. get off (동) 내리다 ; train (명) 기차 ; see (동) 보다 ;

 wave (동) 흔들다 ; hand (명) 손

1. It was dark **when** I arrived at the village.

2. **Whenever** I look at the piano, I'm reminded of my mother.

3. The dog acted up **as** the postman came to the door.

4. The idea for the new machine came to him **while** driving to work.

5. **By the time we get to the park**, I hope that it will have stopped raining.

6. He could **not** go out with her **until** (he was) allowed to do so.

7. How long has it been **since** we saw a movie together?

8. I will go with you **after** I have finished my breakfast.

9. I had **not** finished the work **before** they came.

10. **No sooner** had I gotten off the train **than** I saw her waving her hand at me.

〈2〉 장소 (2-41)

> 1. will (명) 뜻, 의지 ; way (명) 방법
>
> 2. stay (동) 머무르다
>
> 3. camp (동) 야영하다 ; enough (형) 충분한 ; water (명) 물
>
> 4. be liked (동) 호감을 받다 ; go (동) 가다
>
> 5. find (동) 찾다

<where>

1. **Where** there is a will, there is a way.

2. Stay **where** you are.

3. We camped **where** there was enough water.

<wherever>

4. He was liked **wherever** he went.

5. **Wherever** he is, he must be found.

〈3〉 목적 (2-42)

> 1. let (동) ～하도록 하게 하다 ; dog (명) 개 ; loose (동) 풀다 ; have a run (동) 한 번 달리다
>
> 2. step aside (동) 옆으로 비키다 ; go in (동) 안으로 들어가다
>
> 3. had better (조) …하는 편이 좋겠다 ; go out (동) 외출하다 ;
>   at night (전치사구) 밤에 ; catch a cold (동) 감기에 걸리다
>
> 4. shut (동) 닫다 ; cold (형) 찬 ; air (명) 공기 ; get in (동) 들어가다
>
> 5. take (동) 가지고 가다 ; umbrella (명) 우산 ; rain (동) 비 내리다

1. Let the dog loose **so that** it **may (=can)** have a run.

2. I stepped aside **so that** she **might (=could)** go in.

3. You had better not go out at night **lest** you **should** catch a cold.

4. Shut the window **lest** the cold air **should** get in.

5. I took my umbrella **for fear that** it might rain.

〈4〉 이유 (2-43)

1. succeed (동) 성공하다 ; work (동) 일하다 ; hard (부) 열심히
2. tired (형) 피곤한 ; go to bed (동) 잠자리에 들다 ; early (부) 일찍
3. eat (동) 먹다 ; hour (명) 시간 ; hungry (형) 배고픈
4. graduate from (동) 졸업하다 ; university (명) 대학 ; depend on (동) 좌우하다
5. mention (동) 언급하다 ; remember (동) 기억하다
6. say (동) 말하다 ; so (부) 그렇게 ;
   be interested in (동) …에 관심을 갖다 ; subject (명) 주제

1. He succeeded **because** he worked hard.

2. **As** I was tired, I went to bed early.

3. **Since** I have eaten nothing for hours, I'm very hungry.

4. **Now that** you have graduated from university, you should not depend on your parents.

5. **Now that** you mention it, I do remember.

6. I said so **on the grounds that** you were interested in this subject.

〈5〉 결과 (2-44)

1. homesick (형) 집을 그리워하는 ; hardly (부) 좀처럼 …하지 않다 ;
   endure (동) 견디다 ; misery (명) (마음의) 고통
2. place (명) 장소 ; noisy (형) 시끄러우 ;
   make oneself heard (동) ～말을 들리도록 하다 ; audience (명) 청중
3. roof (명) 지붕 ; fall in (동) 내려앉디 ; cottage (명) 시골집, 작은 집 ;

habitable (형) 거주할 수 있는

4. turn+O+about (동) 돌리다 ; see (동) 보다

5. too (부) ; late (형) 늦게 ; go (동) 가다 ; home (부) 집에

6. tell (동) 말하다 ; go (동) 가다

7. audience (명) 청중 ; noise (명) 시끄러운 소리 ; hardly (부) 좀처럼 …하지 않다 ;
hear (동) 듣다 ; speaker (명) 연사 ; say (동) 말하다

8. strict (형) 엄격한 ; teacher (명) 교사 ; student (명) 학생 ; be afraid of (동) ~를 두려워하다

9. anger (명) 노여움 ; lose (동) 잃다 ; control of oneself (명) 자신의 통제

<so~that~>

1. He was **so** <u>homesick</u> **that** he could hardly endure the misery of it.

2. The place was **so** <u>noisy</u> **that** I could not make myself heard by the audience.

3. The roof had fallen in, **so that** the cottage was not habitable.

4. Please turn it about, **so that** I can see it.

<so>

5. It was too late, **so** we went home.

6. She told me to go, **so** I went.

<such~that~>

7. The audience made **such** <u>a noise</u> **that** I could hardly hear what the speaker said.

8. He was **such** <u>a strict teacher</u> **that** all his students were afraid of him.

9. His anger was **such that** he lost control of himself.

〈6〉 조건 (2-45)

1. right (형) 옳은 ; wrong (형) 잘못된

2. come (동) 오다 ; do (동) 하다

3. treat (동) 취급하다, 대하다 ; kindly (부) 친절하게 ; do (동) 하다 ; anything (대) 무엇이든

4. work (동) 일하다 ; hard (부) 열심히 ; fail (동) 실패하다

5. win (동) 이기다 ; all other things (명) 모든 다른 것들 ; futile (형) 쓸데없는

6. read (동) 읽다 ; again (부) 다시 ; understand (동) 이해하다

7. go (동) 가다 ; expense (명) 비용 ; pay (동) 지불하다

8. weather (명) 날씨 ; keep up (동) 유지하다 ; like this (전치사구) 이처럼 ; flower (명) 꽃 ;
come out (동) (안에서 밖으로) 나오다 ; soon (부) 곧

9. accept (동) 받아드리다 ; offer (명) 제언, 제공 ; think of (동) ~를 생각해 내다

10. forget (동) 잊다 ; remind ⓐ of ⓑ → (동사) ⓐ에게 ⓑ를 상기시키다 ;
    promise (명) 약속

11. leave (동) 남겨놓다 ; note (명) 노트 ; absent (형) 부재중의, 결석한

<if>

1. **If** you are right, I'm wrong.

2. **If** he comes, what are we to do?

3. **If** you treat her kindly, she'll do anything for you.

<unless>

4. **Unless** you work hard, you will fail.

5. **Unless** we win, all other things are futile.

6. **Unless** you read it again you will not understand it.

<if의 대용>

7. I will go **providing** my expenses are paid.

8. **Provided** the weather keeps up like this, the flowers will come out soon.

9. **Supposing** I accepted this offer, what would my friends think of me?

<in case that>

10. **In case that** I forget, please remind me of my promise.

11. I will leave a note **in case that** he is absent.

〈7〉 대립 (2-46)

1. like (동) 좋아하다 ; personality (명) 성격 ; doubt (동) 의심하다 ; ability (명) 능력

2. slender (형) 호리호리한 ; stout (형) 단단한, 뚱뚱한

3. offer (동) 제공하다 ; accept (동) 받아드리다

4. say (동) 말하다 ; ready (형) 준비가 된 ; pounce (동) 달려들다

5. old (형) 나이 먹은 ; grow (동) 자라다, 증대하다 ; peace (명) 평화

6. humble (형) 천한, 비천한, 겸손한 ; place (명) 장소 ; like home (전치사구) 집 같은

7. great (형) 위대한 ; scholar (명) 학자 ; lack (명) 결핍 ; common sense (명) 상식

1. **While** I like his personality, I doubt his ability.

2. She was slender, **whereas** he was stout.

3. **Even if** you offer it to him, he won't accept it.

4. **Whatever** she says, people are ready to pounce.

5. **However old** we grows, there is no peace.

6. **However humble** it may be, there is no place like home.

7. **Great scholar as** he is, he is in lack of common sense.

1. know (동) 알다 ; grandfather (명) 할아버지

2. do (동) …하다 ; wish (동) 바라다

3. paint (동) …에 페인트를 칠하다

4. stay (동) 머물다 ; like (동) 좋아하다

5. help (동) 돕다

6. come (동) 오다 ; result (명) 결과 ; the same (형) 같은

7. rain (명) 비 ; shine (명) 맑음 ; never (부) 결코 …가 아니다 ;
   fail (동) 실패하다 ; all over the summer (전치사구) 여름 내내

8. walking (동명사) 걷는 것 ; sleeping (동명사) 잠자는 것 ;
   in ones'mind (전치사구) …의 마음속에

<as>

1. Seoul is not **as** my grandfather knew it.

2. I will do **as** you wish.

3. Paint me **as** I am.

<as long as/as far as>

4. I will stay here **as long as** I like.

5. I will help you **as far as** I can.

<whether>

6. **Whether** or not he comes, the result will be the same.

<~or~>

7. **Rain or shine**, he never failed to go fishing every day all over the summer.

8. **Walking or sleeping**, you are in my mind.

1. sit (동) 앉다 ; look at (동) 바라보다 ; picture (명) 그림
2. speak (동) 말하다 ; hall (명) 홀 ; fall (동) 떨어지다 ; still (형) 조용한, 쥐죽은 듯한
3. program (명) 프로그램 ; sponsor (동) 후원하다 ; fund (동) 투자하다 ;
   volunteer organization (명) 봉사기관
4. reading (명) 독서 ; permit (동) 허락하다 ; talking (명) 잡담 ; forbid (동) 하지 못하게 하다
5. teach (동) 가르치다 ; read (동) 읽다 ; write (동) 쓰다
6. prefer (동) 선호하다 ; vacation (명) 휴가 ; beach (명) 해변, 물가 ;
   think (동) 생각하다 ; go (동) 가다 ; mountain (명) 산
7. seem (동) …처럼 보이다 ; happy (형) 행복한 ; troubled (형) 고민이 있는
8. story (명) 이야기 ; strange (형) 이상한 ; true (형) 사실인
9. work (명) 일, 작업 ; good (형) 좋은 ; better (형) 더 좋은 ; do (동) 하다
10. free (형) 자유로운 ; at least (전치사구) 적어도 ; seem (동) …처럼 보이다
11. understand (동) 이해하다 ; where (접) 어디에 ; go (동) 가다 ; look for (동) …를 찾다
12. by night or day (전치사구) 밤이나 낮이나 ;
    at home or abroad (전치사구) 집에 있거나 나가 있거나 ;
    constant (형) 끊임없는 ; source (명) 원천 ; anxiety (명) 근심, 걱정
13. know (동) 알다 ; agree (동) 동의하다, 일치하다, 응하다
14. say (동) 말하다 ; buy (동) 사다
15. sneeze (명) 재채기 ; perform (동) 실행하다, 공연하다 ;
    voluntarily (부) 자발적으로 ; easily (부) 쉽게 ; suppress (동) 억누르다
16. amiable (형) 사랑스러운 ; everybody (대) 모두 다 ; like (동) 좋아하다
17. stick to (동) 고수하다 ; point (명) 요점, 취지 ; give (동) 주다 ;
    information (명) 정보 ; pertinent (형) 관련이 있는
18. one thing (명) 한 가지 ; pleasure (명) 기쁨, 즐거움 ; have drinks 술 (동) 마시다
19. satirist (명) 풍자가 ; share (동) 분배하다, 공유하다 ;
    common (형) 공통적인 ; goal (명) 목표 ; expose (동) 노출하다 ;
    human folly (명) 인간의 어리석은 행동 ; guise (명) 겉치레
20. bird (명) 새 ; sing (동) 지저귀다
21. agree (동) 동의하다 ; reject (동) 거절하다 ; wonderful (형) 훌륭한 ; offer (명) 제언, 제공

〈and〉

1. He sat **and** (he) looked at the picture.

2. He spoke, **and** the hall fell still.

3. The program was sponsored by churches **and** funded by volunteer organizations.

4. Reading is permitted, **but** talking is forbidden.

5. She taught me how to read, **but** (she taught me) not how to write.

6. I prefer my vacations at the beach, **but** this summer I think I would prefer to go to the mountains.

<yet>

7. She seems happy, **yet** she is troubled.

8. The story is strange, **yet** it is true.

9. The work is good, **yet** it could be done better.

<or>

10. They are free, **or** at least they seem to be free.

11. I didn't understand where they were going **or** what they were looking for.

12. By night **or** day, at home **or** abroad, he is a constant source of anxiety to his father.

<nor>

13. I don't know it, **nor** do I agree.

14. I said I had not bought it, **nor** had I (bought it).

15. A sneeze cannot be performed voluntarily, **nor** can it be easily suppressed.

< ; >

16. She is an amiable child ; everybody likes her.

17. Stick to the point ; don't give information that is not pertinent.

< : >

18. I have one thing for pleasure: to have drinks.

19. Satirists share a common goal: to expose human folly in all its guises.

<for>

20. It's morning, **for** the birds are singing.

21. Of course I agree, **for** who could reject such a wonderful offer?

3. STYLE PATTERN

1. necessity (명) 필수요건 ; life (명) 인생 ; food (명) 식품 ; shelter (명) 은신처 ; clothing (명) 옷

2. patient (명) 환자 ; symptom (명) 증상 ; fever (명) 열 ;
   dizziness (명) 어지러움 ; headache (명) 두통

3. on the hill (전치사구) 언덕 위에 ; castle (명) 성 ;
   swathe (동) 싸다, 감다 ; gloom (명) 침울 ; fear (명) 공포 ; death (명) 죽음

4. big (형) 큰 ; appetite (명) 식욕 ; bacon and eggs (명) 베이컨과 에그스 ;
   three slices of bread (명) 빵 세 조각 ; a cup of coffee (명) 커피 한 잔 ;
   apple (명) 사과 ; breakfast (명) 아침식사

5. never (부) 결코 …하지 않다 ; see (동) 보다 ; angry (형) 화가 난 ;
   cross (형) 시무룩한 ; depressed (형) 실망에 찬

6. young (형) 젊은 ; enthusiastic (형) 열성적인 ; talented (형) 재능 있는

7. all (대) 모든 것 ; good (형) 좋은 ; decent (형) 합당한 ;
   respectable (형) 존경할 만한 ; abhorrent (형) 혐오스러운 ; anarchist (명) 무정부주의자

8. professor (명) 교수 ; enjoy (동) 즐기다 ; study (동) 연구하다 ;
   teach (동) 가르치다 ; write (동) 쓰다

9. swimming (동명사) 수영 ; surfing (동명사) 파도타기 ; boating (동명사) 배 타기 ;
   favorite (형) 선호하는 ; sports (명) 스포츠 ; summer camp (명) 하기캠프

10. sadly (부) 슬프게 ; slow (부) 천천히 ; step (명) 걸음 ;
    turn to (동) 다가가다 ; door (명) 문 ; pause (동) 잠시 멈추다 ;
    sigh (동) 한 숨쉬다 ; walk out (동) 밖으로 나가다

11. yawn (동) 하품하다 ; close (동) 닫다 ; put+O+down (동) 내려놓다 ;
    head (명) 머리 ; on the table (전치사구) 책상 위에

12. as (접) ～할 때 ; reach (동) 도착하다 ; destination (명) 목적지 ;
    driver (명) 운전기사 ; stop (동) 멈추다, 세우다 ;
    point @ toward ⓑ (동) @로 ⓑ를 가리키다 ; finger (명) 손가락 ;
    motion (동) …에게 몸짓으로 말하다 ; get out (동) 나가다

13. hope (동) 희망하다 ; see (동) 보다 ; rush in (동) 급하게 안으로 들어오다 ;
    pick up (동) 집어 들다 ; purse (명) 지갑 ; rush out (동) 급하게 나가다

14. soldier (명) 군인 ; look at (농) 바라보다 ; sternly (부) 힘상궂게 ;
    exchange @ with ⓑ → (동) @를 ⓑ와 교환하다 ; glance (명) 눈짓 ;
    comrade (명) 전우 (동료) ; take @ out of ⓑ → (동) @를 ⓑ에서 꺼내다 ; gun (명) 종

; table (명) 책상

15. government (명) 정부 ; of the people (전치사구) 국민의 ;
    by the people (전치사구) 국민에 의한 ; for the people (전치사구) 국민을 위한

16. promise (동) 약속하다 ; keep ⓐ under ⓑ → (동) ⓐ를 ⓑ에 놓다 ;
    sock (명) 양말 ; bed (명) 침대 ; agree (동) 동의하다 ;
    help ⓐ with ⓑ → (동) ⓐ에게 ⓑ를 도와주다 ; dishes (명) 설거지 ;
    take out (동) 내다 버리다 ; garbage (명) 쓰레기 ; really (부) 정말로 ;
    love (동) 사랑하다 ; honor (동) 존경하다 ; obey (동) 복종하다 ; marry (동) 결혼하다

<단어 Series>

1. Three necessities of life are **food, shelter**, and **clothing**.
2. The patient's symptoms were **fever, dizziness**, and **headache**.
3. On the hill, there was a castle swathed in gloom and fear and death.
4. Gino has a big appetite: **he had bacon and eggs, three slices of bread, a cup of coffee and an apple** for breakfast this morning.
5. I have never seen Larry **angry** or **cross** or **depressed**.
6. She is **young, enthusiastic**, and **talented**.
7. All that is **good, decent**, and **respectable** seems abhorrent to some anarchists.
8. Professor Kim enjoys **studying, teaching**, and **writing**.
9. **Swimming, surfing, boating**-these are Sally? favorite sports at the summer camp.
10. Sadly and with very slow steps, she turned to the door and **paused, sighed**, then **walked out**.
11. He **yawned, closed** his book, and **put** his head **down** on the table.
12. As we reached our destination, the driver **stopped** the car, **pointed** his fingers **toward** the hotel, and **motioned** to us to get out.
13. Hoping she would not be seen, she **rushed in, picked up** her purse, and **rushed out**.
14. The soldier **looked at** him sternly, **exchanged** glances **with** his comrade, and **took** the gun **out of** the table.

<구 Series>

15. This government is **of the people, by the people**, and **for the people**.

16. If **you promise to keep your socks under the bed, if you agree to help me
    with dishes every evening and take out the garbage every morning, if you really
    will "love, honor, and obey" me**, then I might marry you.

---

[2] Pair

〈1〉 상관접속사 pair (3-2)

1. beautiful (형) 아름다운 ; intelligent (형) 지적인
2. semester grade (명) 학기점수 ; be based on (동) …에 근거하다 ;
   how well (접) 얼마나 잘 ; do (동) …하다 ; on each test (전치사구) 각 시험에서 ;
   participate in (동) 참여하다 ; class (명) 수업
3. kind (형) 친절한 ; witty (형) 재치 있는
4. infection (명) 공기전염 ; cause (동) ~원인을 일으키다 ; fever (명) 열 ;
   pain (명) 두통 ; good idea (명) 좋은 생각 ; check (동) 점검하다 ; temperature (명) 온도
5. advise (동) 충고하다 ; telephone (동) 전화하다 ; write (동) 쓰다 ; reservation (명) 예약
6. lie (동) 거짓말하다 ; dream (동) 꿈꾸다
7. room (명) 방 ; garden (명) 정원
8. fishing (명) 낚시질 ; hunting (명) 사냥

---

1. She is **not only** <u>beautiful</u>, **but also** <u>intelligent</u>.
2. Your semester grade is based **not only** <u>on how well you do on each test</u>, **but
   also** <u>on how well you participate in class</u>.
3. She is kind **as well as** witty.
4. Since infection can cause **both** <u>fever</u> **and** <u>pain</u>, it is a good idea to check his
   temperature.
5. I was advised **either** <u>to telephone</u> **or** to write the hotel for reservations.
6. **Either** <u>you are lying</u>, **or** <u>I am dreaming</u>.
7. She was **neither** <u>in her room</u> **nor** <u>in the garden</u>.
8. **Some** people went fishing ; **others**, hunting.

1. care about (동) 관심을 갖다 ; character (명) 인격 ; background (명) 배경
2. rich (형) 부자인 ; happy (형) 행복한
3. object to (동) 반대하다 ; war (명) 전쟁 ; drain (동) 고갈시키다 ; economy (명) 경제 ;
   ; inhumane (형) 비인간적인
4. bury (동) 묻다 ; praise (동) 칭찬하다
5. statesman (명) 정치가 ; be said (동) 알려지다 ; nation's welfare (명) 국가의 복지 ;
   matter (동) 문제가 되다 ; one's welfare (명) 자신의 복지
6. idea (명) 의도, 생각 ; look (동) 보이다 ; as if (접) 마치 …처럼 ; own (동) 소유하다 ;
   world (명) 세계 ; carry ⓐ around ⓑ → (동) ⓐ를 ⓑ에 걸치다 ;
   a suit of clothes (명) 옷 한 벌 ; on your shoulders (전치사구) 어깨 위에

1. They care about **not** <u>your character,</u> **but** <u>your background.</u>
2. She is **not** <u>rich,</u> **but** <u>happy.</u>
3. I object to war **not** <u>because it drains the economy,</u> **but** <u>because it seems</u> <u>inhumane.</u>
4. I came <u>to bury Caesar,</u> **not** <u>to praise him.</u>
5. The statesman was said that it was <u>the nation's welfare that</u> mattered, **not** his (welfare).
6. The idea is to look <u>as if you owned the world,</u> **not** <u>as if you carried a suit of</u> <u>clothes around on your shoulders.</u>

1. sooner (형) ; better (형)
2. seed (명) 씨 ; plant (명) 수확
3. study (동) 공부하다 ; learn (동) 배우다, 공부하다
4. sleep (동) 잠자다 ; want (동) 원하다
5. wear (동) 쓰다 ; eyeglasses (명) 안경 ; be dependent on (동) 좌우하다
6. attempt (동) 시도하다 ; explain (동) 설명하다 ; mistake (명) 실수 ;
   story (명) 이야기 ; sound (동) …처럼 들리다

1. **The sooner, the better.**
2. **The fewer** seeds, **the fewer** plants.

3. **The harder** we study, **the more** we learn.

4. **The more** we sleep, **the more** we want.

5. **The longer** a we wear eyeglasses, **the more** (we are) dependent on them.

6. **The more** we attempted to explain our mistake, **the worse** our story sounded.

1. say (동) 말하다 ; so (부) 그렇게 ; partly (부) 부분적으로 ;
   out of (전치사) …로 부터 ; kindness (명) 호의 ; pity (명) 동정
2. ship (명) 배 ; part (명) 일부 ; water (명) 물 ; mud (명) 진흙
3. half (부) 반 ; devil (명) 악마 ; man (명) 사람
4. cruel (형) 잔인한 ; brute (명) 야수, 짐승 ; brutal to (형용사구) 난폭한 ; even (부) 조차도

1. He said so **partly** out of kindness, and **partly** out of pity.

2. The ship was **part** in the water, and **part** in the mud.

3. He is **half** a devil, **half** a man.

4. He was just a cruel brute of a man, **brutal** to his family and even more **brutal** to his friends.

1. treat (동) 취급하다, 대하다
2. reading (명) 독서 ; mind (명) 마음 ; exercise (명) 운동; body (명) 신체
3. policy (명) 정책, 술수 ; force (명) 힘 ; accomplish (동) 성취하다 ; desire (명) 욕망

1. **As** you treat me, **so** will I treat you.

2. **Reading** is to **the mind** what **exercise** is to **the body**.

3. **What by** policy, and **(what by)** force, he accomplished his desire.

〈1〉 반복문 Pattern (3-7)

1. bat (명) 박쥐 ; determine (동) …에게 결심시키다 ; position (명) 위치 ;
   by means of (전) …수단에 의해서 ; echolocation (명) 음파탐지 ; system (명) 체계 ;
   rely on (동) 좌우하다 ; sight (명) 시력
2. adjust to (동) 적응하다 ; new (형) 새로운 ; job (명) 직장 ; require (동) 요구하다 ;
   quality (명) 품질, 성질 ; ability (명) 능력 ; laugh at (동) 비웃다 ; oneself (대) 스스로
3. greet (동) 환영하다 ; be called (동) 불리다 ; wealth (명) 부 ; position (명) 명성
4. skid-row (형) 빈민의 ; inhabitant (명) 거주자 ; one thing (명) 한 가지 ;
   in common (전치사구) 공통점 ; a sense of defeat (명) 좌절감
5. get mad (동) 미치게 되다 ; incredibly (부) 믿을 수 없을 만큼 ;
   something (대) 무언가 ; usually (부) 대개 ; silly (형) 어리석은
6. generally (부) 일반적으로 ; kind (명) 종류 ; money (명) 돈 ;
   produce (동) 생산하다 ; metal (명) 금속 ; coin (명) 동전 ; paper (명) 종이 ; bill (명) 지폐

1. Bats determine their positions by means of <u>echolocation</u>, **a system** that does not rely on sight.
2. Adjusting to a new job requires <u>one quality</u> : **the ability** to laugh at oneself.
3. They were greeted by <u>a woman</u> called Zenobia, **a beautiful woman** of wealth and position.
4. Skid-row inhabitants have <u>one thing</u> in common-**a sense of defeat**.
5. For example, I would get incredibly mad about <u>something</u>, usually **something** silly.
6. Generally, two kinds of money are produced - **metal coins and paper bills**.

〈2〉 동격 Pattern (3-8)

1. highest (형) 가장 높은 ; peak (명) 봉우리 ; Mount Everest (명) 에베리스트 산 ;
   the Himalayas (명) 히말라야산맥
2. scientist (명) 과학자 ; rare (형) 드문
3. machine (명) 기계 ; work (동) 작동하다 ; fuel (명) 연료 ; coal (명) 석탄 ; oil (명) 석유
4. goal (명) 목표 ; life (명) 인생 ; make a lot of money (동) 많은 돈을 벌다

5. sad (형) 슬픈 ; fact (명) 사실, 진상 ; no one (대) 아무도 ; take care of (동) 돌보다 ;
6. possibility (명) 가능성 ; be with you (동) 너와 함께하다 ; birthday party (명) 생일파티

1. <u>The world's highest peak</u>, **Mount Everest**, is in the Himalayas.

2. <u>Such</u> **scientists** <u>as</u> **Newton** are rare.

3. No machine can work without a **fuel** <u>such as</u> **coal or oil**.

4. He has only <u>one goal</u> in his life : **to make a lot of money**.

5. It is <u>a sad fact</u> **that there is no one to take care of the children**.

6. There is a <u>possibility</u> **that I may not be with you on your birthday party**.

[4] 수식어문

〈1〉 부사 수식어문 (3-9)

1. idly (부) 멍하니, 헛되이, 무익하게 ; stare upon (동) 응시하다 ; one of them (대) 그들 중에 하나 ;
   at a nearby church steeple (전치사구) 가까운 교회 뾰족탑
2. below (부) 아래 ; traffic (명) 자동차의 왕래 ; look like (동) ~처럼 보이다 ;
   necklace (명) 줄, 목걸이 ; ant (명) 개미
3. evidently (부) 분명히 ; make a mistake (동) 실수하다
4. unfortunately (부) 불행하게 ; message (명) 전하는 말 ; fail (동) 실패하다 ;
   arrive (동사) 도착하다 ; in time (전치사구) 때맞추어

1. **Idly**, he stared upon one of them at a nearby church steeple.

2. **Below**, the traffic looked like a necklace of ants.

3. **Evidently**, he has made a mistake.

4. **Unfortunately**, the message failed to arrive in time.

〈2〉 전치사구 수식어문 (3-10)

1. of the two apples (전치사구) 두 개의 사과 가운데 ; take (동) 집다 ; the larger (형) 더 큰 것
2. eye (명) 눈 ; toward the ground (전치사구) 땅을 향하여 ; listen (동) 듣다 ;
   in silence (전치사구) 침묵 속에서
3. sound (명) 소리 ; bell (명) 종 ; teacher (명) 교사 ; collect (동) 수집하다 ; papers (명) 시험지
4. on fire (전치사구) 불이 나서 ; hurry (동) 서두르다 ; home (부) 집에 ; to Ilsan (전치사구) 일산으로

5. in Japan (전치사구) 일본에서 ; blossoming cherry trees (동명사구) 체리 트리의 만발 ; chief signs of Spring (명) 장관의 봄의 징조

6. in better times (전치사구) 더 나은 시대에 ; respect (동) 존경하다

7. with great ease (전치사구) 아주 수월하게 ; solve (동) 해결하다 ; problem (명) 문제

8. modern (형) 현대의 ; like (형) ~와 같은 ; ancestor (명) 조상 ; be curious about (동) ~에 호기심이 많다 ; nature (명) 본질 ; universe (명) 우주

1. **Of the two apples**, he took the larger.

2. **With his eyes toward the ground**, he listened in silence.

3. **At the sound of the bell**, the teacher collected the papers.

4. **On fire**, he hurried home to Ilsan.

5. **In Japan**, blossoming cherry trees is one of the chief signs of Spring.

6. **In better times**, he would have been respected.

7. **With great ease**, he solved the problem.

8. Modern people, **like their ancestors**, are curious about the nature of the universe.

〈3〉 형용사·형용사구 수식어문 (3-11)

1. ugly-looking (형) 못 생긴 ; catfish (명) 메기 ; be prized for (동) …로 평판이 자자하다 ; taste (명) 맛

2. strange (형) 이상한 ; initiate (동) 시작하다 ; divorce proceeding (명) 이혼절차소송

3. enthusiastic (형) 열성적인 ; make (동) …이 되다

4. nervous (형) 긴장한 ; open (동) 열다 ; letter (명) 편지

5. thick (형) 걸쭉한 ; slim (형) 근소한 양의 ; mud (명) 진흙 ; ooze (동) 스며 나오다 ; wheel (명) 바퀴

6. car (명) 자동차 ; inexpensive (형) 비싸지 않은 ; comfortable (형) 안락한 ; be advertised in (동) 광고되다 ; current magazine (명) 현행 잡지

7. long (형) 긴 ; untidy (형) 정돈되지 않은 ; hair (명) 머리 ; play (동) 흔들거리다 ; breeze (명) 산들바람

8. famous for (형용사구) …로 유명한 ; novel (명) 소설 ; also (부) 또한 ; write (동) 쓰다 ; poetry (명) 시 ; travel sketch (명) 여행스케치

9. anxious for (형용사구) …를 갈망하는 ; quick (형) 빠른 ; decision (명) 결정 ; chairman (명) 위원장 ; call for (동) 요구하다 ; vote (명) 선거

1. **Ugly-looking**, the catfish is prized for its taste.

2. **Strange**, it was she who initiated divorce proceedings.

3. **Enthusiastic**, they make good students.

4. The man, **nervous**, opened the letter.

5. **Thick and slim**, the mud oozed from under the wheels.

6. That small car, **inexpensive but comfortable**, is advertised in many current magazines.

7. **Long and untidy**, his hair played in the breeze.

8. **Famous for her novel Ramona**, Helen Hunt Jackson also wrote poetry and travel sketches.

9. **Anxious for a quick decision**, the chairman called for a vote.

〈4〉 부정사구 수식어문 (3-12)

1. get well (동) 건강을 회복하다 ; need (동) 필요하다 ; operation (명) 수술

2. learn (동) 배우다 ; swim (동) 수영하다 ; better (형) 더 좋게 ;
   take lessons (동) 수업하다 ; pool (명) 풀장

3. succeed in (동) 성공하다 ; difficult (형) 어려운 ; task (명) 임무 ;
   need (동) 필요하다 ; to be persistent (전치사구) 끊임없이 한다는 것

4. find (동) 찾아내다 ; a piece of information (명) 정보 하나 ;
   read (동) 읽다 ; the whole book (명) 책 전체 ; within (전) ~내에 ; a few hours (명) 몇 시간

5. do well (동) 잘하다 ; on the test (전치사구) 시험에 ; look at (동) 바라보다 ;
   the tour choices (명) 4지 선다형 ; carefully (부) 조심스럽게 ;
   before (전) 전에 ; answering (동명사) 대답

6. start (동) 시작하다 ; engine (명) 엔진 ; switch (명) 스위치 ; turn on (동) 키다

7. get (동) 얻다 ; information (명) 정보 ; economic problems (명) 경제문제 ; read (동) 읽다

8. succeed in (동) 성공하다 ; life (명) 인생 ; ambition (명) 야망

9. to tell the truth (전치사구) 사실을 말하자면 ; prospect (명) 전망 ;
   recovery (명) 회복 ; bright (형) 밝은

1. **To get well**, he needs an operation.

2. **To learn to swim better**, we took lessons at the pool.

3. **To succeed in difficult tasks**, one needs to be persistent.

4. **To find a piece of information**, I can't read the whole book within a few hours.

5. **To do well on the test**, look at the four choices carefully before answering.

6. **To start an engine**, the switch must be turned on.

7. **To get some information on the economic problems**, one should read this book.

8. **To succeed in life**, one must have some ambition.

9. **To tell the truth**, the prospect of recovery is not bright.

1. upon ~ing ~하자마자 ; hear (동) 듣다 ; bell (명) 벨 ;
   ring (동) 울리다 ; depart (동) 떠나다 ; hastily (부) 급하게

2. in ~ing …하는데 있어서 ; prepare for (동) 준비하다 ; test (동사) 시험 ;
   student (명) 학생 (수험생) ; review (동) 검토하다 ; thoroughly (부) 철저히

3. put ⓐ on ⓑ → (동) ⓐ를 ⓑ에 넣다 ; worm (명) 벌레 ; hook (명) 낚시 바늘 ;
   find (동) 발견하다 ; fish (명) 물고기 ; begin (동) 시작하다 ; bite (동) 물다

4. by ~ing …함으로써 ; raise (동) 들어 올리다 ; hand (명) 손 ; every (형) 모든 ;
   question (명) 질문 ; new student (명) 신입생 ; try to do (동) …하려고 노력하다 ;
   ingratiate oneself with ⓑ → (동) ⓑ에 비위를 맞추다 ; teacher (명) 교사

5. join (동) 가입하다 ; social party (명) 사교모임 ; objection (명) 반대

1. **Upon hearing the bell ring**, we departed hastily.

2. **In preparing for a test**, a student should review thoroughly.

3. **After putting a worm on my hook**, I found that the fish began to bite.

4. **By raising her hand for every question**, the new student tried to ingratiate herself with the teacher.

5. **To his joining our social party**, there is no objection.

1. be in no great hurry (동) 크게 서두르지 않다 ; take (동) 취하다 ;
   long (형) 긴 ; scenic (형) 풍경이 좋은 ; route (명) 길

2. tired (형) 피곤한 ; go to bed (동) 잠자리에 들다 ; early (부) 일찍

3. glance at (동) 힐끗 쳐다보다 ; cloud (명) 구름 ;

   farmer (명) 농부 ; shake (동) 흔들다 ; head (명) 머리

4. smile (동) 미소 짓다 ; brightly (부) 환하게 ; accept (동) 수락하다 ; suggestion (명) 제안

5. discourage (동) 용기를 잃게 하다 ; mishap (명) 불운한 사고 ; hang (동) 매달다, 걸다

6. be compared with (동) …와 비교하다 ; wiser (형) 더 현명한

7. examine (동) 조사하다 ; record (명) 기록 ; lawyer (명) 변호사 ;

   prepare (동) 준비하다 ; new (형) 새로운 ; deed (명) 증서

8. serve (동) 시중을 들다 ; lunch (명) 점심 ;

   committee member (명) 위원회 멤버;discuss (동) 토의하다 ; problem (명) 문제

9. finish (동) 끝내다 ; military service (명) 군대 ; find (동) 발견하다 ;

   job (명) 일 ; still (부) 여전히 ; wait for (동) 기다리다

10. admit (동) 인정하다 ; say (동) 말하다 ; still (부) 여전히 ;

    think (동) 생각하다 ; do (동) …하다 ; right thing (명) 옳은 일

11. while (접) …하는 동안 ; listen to (동) 듣다 ; music (명) 음악 ; fall asleep (동) 잠들다

12. night (명) 밤 ; come (동) 오다 ; leave ⓐ for ⓑ (동) ⓐ를 떠나 ⓑ로 향하다 ;

    park (명) 공원 ; home (명) 집

13. arm (명) 팔 ; fold (동) 접다 ; sit (동) 앉다 ; silent (형) 침묵하는

14. dinner (명) 저녁 ; over (부) 끝난 ; go out for (동) ~를 위해 나가다 ; stroll (명) 걷기, 산책

15. job (명) 일 ; do (동) 하다 ; pack up (동) 짐을 싸다 ;

    leave (동) 떠나다

16. choose (동) 고르다, 선택하다 ; the best scene (명) 최고의 장면 ;

    leave out (동) 빼버리다 ; unsuitable (형) 적합하지 않은

<기본형>

1. **Being in no great hurry**, we took the long, scenic route.

2. **Being very tired**, I went to bed early.

3. **Glancing at the clouds**, the farmer shook his head.

4. **Smiling brightly**, he accepted my suggestion.

5. **Discouraged by the mishap**, the boy hung his head.

6. **(Being) compared with me**, he is wiser.

<완료형>

7. **Having examined the records**, the lawyer prepared a new deed.

8. **Having been served lunch**, the committee members discussed the problem.

9. **After finishing military service**, I found that my job was still waiting for me.

10. **Although admitting what you say**, I still don't think he did the right thing.

11. **While listening to music**, I fell asleep.

12. **With night coming on**, we left the park for home.

13. **With his arms folded**, he sat silent.

14. **Dinner being over**, we went out for a stroll.

15. **The job done**, they are packing up to leave.

16. He chose the best scenes, **leaving out everything that was unsuitable**.

[5] 강조문

〈1〉 "이중 부정문" pattern (3-15)

1. rain (동) 비 내리다 ; pout (동) 퍼붓다

2. scarcely (부) 거의 …아니다 ; a day (부) 하루 ; pass (동) 지나다 ; meet (동) 만나다

3. nothing (대) 아무것도 ; do (동) …하다 ; come in (동) 안으로 들어가다

4. no one (대명사) 아무도 ; help (동사) 돕다

5. meet (동사) 만나다 ; quarrel (동사) 싸우다, 말다툼하다

6. confess (동) 고백하다 ; for months (전치사구) 여러 달 동안 ; scarcely (부) 거의 …아니다 ;
be able to (조) …가능하다 ; look at (동) 바라보다 ; lawyer (명) 변호사 ;
become (동) …이 되다 ; angry (형) 화가 난

7. no one (대) 아무도 ; pass in or out (동) 통과하다 ; see (동) 보다

8. know (동) 알다 ; nothing (대) 아무것도 ; come (동) 오다 ;
home (부) 집에 ; that night (부) 그 날 밤

9. little (명) 조금 (밖에 없다) ; do (동) …하다 ; wait (동) 기다리다

1. It <u>never</u> rains **but** it pours.

2. <u>Scarcely</u> a day passed **but** I met her.

3. <u>Nothing</u> would do **but** that I should come in.

4. <u>No one</u> **but** you and me is to help him.

5. They <u>never</u> meet **without** quarreling.

6. He confessed that for months he was <u>scarcely</u> able to look at the lawyer **without** becoming angry.

7. <u>No one</u> can pass in or out **without** being seen.

8. We know <u>nothing</u> **except** that he did not come home that night.

9. There was <u>little</u> I could do **except** wait.

〈2〉 "it-that" 강조문 pattern (3-16)

1. passenger (명) 승객 ; get hurt (동) 다치다 ; in the accident (전치사구) 사고로
2. by force (전치사구) 무력으로, 폭력으로 ; kiss (동) 키스하다 ; upset (동) 화나게 하다
3. appointment (명) 임용 ; announce (동) 발표하다
4. dark green (명) 암녹색 ; paint (동) …에 페인트칠하다 ; kitchen (명) 부엌
5. phone (동) 전화하다 ; project (명) 사업, 계획안 ; work with (동) …와 함께 일하다 ; propose marriage (동) 프로포즈 하다
6. dinner (명) 저녁 ; half (부) 반쯤 ; over (부) 끝난 ; arrive (동) 도착하다
7. meeting (명) 회의 ; over (부) 끝난 ; show up (동) 나타나다
8. clock (명) 탁상시계 ; alarm (명) 알람

1. **It** was <u>only the two passengers</u> **who** got hurt in the accident.

2. **It** was <u>by force</u> **that** Tom's kissing Janet upset her .

3. **It** will be <u>tomorrow</u> **that** the appointment will be announced.

4. **It** was <u>dark green</u> **that** we painted the kitchen.

5. **It** was <u>when I phoned him for the project we're working with</u> **that** he proposed marriage to me.

6. **It** was <u>not until the dinner was half over</u> **that** he arrived.

7. **It** was <u>not until the meeting was over</u> **that** he showed up.

8. **It**'s <u>a rare clock</u> **that** does not have an alarm.

1. come down (동) 내리다 ; rain (명) 비 ; a clap of thunder (명) 천둥소리

2. along (전) 따라서 ; street (명) 길 ; store (명) 가게

3. such (형) 그러한 ; case (명) 사건, 사례, 사태

4. fool (명) 바보 ; we all (대) 우리 모두 ; serve (동) 섬기다

5. great (형) 큰, 위대한 ; destruction (명) 파괴 ; south (명) 남쪽 ;
   take (동) 걸리다 ; decades (명) 수십 년 ; recover (동) 회복하다

6. only (부) 단지 ; become (동) …이 되다 ; dark (형) 어두운 ; take a rest (동) 휴식을 취하다

7. in danger (전치사구) 위험에 처한 ; most (형) 대부분 ;
   snake (명) 뱀 ; attack (동) 공격하다 ; human beings (명) 인간

8. come back (동) 돌아오다 ; notice (동) …을 알아채다 ; mistake (명) 실수

9. scarcely (부) 거의 …아니다 ; thought (명) 생각 ;
   cross (동) 가로지르다 ; mind (명) 마음. 정신 ; stop (동) 멈추다

10. see (동) 보다 ; such a beautiful scene (명) 그런 아름다운 풍경

11. dream of (동) …을 꿈꾸다 ; such a happy result (명) 그런 다행한 결과

12. face (명) 얼굴 ; be fond of (동) …을 좋아하다

13. relaxation (명) 휴식 ; call (동) 부르다

14. rich (형) 부자인 ; industrious (형) 부지런한

15. help (동) 돕다 ; all of them (대) 그들 모두

1. <u>Down</u> **came the rain** with a clap of thunder.

2. <u>Along the street</u> **are many stores**.

3. <u>Such</u> **was the case**.

4. <u>Fools</u> **are we all** that serve them.

5. <u>So great</u> **was the destruction** that the South took decades to recover.

6. <u>Only after it become dark</u> **did they take** a rest.

7. <u>Only when in danger</u> **will most snakes attack** human beings.

8. <u>Not until he came back</u>, **did I notice** my mistake.

9. <u>Scarcely</u> **had the thought crossed** his mind when the car stopped.

10. <u>Never</u> **had I seen** such a beautiful scene.

11. <u>Never</u> **did I dream** of such a happy result.

12. <u>His face</u> I'm not fond of.

13. <u>Relaxation</u> you call it.

14. <u>Rich</u> **as he is**, he is industrious.

15. <u>Were I rich</u>, I could help all of them.

[6] 변화문

1. kind (형) 친절한
2. know (동) 알다 ; well (부) 잘
3. women (명) 여성 ; men (명) 남성 ; good mechanic (명) 훌륭한 기계공 ; nowadays (부) 오늘날
4. twice (부) 2배 ; large (형) 큰
5. tall (형) 키 큰 ; by two inches (전치사구) 2인치 정도
6. picture (명) 그림 ; beautiful (형) 아름다운
7. generous (형) 자비로운
8. kind (형) 친절한
9. cold (형) 추운 ; the day before (부) 그저께 ; air (명) 공기 ; pleasant (형) 즐거운
10. fat (형) 살찐

〈동등비교〉

1. She is **as** kind **as** he.
2. I know her **as** well **as** you do.
3. Women are **as** good mechanics **as** men nowadays.
4. This is twice **as** large **as** that.

〈우월비교〉

5. I'm **taller than** he by two inches.
6. This picture is **more** beautiful **than** that one.
7. He is **more** kind **than** generous.

〈열등비교〉

8. She is **not as** (so) kind **as** he.
9. It was **not so** cold **as** the day before, and the air was pleasant.
10. She is **less** fat **than** she was.

1. take (동) 집다 ; larger (형) 더 큰 ; dictionary (명) 사전
2. behave (동) 행동하다 ; politely (부) 공손하게
3. become (동) …이 되다 ; more and more (부) 더욱 더 ; excited (형) 흥분한
4. matter (명) 문제, 사태 ; get (동) 되어가다 ; worse and worse (형) 점점 더 나쁘게
5. like (동) 좋아하다 ; fault (명) 결점
6. wear (동) 입다 ; suit (명) 옷 ; see (동) 보다 ; in five years before (전치사구) 5년전에
7. speak (동) 말하다 ; language (명) 언어
8. live (동) 살다
9. stay at (동) …에 머물다 ; go with (동) …와 함께 가다
10. scholar (명) 학자 ; teacher (명) 교사

1. I took **the larger of two** dictionaries.
2. Dick behaves **the more** politely **of the two**.
3. The children became **more and more** excited.
4. The matter was getting **worse and worse**.
5. I like him **all the better for** his faults.
6. He wore **the same suit** <u>that</u> I had seen him in five years before.
7. He speaks **the same language** <u>as</u> you (do).
8. They lived here **more than** ten years.
9. I **would rather** stay at home **than** go with him.
10. He is a scholar **rather than** a teacher.

1. good teacher (명) 좋은 교사
2. work (동) 일하다 ; hard (부) 어려운
3. wise (형) 현명한
4. deaf (형) 귀먹은
5. pale (형) 창백한
6. sky (명) 하늘 ; blue (형) 푸른 ; Fall (명) 가을
7. tool (명) 도구, 연장 ; useful (형) 유용한
8. run (동) 뛰다 ; quickly (부) 빠르게
9. busy (형) 바쁜
10. bread (명) 빵 ; hard (부) 딱딱한 ; stone (명) 돌

1. He is **as** good a teacher **as** <u>I ever knew</u>.

2. I worked **as** hard **as** <u>I could</u>.

3. He is **as** wise a man **as** ever <u>lived</u>.

4. He was **as** deaf **as** deaf <u>could be</u>.

5. She was **as** pale **as** <u>could be</u>.

6. The sky is **as** blue **as** <u>can be</u> in the Fall.

7. This tool is **as** useful **as** <u>anything</u>.

8. He ran **as** quickly **as** <u>possible</u>.

9. Mother is **as** busy **as** <u>ever</u>.

10. This bread is **as** hard **as** <u>a stone</u>.

〈4〉 "부정어"를 사용한 관용적인 비교 (3-21)

1. style (명) 스타일, 모양 ; vary (동) 다양하게 하다 ; color (명) 색깔

2. beauty (명) 아름다움, 미모

3. great actor (명) 훌륭한 배우 ; great writer (명) 훌륭한 작가

4. dislike (동) 싫어하다 ; hate (동) 미워하다

5. mad (형) 미친

6. handsome (형) (얼굴이) 잘생긴 ; elder brother (명) 큰형

7. handsome (형) 잘생긴 ; elder brother (명) 큰형

8. five (형) 다섯의 ; dollar (명) 달러

9. have (동) 가지다 ; five dollars (명) 5달라

10. give (동) 주다

11. liar (명) 거짓말쟁이

1. The styles vary **as much as** <u>if not more</u> than the colors.

2. She is **none the happier for** her beauty.

3. He is **no more** a great actor **than** I am a great writer.

4. She didn't **so much** dislike me **as** hate me.

5. I'm **not more** mad **than** you are.

6. He is **not less** handsome **than** his elder brother.

7. He is **no less** handsome **than** his elder brother.

8. He has **not less than** five dollars.

9. I have **not more than** five dollars.

10. He gave me **no less than** 50 dollars.

11. He is **no more than** a liar.

1. fish (명) 생선 ; meat (명) 고기
2. walk (동) 걷다 ; ride (동) 타다
3. working (동명사) 일하는 것 ; doing nothing (동명사) 아무것도 안 하기
4. foreign tea (명) 외국차 ; inferior (형) 열등한 ;
   home-grown (형) 국내산 ; in flavor (전치사구) 향기 면에서
5. senior (형) 선배인
6. superior (형) 우수한
7. tiger (명) 호랑이 ; cat (명) 고양이
8. often (부) 종종 ; life (명) 인생 ; voyage (명) 항해

1. She **prefers** <u>fish</u> **to** <u>meat</u>.

2. I **prefer** to walk **rather than** <u>(to) ride</u>.

3. He **prefers** working **to** doing nothing.

4. Foreign tea is **inferior to** home-grown in flavor.

5. He is three years **senior to** me.

6. This is much **superior to** that.

7. A tiger cannot be **compared with** a cat.

8. We often **compare** life **to** a voyage.

1. large (형) 큰 ; lake (명) 호수
2. the second largest city (명) 두 번째로 큰 도시
3. intelligent (형) 지적인 ; in the class (전치사구) 반에서
4. the least (형) 가장 중요하지 않은 ; important (형) 중요한 ; in the office (전치사구) 사무실에서

5. soccer (명) 축구 ; popular (형) 인기 있는 ; sports (명) 스포츠

6. baseball (명) 야구

7. all the other girls (명) 모든 다른 소녀

1. This is **the largest lake** in the World.

2. Busan is **the second largest city** in Korea.

3. He is **the most intelligent boy** in the class.

4. She is **the least important person** in the office.

5. Soccer is **one of the most popular sports** in Korea.

6. I like baseball **best**.

7. Mary is **kinder than** all **the other** girls in the class.

(2) 가정법

〈1〉 "단문"가정법 (3-24)

1. a man of sense (명) 분별 있는 사람 ; do (동) …하다 ; such a thing (명) 그런 일, 그런 것

2. a true friend (명) 진정한 친구 ; betray (동) 배신하다

3. water (명) 물 ; live (동) 살다

4. two more (형) 2개 이상의 ; lever (명) 지렛대 ; remove (동) 옮겨가다

5. oxygen (명) 산소 ; animal (명) 동물 ; disappear (동) 사라지다 ; long ago (부) 오래 전에

6. happy (형) 행복한 ; of service (전치사구) 도움이 되는

7. better (형) 더 나은 ; leave (동) 남기다 ; unsaid (분) 말하지 않은

1. A man of sense **would not do** such a thing.

2. A true friend **would not have betrayed** us.

3. **But for** water, we <u>couldnt' live</u>.

4. **Without** two more levers we <u>could not have removed</u> it.

5. **Without** oxygen, all animals <u>would have disappeared</u> long ago.

6. I <u>should be</u> happy **to be of service to you**.

7. It <u>would have been</u> better for you **to leave it unsaid**.

1. gain weight (동) 살찌다 ; eat (동) 먹다
2. company (명) 회사 ; prosper (동) 번영하다 ; lack (동) 모자라다 ; capital (명) 자본
3. wear (동) 입다 ; red dress (명) 빨간 드레스 ; stain (명) 얼룩 ; in the front (전치사구) 앞에
4. go (동) 가다 ; time (명) 시간

1. He **would gain** weight, <u>but</u> he **doesn't eat** much.
2. The company **would have prospered**, <u>but</u> they **lacked** capital.
3. I **would wear** my red dress <u>except</u> it **has** a stain in the front.
4. She **would have gone** <u>except</u> she **didn't have** time.

1. come (동) 오다 ; here (부) 여기에 ; tomorrow (부) 내일 ; today (부) 오늘
2. tell (동) 말하다 ; about it (전치사구) 그것에 대해서
3. young (형) 젊은 ; again (부) 다시
4. diligent (형) 근면한

1. I'd rather (that) you **came** here tomorrow than today.
2. I'd rather (that) he **hadn't told** me about it.
3. I wish (that) I **were** young again.
4. I wish (that) I **had been** more diligent while (I'm) young.

1. go (동) 가다 ; home (부) 집에
2. find (동) 찾아내다 ; yourself (부) 너 스스로 ; wife (명) 아내 ; settle down (동) 안정하다
3. make (동) 만들다, 마련하다 ; plan (명) 계획 ; for my future (전치사구) 장래에

1. It's time that you **went** home.
2. It's about time (that) you **found** yourself a wife and **settled down**.
3. It's about time I **made** a plan for my future.

〈5〉 "as if (though)" 가정법 (3-28)

> 1. always (부) 항상 ; talk (동) 말하다 ; know (동) 알다 ; everything (대) 모든 것
> 2. act (동) 행동하다 ; superwoman (명) 슈퍼우먼
> 3. look (동) …처럼 보이다 ; some strange place (명) 어떤 이상한 장소

1. He always **talks** <u>as if</u> he **knew** everything.
2. She **acts** <u>as though</u> she **were** a superwoman.
3. He **looked** <u>as if</u> he **had been** to some strange place.

〈6〉 "if – 혼합시제" 가정법 (3-29)

> 1. follow (동) 따르다 ; advice (명) 충고 ; better off (형) 보다 나은 상태에서
> 2. study (동) 공부하다 ; harder (부) 더 열심히 ; a better grade (명) 더 좋은 점수
> 3. listen to (동) 듣다 ; in danger (전치사구) 위험에 처해 있는

1. If I **had followed** your advice <u>then</u>, I would be better off <u>now</u>.
2. If I **had studied** harder (then), I **might have** a better grade (now).
3. If we **had listene**d to you (then), **we wouldn't be** in danger (now).

〈7〉 "if" 가정법 (3-30)

> 1. fine (형) 좋은 ; go out for (동) …위해 외출하다 ; shopping (명) 쇼핑
> 2. in one's position (전치사구) 입장에 처해있는 ; walk out on (동) … 곁을 떠나다
> 3. policeman (명) 경찰관 ; arrive (동) 도착하다 ; earlier (부) 더 일찍 ; see (동) 보다 ; accident (명) 사고
> 4. fine (형) 좋은 ; go fishing (동) 낚시하러 가다
> 5. resign (동) 사직하다 ; be elected (동) 선출되다 ; take one's place (동) 자리를 맡다 ;
>   vigorous (형) 활발한 ; leadership (명) 지도력

1. If it **be** fine tomorrow, we **will go out** for shopping.
2. If I **were** in your position, I **would walk out** on him.
3. If the policeman **had arrived** earlier, he **would have seen** the accident.
4. If it **should be** fine tomorrow, I **would go** fishing.
5. If John **were to resign** and if Henry **were to be elected** to take his place, we
   would have more vigorous leadership.

<u>*(3) 긍정 · 부정 동의문*</u>

1. student (명) 학생
2. husband (명) 남편 ; doctor (명) 의사
3. be going fishing (동) 낚시하러 갈 예정이다
4. oranges (명) 오렌지
5. go to the movies (동) 극장 구경가다
6. go (동) 가다
7. if (접) 만약에 ; want (동) 원하다

1. Alice is a student. **So** <u>am</u> I.
2. Her husband <u>is</u> a doctor. **So** <u>is</u> she.
3. We <u>are going</u> fishing tomorrow. **So** <u>am</u> I.
4. She <u>likes</u> oranges. **So** <u>does</u> he.
5. John <u>went</u> to the movie, and **so** <u>did</u> <u>his elder brother</u>.
6. I <u>can</u> go with you. **So** <u>can</u> she.
7. If Mary wants to go, **so** <u>will</u> I.

1. a graduate student (명) 대학원생
2. here (부) 여기에
3. singing (동명사) 노래 부르기
4. don't have to join (동) 합석할 필요가 없다
5. in such a long line (전치사구) 그런 긴 줄에서
6. leave (동) 떠나다 ; until (접) ～까지
7. go to see a movie (동) 영화 구경 가다 ; this afternoon (부) 오늘 오후
8. cook (동) 요리하다

1. He <u>isn't</u> a graduate student. **Neither** is she.
2. Frank <u>wasn't</u> here yesterday. **Neither** <u>was</u> I.
3. I <u>don't like</u> singing. **Neither** <u>does</u> she.
4. You <u>don't have to join</u> us. **Neither** <u>do</u> I.

5. I <u>don't think</u> I want to wait in such a long line. **Neither** <u>do</u> I.

6. They <u>can't leave</u> until tomorrow. **Neither** <u>can</u> I.

7. Jamie <u>won't go</u> to see a movie this afternoon. **Neither** <u>will</u> her brother.

8. His sister <u>can't cook</u>. **Neither** <u>can</u> my sister.

[7] 의문문

〈1〉 "Yes · No"를 묻는 질문 (3-33)

1. tuesday (명) 화요일 ; today (부) 오늘
2. June (명) 6월 ; today (부) 오늘
3. tax-free (명) 세금면제
4. washable (형) 빨 수 있는
5. seat (명) 자리 ; take (동) 차지하다
6. door (명) 문 ; lock (동) 잠그다
7. bus stop (명) 버스정거장 ; near (전) 근처에 ; here (부) 여기
8. mail box (명) 우체통
9. Mr. Kim (명) 김 선생
10. tourist (명) 여행객
11. Chinese (명) 중국인
12. baggage (명) 수화물
13. declare (동) 선언하다
14. another (형) 다른 ; pattern (명) 유형
15. think (동) 생각하다 ; reasonable (형) 합리적인 ; price (명) 가격
16. think (동) 생각하다 ; hair-style (명) 헤어스타일 ; suit (동) 어울리다
17. train (명) 기차 ; go (동) 가다
18. bus stop (명) 버스정거장
19. like (동) 좋아하다 ; sports (명) 운동
20. like (동) 좋아하다 ; room (명) 방 ; facing ~향한 ; street (명) 거리
21. like (동) 좋아하다 ; sweet (형) 달콤한 ; thing (명) 것
22. like (동) 좋아하다 ; fish (명) 물고기
23. be/was/been
24. see (동) 보다 ; movie (명) 영화
25. decide (동) 결정하다 ; be going to (조) …할 예정이다
26. mail (동) 편지를 보내다 ; package (명) 소포
27. maintenance (명) 유지 ; check (명) 점검 ; recently (부) 요즘

28. hear (동) 듣다

29. notice (동) 알리다 ; sale (명) 판매 ; quarter (명) 1/4

30. finish (동) 끝내다 ; packing (명) 포장

31. speak (동) 말하다 ; slowly (부) 천천히

32. recommend (동) 추천하다 ; delicious (형) 맛있는

33. tell (동) 말하다 ; way (명) 방법

34. have (동) 가지고 있다 ; stamp (명) 우표

35. dessert (명) 디저트

36. lend (동) 빌려주다 ; lighter (명) 라이터

37. take (동) 타다 ; subway (명) 지하철

38. write (동) 쓰다 ; pencil (명) 연필

39. call on (동) …를 방문하다 ; the day after tomorrow (부) 모레

40. speak (동) 말하다

41. get (동) 도착하다 ; there (부) 거기에 ; subway (명) 지하철

42. make a reservation (동) 예약하다

43. come (동) 오다

44. stay (동) 머무르다 ; longer (부) 더 오래

45. use (동) 사용하다 ; cream (명) 크림 ; sugar (명) 설탕

<be 동사>

1. **Is** it Tuesday today?

2. **Is** it June 23rd today?

3. **Is** this tax-free?

4. **Is** this washable?

5. **Is** this seat taken?

6. **Is** this door locked?

7. **Is** there a bus stop near here?

8. **Is** there a mail box near here?

9. **Are** you Mr. Kim?

10. **Are** you a tourist?

11. **Are** you a Chinese?

<do 동사>

12. **Do** you have any other baggage?

13. **Do** you have anything to declare?

14. **Do** you have another pattern?

15. **Do** you think that's a reasonable price?

16. **Do** you think this hair-style suits me?

17. **Does** this train go to Los Angeles?

18. **Does** the bus stop at Williams?

19. **Do** you like sports?

20. **Do** you like a room facing the street?

21. **Don't** you like sweet things?

22. **Don't** you like fish?

<Have 동사>

23. **Have** you **been** to Busan?

24. **Have** you **seen** the movie, "Titanic"?

25. **Have** you **decided** what you'e going to do?

26. **Have** you **mailed** that package yet?

27. **Has** there **been** a maintenance check recently?

28. **Have** you **heard** about Dr. Hill?

29. **Have** you **noticed** where sales are up 6% this quarter?

30. **Have** you **finished** packing yet?

<조동사>

31. **Could** you speak more slowly?

32. **Could** you recommend something delicious?

33. **Could** you tell me the way to Carnegie Hall?

34. **Could** I have five twenty-five cent stamps?

35. **Would** you like some dessert?

36. **Would** you lend me your lighter?

37. **Would** you like to take the subway?

38. **May** I write with a pencil?

39. **May** I call on you the day after tomorrow?

40. **Can** I speak to Mrs. Smith?

41. **Can** I get there by subway?

42. **Can** I make a reservation?

43. **Won't** you come with me?

44. **Won't** you stay a little longer?

45. **Won't** you use cream and sugar?

1. look for (동) 찾다

2. talk to (동) …에게 말을 걸다

3. street (명) 거리

4. be going to (조) …할 예정이다 ; plan (동) 계획하다 ; weekend (명) 주말

5. think about (동) …에 대해 생각하다 ; project (명) 계획

6. want (동) 원하다 ; lunch (명) 점심

7. send (동) 보내다 ; girlfriend (명) 여자친구 ; birthday (명) 생일

8. concert (명) 콘서트 ; begin (동) 시작하다

9. store (명) 가게 ; open (동) 열다

10. fly (동) 날다 ; home (부) 집

11. ready (형) 준비된

12. tourist (명) 여행 ; information (명) 정보 ; office (명) 사무실

13. get (동) 타다 ; bus (명) 버스

14. call (동) 전화하다

15. feel (동) 느끼다 ; problem (명) 문제

16. get to (동) (일을) 착수하다 ; work (명) 일

17. get to (동) 도착하다

18. dress (명) 옷 ; like (동) 좋아하다

19. movie (명) 영화 ; like (동) 좋아하다 ; see (동) 보다

20. kind (명) 종류 ; souvenir (명) 기념품

21. direction (명) 방향

22. flight (명) 비행 ; take (동) 타다

23. flight (명) 비행

24. monument (명) 기념물

25. book (명) 책

26. quickly (부) 빨리 ; fix (동) 고치다 ; computer (명) 컴퓨터

27. fare (명) 요금

28. take (동) 걸리다 ; get to (동) 도착하다 ; taxi (명) 택시

29. tall (형) 키 큰

30. want (동) 원하다 ; spend (동) 소비하다

31. money (명) 돈 ; need (동) 필요하다

<Wh-의문사>

1. **Who** are you looking for?

2. **Who** am I talking to?

3. **What** is this street?

4. **What** are you going to plan this weekend?

5. **What** do you think about the project?

6. **What** do you want to have for lunch?

7. **What** did you send for your girlfriend't birthday?

8. **When** does the concert begin?

9. **When** does the store open?

10. **When** is he flying home?

11. **When** will it be ready?

12. **Where't** the tourist information office?

13. **Where** can I get a bus?

14. **Where** are you calling from?

15. **How** do you feel about this problem?

16. **How** do you get to the work?

17. **How** do I get to the Kimpo Airport?

18. **What dress** would you like?

19. **What movies** would you like to see?

20. **What kind of souvenir** would you like?

21. **Which direction** (way) is the World Trade center?

22. **Which flight** are you going to take?

23. **Which flight** do I take for New York?

24. **Whose monument** is that?

25. **Whose books** are they?

26. **How quickly** can you fix this computer?

27. **How much** is the fare?

28. **How long** does it take get to the Hilton by taxi?

29. **How tall** are you?

30. **How many days** do you want to spend?

31. **How much money** do you need?

1. good (형) 좋은 ; idea (명) 생각
2. turn (동) 바뀌다 ; quite (부) 매우 ; humid (형) 습한 ; rain (명) 비
3. tell (동) 말하다 ; parents (명) 부모 ; accident (명) 사고
4. read (동) 읽다 ; whole (형) 전부의 ; chapter (명) 장
5. any (형) 어떤 ; food (명) 음식 ; leave (동) 남기다
6. seldom (부) 드문 ; give (동) 주다 ; call (명) 전화
7. on time (전치사구) 제때에
8. careful (형) 주의 깊은
9. a cup of (형) 한잔의 ; coffee (명) 커피
10. go (동) 가다 ; train (명) 기차

1. That <u>is</u> a good idea, **isn't it**?

2. It <u>turns</u> quite humid after a rain, **doesn't it**?

3. You <u>will tell</u> my parents about the accident, **won't you**?

4. We <u>had to read</u> the whole chapter, **didn't we**?

5. There <u>isn't</u> any food left, **is there**?

6. She seldom <u>gave</u> you a call, **did she**?

7. She <u>has never been</u> on time, **has she**?

8. <u>Be careful</u>, **will you**?

9. <u>Have a cup of coffee</u>, **won't you**?

10. <u>Let's go</u> by train, **shall we**?